Ursula Benard · Und was kommt jetzt?

buch & media

Ursula Benard

UND WAS KOMMT JETZT?

Originalausgabe
Mai 2022

Layout und Satz: Mona Königbauer
Umschlaggestaltung: Mona Königbauer unter Verwendung eines Entwurfs von Anika und Katharina Hofschen
Gesetzt aus der Sabon und Roboto
Printed in Europe · ISBN 978-3-95780-249-1

Buch&media GmbH
Merianstraße 24 · 80637 München
Fon 089 13 92 90 46 · Fax 089 13 92 90 65

Weitere Publikationen aus unserem Programm finden Sie auf
www.buchmedia-publishing.de
Kontakt und Bestellungen unter info@buchmedia.de

1

OHNE ENDE KEIN ANFANG

Das ausgedehnte, von weiten Wiesenflächen umrandete Schulgelände lag nach der großen Pause verlassen in der Stille des späten Vormittags. Schwer bepackt, mit zwei Taschen voller Bücher und Unterrichtsmaterialien schleppte sich Anna Durand auf dem sanft ansteigenden, mit roten Ziegeln gepflasterten Weg mühsam voran, umrundete das Gebäude der Nachbarschule, stieg hinauf bis zum Eingang des L-förmigen, lang gestreckten Baus mit dem für diese regenreiche Region so völlig ungeeigneten Flachdach und warf einen flüchtigen Blick hinüber zu den an der Außenmauer herablaufenden schwarzen Streifen. »Keine 25 Jahre alt und schon abbruchreif, Deckenplatten, die sich ablösen und Asbest freilegen …«

Anna trat durch die Glastür in die kahle, schmucklose Eingangshalle, die bis auf einen Schwebebalken an der Längswand völlig leer geräumt war. Sie wandte sich nach rechts, schaute zum Fenster der Hausmeisterloge hinüber. Kein Lichtschein zu sehen. Niemand da. Anna öffnete die Glastür, die den Flur des Verwaltungstrakts von der Eingangshalle trennte, und klopfte an die Tür des Sekretariats. Keine Antwort. Niemand da. Sie ging weiter zum Zimmer der Schulleiterin, wiederholte ihr Klopfen und drückte die Klinke herunter. Vergeblich, niemand da. Sie wandte sich um zum Raum der Konrektorin, klopfte, rüttelte an der Tür, nichts zu machen! Anna atmete flach. Der schmale Flur roch penetrant nach kaltem Zigarettenrauch.

Sie verließ den Verwaltungstrakt und durchquerte die menschenleere Eingangshalle, zu anderen Zeiten ein Ort lauter und hektischer Turbulenzen: nach Schulschluss der Umschlagplatz für die von allen Seiten einströmenden Rudel kreischender, lachender Schüler, die vom schrillen Klang der Schulglocke endlich befreit, in immer neu sich bildenden und wieder auflösenden Strudeln die Halle füllten. In den Regenpausen Abstellplatz für die durcheinander wuselnden und wegen der räumlichen Enge reizbaren Jugendlichen. Und nicht zuletzt war die festlich geschmückte Halle Versammlungsort für Schulfeste, bei denen das Schulvolk auf Bänken und Stühlen in dicht gedrängten Reihen saß, flüsternd und kichernd, mit den Beinen zappelnd. Wie viele Advents- und Karnevalsfeiern hatte Anna nicht in dieser Halle erlebt, wie viele Schüler in das Leben verabschiedet! Anna erinnerte den Schmerz des Abschieds, wenn die Kinder, die längst keine Kinder mehr waren, in eine ungewisse Zukunft entlassen wurden, die Kinder, die sie jahrelang begleitet hatte und die sich in ihr Herz eingeschlichen hatten.

Und Anna erinnerte sich an die erste Feier, die sie an dieser Schule erlebt hatte. Die mit Schülerkreationen dekorierte, mit Eltern, Kindern und offiziellen Würdenträgern voll besetzte Halle war Schauplatz gewesen einer großen Einweihungsfeier, bei der Kultusminister Giergenson wortreich und gefühlvoll diesen neuen Förderort für sehbehinderte Kinder gepriesen hatte. »Hier werden alle die Unterstützung und Förderung erfahren, die sie brauchen, um später im Leben bestehen zu können.« Anna war gern bereit, als Lehrerin diesen Anspruch auf Unterstützung zu erfüllen. »Meine Lieben, glaubt ja nicht, dass ihr nach der Schule mit offenen Armen von der Gesellschaft aufgenommen werdet. Jetzt profitiert ihr von einem Bonus, der nur für euch als Kinder gilt. Später werden so viele Hindernisse vor euch aufgetürmt, dass es schwer sein wird, nicht auf halber Strecke aufzugeben.« Anna wäre fast aufgestanden und hätte diese Gedanken laut ausgesprochen. Sie hätte aufzählen können, wie viele Barrieren der Sehbehinderung wegen ihr von Anfang an den Weg in das Berufsleben versperrt hatten: das Studium an der Pädagogischen Hochschule, zu dem sie erst nach einer Verzichtserklärung auf die Übernahme ins Beamtenverhältnis zugelassen wurde; ihre erste Einstellung als Junglehrerin, möglich nur wegen einer Beschwerde der Eltern über den katastrophalen Lehrermangel, die frustrierenden Grabenkämpfe bis zur Bewilligung ihres Studiums der Sonderpädagogik, die Schwierigkeiten bei der Rückkehr in den Schuldienst nach ihrem achtjährigen Aufenthalt in Frankreich. »Sie können als Sehbehinderte die sehbehinderten Kinder nicht in die Welt der Sehenden einführen«, hatte es in einer Aktennotiz der oberen Schulaufsichtsbehörde geheißen. Nach der Feier hatte Anna sich ins Lehrerzimmer zurückgezogen, um nur ja nicht den Vertretern dieser Behörde über den Weg zu laufen.

Heute lag die Halle verlassen und still da. Kein Geräusch aus den angrenzenden Fluren drang bis zu ihr vor. War sie allein im Schulgebäude? Anna betrat das Treppenhaus, wandte sich auf dem oberen Flur nach links in den Trakt, in dem das Lehrerzimmer und die Grundschulklassen untergebracht waren. Im Lehrerzimmer räumte sie ihre Taschen aus, verteilte die Bücher und Kopiervorlagen für Mathematik, Biologie und Deutsch auf dem langen Tisch, auf dem die Tassen mit den angetrockneten Resten von Kaffee und Tee noch von der gestrigen Lehrerkonferenz zeugten. Die meisten Bücher und Unterrichtsmaterialien hatte sie schon Wochen vorher nach und nach in die Schule gebracht und an interessierte Kollegen verschenkt.

Sie ging hinüber zum Hauptschultrakt. Ihr Blick fiel auf die Fensterfront auf der Rückseite des Flurs, deren gesamte Fläche mit Fantasiegeschöpfen und tropisch aussehenden Pflanzen grellbunt bemalt war, das Ergebnis eines von Manuela Sander initiierten Projekts. Manu, wie sie sich gern nennen ließ, war eine attraktive, junge Frau, schmal und schlank, mit weißblondem, streichholzkurzem Haar, künstlerisch begabt und engagiert. Mit ihrer Liebe für Schönheit und Kunst, mit ihrer Lebendigkeit und Spontaneität lockte sie unentdeckte, schöpferische Kräfte hervor. Anna betrachtete gedankenverloren das leuchtende Bild. Wie viel Kreativität, Kompetenz und Einsatzbereitschaft des Kollegiums dieser Schule, wie viel Potenzial blieb ungenutzt, dank der erbarmungslosen Unfähigkeit der Schulleiterin!

Anna wandte sich ab, betrat den schmalen Flur, der zu den Klassenzimmern führte. Die zitronengelb gestrichenen Türen waren verschlossen, kein Laut war zu hören. Der 9. und 10. Jahrgang war wegen des Lehrermangels mit Aufgaben versehen zu Hause geblieben und die Klassen 5 bis 8 schwitzten sportlich in der Turnhalle. Sie würde niemandem begegnen. Anna schloss das Klassenzimmer auf, in dem sie die letzten Jahre unterrichtet hatte, überprüfte, ob ihr Pult völlig ausgeräumt war, und schaute sich um: Waren alle Spuren ihrer Tätigkeit entfernt? Sie schloss die Klassentür ab, zum letzten Mal, löste den Schulschlüssel von ihrem Schlüsselbund, ging zurück ins Lehrerzimmer und legte ihn dort in ihr leer geräumtes Fach.

»Hallo, Anna, was machst denn du hier?« Dorothea, eine junge Kollegin, von Anna wegen ihrer bodenständigen Gelassenheit sehr geschätzt, hatte das Lehrerzimmer betreten. »Der Vertretungsplan musste deinetwegen erweitert werden. Ich dachte, du wärest krank?«

»Ja, ja, krank oder nicht krank ... Auf jeden Fall bin ich hier, um meinen Krankenschein und meinen Schulschlüssel abzugeben. Den Schlüssel habe ich gerade in mein Fach gelegt. Meinen Krankenschein bin ich noch nicht losgeworden, in der Verwaltung ist niemand da, niemand, dem ich das Ding in die Hand drücken könnte. Kannst du die Bescheinigung für mich abgeben?«

»Nein, nein, ich bin gleich wieder weg zur Regelberatung in die Gerhard-Hauptmann-Schule. Aber ich habe gerade den Hausmeister gesehen, der wird dir das Briefchen abnehmen.«

»Auch gut, dann bin ich hier fertig und mach mich vom Acker«, lächelte Anna ihre Kollegin an. Mehr war nicht zu sagen; nach der gestrigen Konferenz war klar, dass Anna nicht an der Schule würde bleiben können.

In der Eingangshalle traf Anna auf den Hausmeister, der das ärztliche Attest bereitwillig entgegennahm, das Sekretariat aufschloss und die Bescheinigung auf dem Schreibtisch der Schulsekretärin ablegte. Anna winkte ihm zu, verließ das Gebäude, das sie nie wieder betreten sollte.

Anna ging den rot gepflasterten, schmalen Weg zurück, sie fühlte sich leichter, fast unbeschwert, dachte zurück und daran, wie sie vor über 20 Jahren den gleichen Weg hinaufgestapft war, damals mit sehr zwiespältigen Gefühlen. Sie hatte nicht in diese Stadt ziehen wollen, ganz gewiss nicht, gewiss würde sie es dort nicht länger als drei Jahre aushalten und jede Gelegenheit ergreifen, um fortzukommen. Diese Stadt, die sie so hässlich fand, dass sie sich zu der Behauptung aufschwang: gleichgültig, wohin man fährt, überall ist es schöner! Diese Stadt konnte wahrhaftig nicht dem Vergleich standhalten mit der vom Krieg unzerstörten kleinen Stadt im Burgund mit ihrem großzügigen, baumbestandenen Boulevard, ihren historischen Gebäuden, dem gotischen Dom und der romanischen Kirche mit der jahrhundertealten Krypta, mit dem sich durch Wiesen, sanfte Hügel, Kirschplantagen und Weinberge schlängelnden Fluss.

Es war ein schwieriger Neuanfang geworden, der Wiedereinstieg in den Beruf nach acht Jahren Unterbrechung. Nicht nur Anna, auch der Schulalltag hatte sich verändert. Zu Beginn des Unterrichts wurde kein Gebet mehr gesprochen, eine Veränderung, die Anna mit Erleichterung akzeptierte, hatte sie doch das morgendliche, gemeinschaftliche Gebet vor Beginn des Unterrichts, zu dem sie verpflichtet worden war, als belastend und ihren Überzeugungen widersprechend empfunden. Die Umgangsformen hatten sich radikal verändert. Die 68er-Bewegung schien in der Schule angekommen. Der Lehrer, eine Respektsperson von Amts wegen, das war gestern. Es war nicht mehr Usus, aufzustehen und einen Gruß in die Klasse zu schmettern, wenn eine Lehrperson den Klassenraum betrat. Zu Beginn einer Unterrichtsstunde hatte Anna oft Mühe, sich bemerkbar zu machen und die Schüler von ihrer Anwesenheit in Kenntnis zu setzen. Es dauerte, bis der fröhliche Tumult sich legte und die Kinder bereit waren, sich dem Ernst des Lebens zuzuwenden. Der Umgangston war rauer geworden. Die Schüler kannten ihre Rechte und wehrten zusätzliche Aufgaben zur Disziplinierung mit der Bemerkung ab: »Sie dürfen uns keine Strafarbeiten aufgeben. Dazu haben Sie kein Recht!«

Für Anna war es ein schwieriger Anfang. Sie fühlte sich wie eine Praktikantin zu Beginn des Studiums. In der Zeit ihrer Abwesenheit hatte in den Mathematikunterricht die Mengenlehre Einzug gehalten und Anna musste sich im Zeitraffer damit vertraut machen, mit den ineinander verschlungenen Ellipsen, mit Schnittmengen und Teilmengen. Und erst der Sachunterricht mit seinem Ziel einer wissenschaftlichen Bildung. Das war etwas anderes als der Heimatkundeunterricht mit Erzählungen wie »Ein Regentröpfchen geht auf die Reise«. Zum Glück gab es hervorragende Unterrichtsmaterialien mit gut ausgetüftelten, sicheres Gelingen versprechenden Versuchsreihen. Aber jede Unterrichtsstunde musste minutiös vorbereitet werden, nichts konnte sie aus dem Ärmel schütteln. Dann war da noch ihre völlig ungewisse berufliche Situation. Mithilfe einer früheren Studienkollegin, die als Fachleiterin Einfluss besaß, hatte sie eine auf ein Jahr befristete Anstellung erbettelt. Die beiden ersten Jahre bescherten ihr drei befristete Anstellungsverträge und sechs Revisionen, mehr als einem beamteten Lehrer in seiner gesamten Laufbahn zugemutet werden. Bei jeder Revision hatte sie zwei Unterrichtsstunden zu halten, die mit selbstgefertigtem Unterrichtsmaterial und je einem ausführlichen, schriftlichen Unterrichtsentwurf vorzubereiten waren. Haushefte und Arbeitshefte der Schüler wurden gezeigt und sorgfältig vom Revisor geprüft. Ein Kolloquium schloss sich an die Vorführstunden an und beendete die Revision. Anna, deren Kopf sich in mündlichen Prüfungen konsequent leerte und sie unfähig machte, Fragen über ihr gut bekannte Sachverhalte zu beantworten, versuchte mit psychologischer Unterstützung, ihre Prüfungsneurose zu überwinden. Vor Erschöpfung schlief sie bei der Einführung in das Entspannungstraining ein und brach den Versuch ab. Wann immer es in ihrem Unterricht brenzlige Situationen gab, stellte Anna sich vor, dass der Schulrat hinten in der Klasse saß und alles Geschehen genau registrierte. Nicht unbedingt das, was ihr dabei half, Gelassenheit und ruhige Selbstsicherheit auszustrahlen.

Aber Anna, die als Kind für ihren Dickkopf gescholten worden war, hatte sich ihr stures Beharrungsvermögen bewahrt und durchgehalten. Nach zwei Jahren bekam sie endlich einen unbefristeten Anstellungsvertrag, hatte keine Revisionen und andere Schikanen mehr zu fürchten und – nach einem Bittgang zum Schwerbehindertenobmann im Kultusministerium – wurde sogar ins Beamtenverhältnis übernommen. Sie richtete sich ein in ihrem neuen Leben, hatte mehr und mehr Freude an ihrem Beruf, war voller Befriedigung, wenn sie mit Schülern der Abschlussklasse Lieder von Hannes Wader, Franz Josef Degenhardt und Reinhard Mey analysieren und die Schüler dafür interessieren konnte. Sie entdeckte für sich das Fach Biologie mit seinen Möglichkeiten eines handlungs- und erfahrungsorientierten Unterrichts, erklärte den Jugendlichen die augenärztlichen Diagnosen, sodass diese über die eigene Erkrankung gut Bescheid wussten und sachkundig informieren konnten. Anna fuhr mit Schülergruppen zur humangenetischen Beratung der Universitätsklinik und führte vertrauensvolle Gespräche über ein Leben mit der Behinderung. Die Jugendlichen akzeptierten ihre Behinderung mit einer viel größeren Selbstverständlichkeit, als Anna es je gekonnt hatte. Anders als sie selbst, die sich nicht zugetraut hatte, Kinder in die Welt zu setzen, sahen sie in ihrer Behinderung kein Hindernis.

Emine, weißblond, mit strahlend blauen Augen und zarter heller Haut, meinte unbefangen und selbstbewusst: »Wenn meine Kinder die gleiche Sehbehinderung haben sollten wie ich, dann kann ich mit ihnen gut darüber sprechen, ich weiß ja, wie das ist. Ich finde es nicht schlimm, dass ich schlecht sehen kann, ich komme zurecht. Ich bin das ja von klein an gewohnt. Für mich ist das normal.«

Anna fand Anerkennung bei den Eltern, die aus der Tasche Mut schöpften, dass Anna trotz ihrer Sehbehinderung einen Beruf hatte finden können und ein selbstständiges Leben führte. Allerdings, wenn Eltern die Sprache darauf brachten, verschwieg Anna ihnen, wie viel es sie selbst gekostet hatte, dieses Ziel zu erreichen. Anna fühlte sich wohl im Kollegium, übernahm den Kaffee- und Spüldienst als Ausgleich dafür, dass sie in den Hofpausen keine Aufsicht führte. Sie genoss das Zusammensein mit den Kollegen im Lehrerzimmer während der großen Pause mit seinem gelungenen und entspannenden Mix aus tiefsinnigen Gesprächen und albernen Frotzeleien. Anna konnte Ballast abwerfen und ungeniert ablästern, wenn ihr der Sinn danach stand.

»Wie ist es nur so weit gekommen, dass ich wie ein geprügelter Hund davonlaufe und mich jetzt klammheimlich aus dem Staub mache?«

Begonnen hatte es mit der von einigen Kollegen ersehnten Pensionierung der Schulleiterin, die mit fester Hand stringent Regie geführt hatte, die aber von anderen nicht mehr verlangte als von sich selbst, die als Erste kam und als Letzte ging, immer gepflegt mit Rock, Twinset und Hemdbluse, mit rotblonder, sorgfältig arrangierter Kurzhaarfrisur, das Standardmodell einer effektiven Pädagogin. Anna war mit dieser Schulleiterin gut gefahren, hatte ihr Regime als gerecht und transparent empfunden, ein Regime ohne Kollegenklüngel und geheime Absprachen. Ihre um 25 Jahre jüngere Nachfolgerin hatte sich im Kollegium gut eingeführt und profitierte davon, zur gleichen Generation zu gehören wie viele der in den letzten Jahren eingestellten Kolleginnen und Kollegen. Bettina Blom, kurz Tina, war mit ihrem kinnlangen, mausbraunen Haar, das oft glatt und leblos herunterhing, mit ihrem großflächigen, kantigen Gesicht, das bei Stress von Furunkeln entstellt wurde, eher unschön, wusste aber ihren schlanken, geraden Körper zur Geltung zu bringen und verstand es, sich in Szene zu setzen. Anna war zu ihrem 40. Geburtstag eingeladen worden. Die Geladenen trafen nach und nach ein, lieferten ihre Geschenkpäckchen ab, wurden miteinander bekannt gemacht und mit Getränken versorgt. Entspannte Gespräche, Partystimmung. »So, nun setzt euch mal alle zu mir, jetzt kommt die Stunde der Wahrheit. Mal sehen, was ihr für mich übrig habt!« Tina setzte sich in die Mitte ihres Wohnzimmers auf den Teppich, breitete die Geschenke rund um sich aus, bat ihre Gäste, sich im Halbkreis um sie und die Geschenke zu versammeln, und forderte sie nacheinander auf, ihr nach dem Zufallsprinzip ein Geschenk zu überreichen. Tina nahm das erste Päckchen entgegen, entknotete mühselig das Band, entfernte mit viel Geschick und Geduld den Streifen Tesafilm, der die sich überlappenden Ecken des Geschenkpapiers zusammengehalten hatte, entfernte das bunte Papier, faltete es sorgfältig zusammen, nahm das Geschenk in Augenschein und las den Titel des Buchs laut vor: »Der Weg zum Erfolg« von Loriot.

»Na, wenn du das gelesen hast, kann ja gar nix mehr schiefgehen«, spöttelte ein Gast, der offensichtlich Tinas geheime Ambitionen kannte. Eine hölzerne Kugelbahn wurde ebenso sorgsam und geduldig ausgepackt und aufgebaut, bevor die anderen Geschenke ihre Würdigung fanden. Anna hatte heimlich auf die Uhr geschaut. Diese Zeremonie hatte fast zwei Stunden in Anspruch genommen, im Mittelpunkt das Geburtstagskind, das diese Inszenierung offensichtlich genoss.

Als Schulleiterin verstand es Bettina Blom ebenso geschickt, sich in Szene zu setzen. Morgens dröhnte sie mit dem Motorrad den rot gepflasterten Weg hinauf zur Schule, stellte die schwere Maschine vor dem Haupteingang ab, pellte sich aus ihrer Ledermontur und freute sich über den Eindruck, den sie bei der männlichen Jugend machte.

Bettina Blom strebte Höheres an als den Posten einer Sonderschulrektorin. Die Schule bekam ein neues Profil. Projektwochen modernisierten den Unterricht, spektakuläre, gemeinschaftsfördernde Schulfahrten wurden unternommen: eine Woche Spiekeroog für alle Klassen der Grund- und Hauptschule. Eine Computer-Fortbildung führte das staunende Kollegium ein in diese neue Welt und ein Workshop über Techniken des Gedächtnistrainings machte die Gehirne fit. Die organisatorischen und verwaltungstechnischen Seiten der pädagogischen Arbeit wurden überprüft und auf den neuesten Stand gebracht. Statistiken, Jahresberichte, Bildungspläne und Klassenbücher wurden durchforstet, wöchentliche Teamsitzungen anberaumt. Das Image der Schule sollte aufpoliert werden, die Schule in neuem Glanz erstrahlen. Nach einem Jahr schien das Ziel erreicht. Bettina Blom meldete sich an für ein Amt im Institut für Lehrerfortbildung, absolvierte die Zulassungsprüfung und scheiterte. Wochenlang blieb sie krankgeschrieben, immer neue Vertretungspläne wurden an das schwarze Brett im Lehrerzimmer geheftet. Jeden Morgen galt ihm der erste Blick. Die Unterrichtsvorbereitungen des Vortags wurden hinfällig, Klassen wurden zusammengelegt, Vertretungsunterricht, durch Ausfall der Schulleiterin verursacht, blieb in den nächsten Jahren eine stete Quelle der Frustration.

»Das einzig Zuverlässige an unserer Schulleiterin ist ihre Unzuverlässigkeit«, meinte Manu nach dem ersten Seminar für Eltern, deren Kinder in Regelschulen integrativ beschult und von Lehrkräften der Sonderschule beraten wurden. Diese Seminare gehörten zu den von der Schulleiterin initiierten Projekten. Zu dem ersten, groß angekündigten Treffen waren viele Eltern hoffnungsvoll am späten Nachmittag in die Schule gekommen. Anna und ihre in der Regelberatung tätigen Mitstreiter warteten im Lehrerzimmer auf Bettina Blom, die diese Sitzung moderieren sollte. Die Schulsekretärin, die aus diesem

Anlass Überstunden machte, rief an und teilte den Wartenden mit: »Frau Blom ist erkrankt und kann nicht kommen.«

»Das war verdammt knapp«, maulte Manu. »Wer macht an Tinas Stelle die Moderation? Beim nächsten Treffen planen wir den Ablauf von vornherein ohne unsere Schulleitung.«

Von nun an schien Bettina Blom die Kontrolle der Arbeit ihrer Kolleginnen und Kollegen als eine ihrer wichtigsten Aufgaben zu betrachten. Am Freitag nach Schulschluss waren die Klassenbücher im Sekretariat abzugeben, wo sie von Bettina Blom abgeholt oder von der Schulsekretärin in ihre Wohnung geliefert wurden. Am Montagmorgen hatten die Klassensprecher die verantwortungsvolle Aufgabe, die Bücher aus dem Sekretariat in die Klassen zurückzubringen. Sie mussten vorsichtig sein beim Transport, denn kleine weiße, dunkelblaue oder tiefrote Zettelchen ragten aus dem Klassenbuch und durften nicht verloren gehen, enthielten sie doch wichtige Anmerkungen über fehlende Eintragungen, Unterschriften und sonstige unerhörte Schlampereien. Der schwarze Filzstift kontrastierte nur wenig mit dem dunkelblauen oder roten Hintergrund und Anna konnte meist nicht entziffern, was darauf notiert war. Da die Farben etwas über die Dringlichkeit der Anmerkung aussagten, konnte das auch nicht geändert werden. Da war nichts zu machen!

Dass auch Passivrauchen der Gesundheit schadet, war seit Langem bekannt, jedoch, wie immer war es ein weiter Weg vom Wissen über die Einsicht zum folgerichtigen Handeln. Irgendwann hielt der Nichtraucherschutz Einzug in das öffentliche Denken. So wurde es den Schulen zur Pflicht gemacht, die Lehrerzimmer für Raucher und Nichtraucher zu trennen. Den Rauchern wurde ein winziges, fensterloses Kabuff zugeteilt, in dem die naturwissenschaftliche Sammlung untergebracht war. Die Präparate nahmen den Gestank dankbar auf und als Anna zum Pausenbeginn das menschliche Skelett aus dem Kabuff in ihre Klasse rollte, rümpfte sie die Nase. »Stinkt ja fürchterlich! Eigentlich unzumutbar!« Nach der Pause waren die Schüler merkwürdig still und schauten sie erwartungsvoll an. Annas Blick viel auf das Skelett. Es trug nun eine Mütze und einen Schal um den schlanken Hals, eine Zigarette hing lässig zwischen seinen bleckend weißen Zähnen. Anna grinste. »Na, da kann ich mir jetzt alle Predigten über die Schädlichkeit des Rauchens sparen, oder?«

Rektorin und Konrektorin funktionierten nicht ohne Nikotinzufuhr, und so wurde der Verwaltungstrakt zum Zufluchtsort für die Raucher im Kollegium. Sie versammelten sich dort während der großen Pause, zusammen mit einigen Lehrkräften, die sich von der Nähe der Schulleitung Vorteile versprachen. Dort wurde ausgekungelt, wer welche Klasse im nächsten Jahr übernehmen sollte, wer die beliebten, weil vorbereitungsarmen und korrekturfreien Fächer wie Sport, Kunst und Musik erteilte. Manu, die Künstlerin im Kollegium, hatte große Pläne für den Kunstunterricht in der Hauptschule. Ein jahrgangsübergreifendes Projekt war geplant. Die Klassenlehrerin der 7. und 8. Klasse machte einen Strich durch diese Rechnung. Sie wollte den Kunstunterricht in ihrer Klasse selbst gestalten, dafür sollte Manu den Mathematikunterricht übernehmen. »Na, das passt!«, wehrte sich Manu in der Lehrerkonferenz. »Ich habe schon immer mit Zahlen auf dem Kriegsfuß gestanden. Wie soll das denn gehen?« Das half ihr nichts. Anna hatte zwei Jahre lang die Abschlussklassen geführt, Kontakt zu Firmen und Unternehmen in der Region aufgenommen, die Praktika begleitet und den Übergang zu weiterführenden Schulen unterstützt. Sie hätte gern noch ein weiteres Jahr diese Arbeit mit der nächsten Abschlussklasse fortgesetzt, aber die Schulleiterin hatte anders entschieden.

Vorfälle, in denen sich die Kollegen benachteiligt oder in ihrer pädagogischen Arbeit gehindert fühlten, häuften sich. Das Arbeitsklima verschlechterte sich rapide, Unzufriedenheit machte sich breit. Die Spannungen im Kollegium verschärften sich, Streitigkeiten flammten auf wegen Nichtigkeiten, Gespräche hinter vorgehaltener Hand waren nun üblich, Parteien und Grüppchen bildeten sich. Es wurden Versetzungsgesuche gestellt und wegen des Lehrermangels abgeschmettert. Einer Kollegin gelang es, sich dem Einflussbereich der Schulleiterin durch eine Abordnung an eine Grundschule zu entziehen, sie wurde dort als Integrationsfachkraft dringend gebraucht. Das Kollegium war längst keine Gemeinschaft mehr, in der man einander vertrauen konnte.

»Ich habe jeden Morgen einen Knoten im Magen, wenn ich zur Schule gehe«, dachte Anna und sie wusste, dass es auch anderen so erging. Es musste etwas geschehen. Die Kollegen, die nicht zum engeren Kreis um die Schulleitung gehörten, berieten sich und legten dem Lehrerrat ein 8-Punkte-Papier mit Wünschen und Forderungen des Kollegiums vor. Der Lehrerrat übergab es der Schulleiterin und bat um ein Gespräch. Am nächsten Tag wurde das Kollegium durch einen Aushang am schwarzen Brett informiert: »Die nächste Lehrerkonferenz findet turnusmäßig am Montag statt. Das Kollegium wird gebeten, vollzählig zu erscheinen. Als Vertreter der Schulaufsichtsbehörde wird Schulrat Schramm an dieser Sitzung teilnehmen.«

Heidrun Hamme schaute Anna über die Schulter und fragte: »Soll ich dir vorlesen?«

»Ja, bitte.« Anna schnappte nach Luft, drehte sich zu Heidrun um und fragte: »Wie soll ich denn das verstehen? Der Lehrerrat hat unserer lieben Tina ein Papier überreicht und um ein Gespräch gebeten und jetzt das! Traut sie sich nicht zu, mit uns zu reden? Muss sie sich Verstärkung holen? Schlechte Aussichten für einen Frieden im Kollegium! Oder wie siehst du das?«

Heidrun schaute sich um. »Komm, lass uns mal in deine Klasse gehen. Da können wir die Tür hinter uns zu machen.« Heidrun Hamme, die seit über 25 Jahren zum Kollegium gehörte, galt als chaotisch und hatte sich den Unwillen aller Schulleitungen zugezogen, weil sie sich immer wieder über Regulationen hinwegsetzte. Was nach außen hin planlos und sprunghaft wirkte, war in Wirklichkeit nur ihre Fähigkeit, sich auf die ganz individuellen Bedürfnisse der Kinder einzustellen. Sie hatte häufig im Grundschulbereich gearbeitet, die Eingangsklassen, die als Vorbereitung für die 1. Klasse vorgeschaltet waren, mit unendlicher Geduld und viel Enthusiasmus zum Erfolg geführt. Anna hatte sie gefragt: »Wie machst du das?« Heidrun hatte sich in die Karten schauen und Anna hospitieren lassen. Fasziniert schaute Anna zu, wie die Kollegin jedes einzelne Kind so ansprach, dass es sich aufgehoben und anerkannt fühlte. Turbulent und laut ging es zu, aber jedes Kind arbeitete in der ihm eigenen Geschwindigkeit, löste die ihm ganz individuell gestellten Aufgaben. Auch in diesem Jahr hatte Heidrun Hamme eine sehr schwierige Klasse übernehmen müssen, eine Kombination aus Eingangsstufe und erstem Schuljahr. Zum ersten Mal waren auch zwei vollblinde Kinder zu unterrichten. Die Sehbehindertenschule war verpflichtet worden, auch blinde Schüler aufzunehmen, um dem Wunsch der Eltern nach wohnortnaher Beschulung nachzukommen. Materielle und technische Voraussetzungen mussten erst noch geschaffen werden. Wegen dieser erschwerten Bedingungen war Heidrun eine zweite Lehrkraft zugestanden worden, acht Unterrichtsstunden mit Doppelbesetzung waren im Stundenplan verzeichnet. »Ja, du weißt ja, dass Tina sich für diese Doppelbesetzung starkgemacht hat. Dabei ist sie überhaupt noch nie in der Grundschule tätig gewesen und schon gar nicht in einer Eingangsklasse. Na ja, und meistens ist sie ja auch überhaupt nicht anwesend. Und weißt du, das habe ich noch niemandem gesagt, aber als ich dann im Klassenbuch in der für Tina vorgesehenen Spalte unterschrieben und eingetragen habe, dass ich für sie eingesprungen bin, hat sie mir das verboten. Sie will, obwohl sie nicht unterrichtet hat, selbst unterschreiben.«

»Aber, das ist ja Urkundenfälschung, was sie von dir verlangt. Dabei weist sie uns doch ständig darauf hin, dass das Klassenbuch eine Urkunde ist. Willst du das in der Konferenz zur Sprache bringen?«, fragte Anna.

»Nein, dann kann ich mich gleich nach einer anderen Schule umsehen. Ich bin aber gern hier, richtiger gesagt, ich hänge an meiner Arbeit mit den sehbehinderten und blinden Kindern und möchte nichts anderes tun.«

Anna verstand das gut. Sie hatte, wie seit Jahren, bei der Erstellung des Stundenplans mitgewirkt und wusste, dass Bettina Blom ihren Schulleiterrabatt um fünf Stunden ausgeweitet hatte. Niemand hatte das moniert. Anna wusste, dass auch die anderen Kolleginnen und Kollegen die eigentlichen Probleme der Schulleitung wohl nicht bei der Konferenz mit dem Schulrat ansprechen würden. Sie hatten zu viel zu verlieren. Anna stand kurz vor ihrer Pensionierung und hatte ohnehin beschlossen, den Zeitpunkt ein wenig vorzuziehen.

Pünktlich um 14:00 Uhr trafen das Kollegium, die Schulleitung und der Schulrat im Lehrerzimmer ein. Kaffee und Tee wurden bereitgestellt. Der Schulrat eröffnete die Konferenz. »Meine Damen und Herren Kolleginnen und Kollegen, Frau Blom hat mich über die Vorgänge in ihrem Kollegium informiert und mich gebeten, dieser Konferenz beizuwohnen. Ich werde nicht im Einzelnen auf das vom Lehrerrat an Frau Blom übermittelte Papier eingehen. Das ist nicht meine Aufgabe. Diese Dinge werden sich klären lassen. Eines möchte ich Ihnen mit auf den Weg geben: Frau Blom wurde mit der Leitung dieser Schule beauftragt, sie trägt die alleinige Verantwortung. Sie, als Kollegium, haben die von Frau Blom getroffenen Entscheidungen zu respektieren und sich ihren Anordnungen zu fügen. Eine Zuwiderhandlung werde ich nicht dulden.« Herr Schramm atmete durch und ergänzte mit einer versöhnlich klingenden, in Wahrheit aber rhetorisch gemeinten Frage: »Hat noch jemand von Ihnen etwas dazu zu sagen?« Schweigen.

Anna kämpfte mit sich. »Wenn du jetzt nicht sagst, was du dir vorgenommen hast, wirst du dir das in alle Ewigkeit vorwerfen. Du hast viel zu oft den Mund gehalten. Die anderen Kollegen können nichts sagen. Nun mach schon!« Anna setzte sich aufrecht hin. »Ja, ich habe eine Frage. Hat Frau

Blom mit der Schulaufsichtsbehörde vereinbart, dass sie wegen ihrer schwachen Gesundheit neben ihrer üblichen Stundenermäßigung als Schulleiterin noch von weiteren fünf Unterrichtsstunden befreit ist?« Es hatte ein kurzes, verblüfftes Schweigen des Schulrats gegeben. An den Wortlaut seiner Antwort konnte sich Anna nicht mehr erinnern.

Anna beschleunigte ihre Schritte, beschloss, nicht mit dem Bus nach Hause zu fahren. Die Bewegung würde ihr guttun. Sie dachte daran, wie sie schon Wochen vorher ihren Abgang vorbereitet hatte. Im kommenden Schuljahr wollte sie nicht mehr dabei sein. Nun würde sie einige Wochen vorher ausfallen als geplant. Kurz vor Schuljahresende war das nicht so schlimm, so hoffte sie.

Manu hatte sie gefragt: »Hast du nicht Angst, in ein Loch zu fallen?«

»Nein, nein, sicher nicht. Es gibt auch für mich ein Leben nach der Schule, dafür habe ich gesorgt.«

2

NEUES LEBEN

Anna hatte sich bei ihrem morgendlichen Spaziergang mit dem altersmüden Hovawart Lasko, der nun in aller Ruhe seine Hinterlassenschaften im Wald ablegen konnte, die Samstagsausgabe der WAZ besorgt und studierte die Kleinanzeigen. Sie stutze, glättete die Zeitung, schob sie direkt unter den Fokus der Kamera, stellte den Vergrößerungsfaktor des Bildschirmlesegeräts neu ein und las: »Gut sozialisierte Australian Shepherd Welpen, 4 Wochen alt.« Anna überlegte nicht lange, schaute auf die Uhr. 11:00 Uhr, später Vormittag, eine korrekte Zeit für ein Telefonat. Es wurde ein langes Gespräch. Fast eine halbe Stunde lang sprach Anna mit der Züchterin, einer Tierärztin und Mutter von drei kleinen Kindern. Sie hatte einige Jahre in Kanada gelebt, dort die Aussies, wie sie von Eingeweihten kurz genannt werden, bei der Arbeit kennengelernt und eine junge Hündin aus einer Arbeitslinie mitgebracht. Pünktchen, so genannt wegen ihrer zahlreichen, braunen Flecken im Gesicht, hatte acht gesunde Kinder in die Welt gesetzt, für die nun zuverlässige und hundeerfahrene Halter gesucht wurden. Als Vater war ein Rüde aus einer Showlinie ausgewählt worden.

»Dann sind die Nachkommen etwas ruhiger, nicht ganz so umtriebig und eignen sich besser als Familienhunde«, erklärte die Züchterin. Anna fragte nach: »Wo sind die Welpen untergebracht?«

»Die ersten vier Wochen stand die Welpenkiste in unserem Wohnzimmer, aber jetzt haben wir die Kinderstube in den Garten verlegt. Wir haben ja einen wunderbar trockenen und warmen Sommer. Die Welpen können sich dort in einem rundum abgesicherten Gelände austoben und sich in eine stabile Hütte zurückziehen, wenn sie müde gespielt sind. Trotzdem haben die Kleinen ständigen Kontakt mit Menschen. Die zukünftigen Besitzer kommen mit ihren Familien, meine Kinder dürfen unter Aufsicht mit den Welpen spielen und bald werde ich auch kleine Gruppen aus einem Kindergarten in der Nähe dazu holen. So haben die Welpen keinerlei Scheu vor Menschen und sind an die hektischen Bewegungen und schrillen Stimmen der Kinder gewöhnt. Außerdem gehe ich in den nächsten Wochen jeden Tag mit einem der Welpen und Pünktchen in die Stadt, damit die Hunde auch alle Geräusche und Gerüche kennenlernen. Sie sollen vor dem Lärm und dem Gewühl der Stadt keine Angst haben. Sie werden ja später nicht in der Wildnis leben.«

Anna atmete auf. Das war geradezu bilderbuchmäßig, genau das, was für zukünftige Blindenführhunde als ideale Vorbereitung für ihren späteren Job gelten konnte.

In ihrer jetzt reichlich vorhandenen, freien Zeit hatte sich Anna intensiv mit der Auswahl und Ausbildung von Blindenführhunden beschäftigt, hatte viel über Prägephasen und Entwicklung gelesen, hatte sich informiert, welche Hunderassen infrage kommen. Sie hatte sich gegen Labrador oder Golden Retriever entschieden. In die Mode gekommen, sind diese Hunde überzüchtet, haben häufig Gelenkkrankheiten und außerdem sind die Rüden dieser Rassen recht groß und schwer. Anna wollte nur einen Hund, den sie notfalls selbst tragen konnte und der sie nicht, sein ganzes Gewicht in die Waagschale werfend, mit einem kräftigen Ruck an der Leine auf dem Bauch durch den Dreck ziehen würde. Ihr 14-jähriger Hovawart-Rüde Lasko, 72 Zentimeter Schulterhöhe und 42 Kilogramm schwer, war vor drei Jahren wegen eines

Kreuzbandrisses am linken Hinterbein operiert worden und musste drei Wochen lang zweimal täglich die zwei Treppen zur ersten Etage getragen werden. Den extra für ihn auf dem Balkon ausgebreiteten Rollrasen hatte er nicht benetzen wollen. Es war wahrhaftig nicht leicht gewesen, diesen Transport zu organisieren. Mit einem Gewicht von etwa 23 Kilogramm war ein Australian-Shepherd-Rüde noch gerade eben für sie tragbar. Die Aussies waren als arbeitsfreudig beschrieben, jedoch ruhiger als Border Collies und hübsch und klug waren sie auch. Und so hatte sich Anna auf die Suche gemacht, beim Verein deutscher Hundezüchter nachgefragt und sich die Kleinanzeigen in den Wochenendausgaben der Zeitungen angeschaut.

Anna vereinbarte einen Termin mit der Züchterin, machte sich auf den Weg, mit Bus und Bahn und mit vielfachen Umstiegen, wurde am Bahnhof vom Herrn des Hauses abgeholt, vor Ort von Frau Rensing mit dem jüngsten ihrer eigenen Nachkommen auf dem Arm und Pünktchen begrüßt: »Möchten Sie nach der langen Fahrt erst einmal eine Erfrischung im Haus zu sich nehmen oder möchten Sie gleich die Welpen sehen? Die Kleinen haben gerade ihre Spielphase, sind alle wach und munter.«

Anna ließ sich in den Garten führen, wo eine große mit Büschen und Sträuchern bepflanzte Wiese kinder- und welpensicher abgegrenzt war. Anna öffnete das Törchen, schlüpfte hinein und schloss es schnell wieder. Gleich schlenkerte ein kleines, bildhübsches Kerlchen heran, schwarz-weiß gestromt. »Blue Merle« wurde diese Fellfärbung genannt, wie Anna später erfuhr. Anna bückte sich, ließ die Finger ihrer linken Hand hoch- und runterhüpfen, eine Spielaufforderung, auf die sich der Welpe sofort einließ. Neugierig tapste das nächste Hundekind heran, drängte sich dazwischen und beschnupperte Annas Hand. Mit seinen weißen Pfoten, der weißen Schwanzspitze, dem weißen flauschigen Bauch sah der Kleine unglaublich süß und unschuldig aus.

Die beiden Welpen fielen mit hellem Gekläff und Winseln

und weit geöffneten Mäulchen übereinander her und vergaßen Annas Hand. Anna machte sich auf die Suche nach den anderen Welpen. Dabei folgte sie dem lautstarken Kläffen und Jaulen, welches sich nach heftigem Streit anhörte.

»Halb so schlimm«, beruhigte Frau Rensing, die inzwischen ihren Jüngsten schlafen gelegt hatte und zu Anna getreten war. »Die Kleinen üben, ist alles nur Spiel. Schauen Sie, die Welpen beißen nicht zu, ihr Mäulchen ist weit geöffnet.«

Anna staunte über das wilde Spiel: »Ich hatte ja gar keine Ahnung, dass vier Wochen alte Welpen so intensiv und ungestüm toben können.«

»Ja, Aussies sind sehr temperamentvolle Hunde, sehr bewegungsfreudig. Sie spielen gern bis ins hohe Alter.«

Anna versuchte sich einen Überblick zu verschaffen, fünf Welpen hatte sie schon gezählt. Wo waren die anderen? Frau Rensing wies unter einen Strauch. Dort lag ein müder Hund, vollkommen entspannt, trotz des Lärms um ihn herum fest schlafend. Dieser Welpe war fast vollkommen schwarz, hatte nur weiße Pfoten. Er sah einem Border Collie ähnlich, dessen Foto Anna in einem Buch über verschiedene Hunderassen gefunden und unter dem Bildschirmlesegerät genau studiert hatte. »Ich habe den Eindruck, dass keiner der Welpen so aussieht wie der andere. Sind alle unterschiedlich gefärbt?«

Frau Rensing bestätigte: »Ja, tatsächlich. In diesem Wurf sehen alle anders aus. Die Gene von Mutter und Vater haben sich hier wirklich bunt gemischt. Pünktchen hat ein beigefarbenes Fell mit dunkelbraunen Flecken und Streifen. Ihre Fellfarbe nennt man ›Red Merle‹. Die braunen Flächen sind nicht scharf abgegrenzt, sondern an den Rändern ausgefranst, wie von Motten zerfressen, sagen die Spötter.«

»Und der Vater, wie sieht der aus?«

»Der Zuchtrüde ist schwarz-weiß gefleckt, aber bei ihm liegt kein Merle-Faktor vor. Die Zuchtordnung verbietet die Paarung von zwei Hunden mit Merle-Faktor. So sollen genetisch bedingte Erkrankungen vermieden werden.«

Anna und Frau Rensing gingen ins Haus, Anna hatte nun doch das Bedürfnis, etwas Kühles zu trinken. Und es gab viel zu besprechen.

Anna war überwältigt von dem, was sie da draußen auf der Wiese erlebt hatte. Ja, eines dieser hinreißend schönen, lebhaften Exemplare möchte sie für sich haben. »Sind schon einige ihrer Welpen an zukünftige Halter vergeben?«, fragte sie daher.

»Die drei Hündinnen des Wurfs sind schon alle gebucht. Tut mir leid für Sie, aber da ist nichts zu machen. Hündinnen sind immer heiß begehrt«, erklärte die Züchterin.

»Kein Problem, bisher hatte ich nur Rüden und bin damit gut gefahren. Mit Hündinnen komme ich nicht zurecht, sind mir zu zickig.«

»Zwei der fünf Rüden sind auch schon vergeben.«

»Und wie ist das mit dem hübschen, schwarz-weiß gestromten Kerlchen, das als Erster auf mich zugehüpft kam?«

»Der ist auch schon weg. Den hätte ich mehrfach vergeben können.«

»Das ist nicht schlimm. Eigentlich ist mir völlig egal, welche Färbung der Hund hat. Hauptsache, er ist gesund, gut sozialisiert und, na ja, vielleicht sollten Sie mir einen etwas ruhigeren Kandidaten aussuchen.«

Frau Rensing legte ihr einen sehr ruhigen, etwas schüchternen Rüden ans Herz, aber Anna winkte ab. »Nein, nein, schüchtern sollte er nicht sein. Ich brauche einen selbstbewussten Hund, der eigene Entscheidungen treffen kann, wenn es beispielsweise darum geht, den richtigen Weg um ein Hindernis herum auszuwählen.« Frau Rensing nahm Anna noch einmal mit in die Kinderstube, wo die Welpen, satt und zufrieden, dicht aneinandergekuschelt schliefen. Sie fasste in das flauschige, bunte Knäuel und gab Anna den Welpen in die Hand, der vorhin als Zweiter neugierig auf sie zugelaufen war.

»Das ist neben dem schwarz-weiß gestromten der selbstbewussteste Rüde im Wurf.« Der Welpe schmiegte sich vertrauensvoll in ihre Armbeuge und Anna strich über das seidenweiche Fell an den winzigen, braun gefleckten Kippöhrchen, fuhr mit dem Zeigefinger sacht über das schmale, kupferfarbene Schnäuzchen und kraulte ihn zart am Hals. Da blinzelte der Kleine sie aus hellblauen Augen an, drehte sich auf den Rücken, bot ihr seinen weißen Bauch an.

Verzückt von so viel kuscheliger Weichheit und zarter Schönheit, gerührt von so viel Vertrauen wandte sich Anna um: »Wenn ich diesen kleinen Kerl mit nach Hause nehmen dürfte, wäre ich überglücklich.«

»Einverstanden, aber vier Wochen müssen Sie sich noch gedulden«, lächelte Frau Rensing.

Und vier Wochen später hielt der Kleine Einzug in Annas Wohnung, lernte den alten Rüden, der gar nichts mehr mit Spielen und Toben im Sinn hatte, zu respektieren und sein Geschäft zuerst auf dem Balkon und dann nur noch draußen auf der Wiese zu erledigen, lernte in einer Spielgruppe, sich mit Hunden unterschiedlichster Rassen und jeden Alters zu arrangieren und den ihm zugewiesenen Platz einzunehmen, lernte, dass er als zuletzt Hinzugekommener auch zuletzt am Wassernapf schlabbern durfte, rächte sich dafür, indem er den Napf packte, ihn abschleppte und im Gebüsch versteckte. Der junge Hund lernte, an der Treppe zu warten und am Bordstein stehen zu bleiben, erlernte, lernte und lernte. Und hatte sichtlich Freude daran. Auch Anna lernte, lernte, dass kein Hund wie der andere war. Tartuffe, ihr erster Hund, den sie in Frankreich aufgezogen hatte, war ihr als Welpe auf Schritt und Tritt gefolgt, vorbildlich entsprechend des ihm angeborenen Folgetriebs. Der kleine Aussie scherte sich nicht darum, dass sein Folgetrieb ihn an Annas Fersen hätte heften sollen. Er machte sich selbstbewusst allein auf den Weg und folgte seiner Neugier. Anna hatte eine Führhundeschule ausfindig gemacht, die bereit war, zusammen mit ihr den Hund auf seine Führaufgaben vorzubereiten. Sie wollte ihn auf gar keinen Fall zur Ausbildung aus der Hand geben. Anna lernte eine Methode kennen, die den Beutetrieb des Hundes nutzt, mit dessen Hilfe der Kleine ohne Druck und Zwang sein Führhandwerk erlernen konnte. So lernten sie gemeinsam, wurden ein Team und blieben zwölf Jahre zusammen. Twinkle begleitete sie in ihrem neuen Leben, wurde ihr Public Relation Manager, ihr besonderes Kennzeichen, ihr ständiger, unentbehrlicher Begleiter.

Der bunte, vierfarbige Hund mit seinem schmetterlingsförmigen, dunkelbraunen Fleck auf dem Rücken, den dunkelbraun getüpfelten Ohren, den weiß bestrumpften Beinen mit einem heruntergerutschten Söckchen zog überall die Aufmerksamkeit auf sich, entlockte den Entgegenkommenden ein Lächeln und bewundernde Ausrufe.

Anna war mit ihrer Schwester auf dem Kirchentag in Berlin unterwegs, Ströme von Menschen zogen an ihnen vorüber. »Du, Anna, nicht einer geht an uns vorbei, ohne einen Blick auf deinen Hund zu werfen. Manche grinsen vergnügt, andere schauen nur staunend.« Standen sie auf einem Bahnsteig oder an einer S-Bahnhaltestelle und unterhielten sich, so kam es mehr als einmal vor, dass sich eine wildfremde Person in ihr Gespräch drängte: »Entschuldigen Sie bitte, was ist das für ein Hund?« oder auch »Darf ich Ihren Hund fotografieren?«

Das Auffälligste an dem Hund aber waren seine Augen, denen er schließlich auch seinen Namen »Twinkle« verdankte. Glitzernd, strahlend, funkelnd wie ein Stern, das waren die Assoziationen, die sich bei diesem Wort einstellten. Die hellblauen Augen des Welpen waren ein wenig nachgedunkelt, bernsteinfarben strahlten sie nun jeden an, der ihm begegnete. Wie beim menschlichen Auge war um die Iris die weiße Bindehaut zu sehen. Über jedem Auge zeichnete sich ein dunkelbrauner, leicht gewölbter Strich ab, einer Augenbraue nicht unähnlich.

Anna war mit ihrer Freundin Yvonne in den Bergen oberhalb von Annecy zu einer Berghütte unterwegs. Ein mit jungen Leuten vollgestopfter Geländewagen kam ihnen entgegen. »Regardez les yeux qu'íla ce chien, il a des yeux comme un homme!« (Schaut mal, was der Hund für Augen hat! Der hat ja Augen wie ein Mensch!) Mit diesen wachen, aufmerksamen Augen funkelte Twinkle die Menschen an, erzwang ihre Aufmerksamkeit. Auch Anna wurde unablässig beobachtet. »Wie dieser Hund dich anschaut, er lässt dich nicht aus den Augen! So ein hingebungsvoller Blick!«

Von ihrem Trainer hatte Anna gelernt, dass dieser Blick nicht nur unverbrüchliche Treue und Loyalität, sondern auch Kontrolle bedeutete. Er sagte: »Ich lass dich nicht aus den Augen. Ich muss wissen, was du tust. Nichts entgeht meiner Kontrolle!« So passten sie aufeinander auf, Anna und ihr Hund.

3

NEUSTART

Endstation! Anna schultert ihren Rucksack, klaubt Twinkle vom Boden des Abteils, schlingt ihren Arm um seinen schmalen Körper und tastet sich vorsichtig die drei Stufen bis zur Ebene des Bahnsteigs hinunter, überwindet mit einem mutigen Schritt die breite Spalte zwischen Zug und Bahnsteigkante, setzt Twinkle ab und nimmt die Leine fest in die Hand. Twinkle hat mit seinen gerade mal drei Monaten eine Etappe des Trainings »öffentliche Verkehrsmittel« bravourös gemeistert. In der S-Bahn hat er die ein- und aussteigenden Passanten beobachtet und sie so lange mit seinen bernsteinfarbenen Augen angestrahlt, bis sie ihm ihre Aufmerksamkeit geschenkt und Anna mit Fragen und Ausrufen überhäuft habe, wie Anna sie noch viele Male im Lauf der nächsten zwölf Jahre hören würde: »Was für ein schöner Hund! Was ist das für eine Rasse? So einen Hund habe ich noch nie gesehen. Darf ich den Hund fotografieren?«

Anna ist auf dem Bahnhofsvorplatz verabredet, Gerhard Langenfeld wird sie dort abholen. Gerhard, klein, wendig, mit grau gesprenkeltem Spitzbart, vormals Bauleiter mit viel Geschick und scharfem Verstand, nun nur noch Rentner und Ehemann, macht den Rundumservice für seine Frau, die seit Jahren die Taubblindengruppe leitet.

Schon Monate zuvor hatte Anna die nächsten Schritte in ihr neues Leben vorbereitet. Sie wird nicht nur mit ihrem Hund spazieren gehen und es sich auf diversen Parkbänken bequem machen. Eine Selbsthilfegruppe für Menschen, die weder sehen noch hören können, hat um Unterstützung gebeten. Anna hat Zeit gebraucht, ihre Berührungsängste zu überwinden. Taub und blind, was für eine gruselige Vorstellung! Anna findet es schwierig genug, ihre eigene Angst vor einer völligen Erblindung zu kontrollieren. Ein Leben ohne Hören und Sehen, das kann und will sie sich nicht vorstellen. Bei einem Treffen auf dem Gelände des Blindenwassersportvereins ist Anna den Menschen begegnet, die nicht hören und nicht sehen können. Ein Sommersonnentag in einem schattigen Garten, Rudern auf einem sanft strömenden Fluss, lachende Menschen, die mit den Händen sprechen, Freundschaft und wärmendes Miteinander, Kommunikation und Zugewandtheit ... Leben eben. Anna wird von der Gruppe akzeptiert und zur nächsten Sitzung des Arbeitskreises eingeladen. Und da ist sie, zusammen mit ihrem Hund.

Eine Fußgängerbrücke hoch über den Bahngleisen, eine endlos anmutende Treppe hinunter, mit Twinkle unterm Arm. Endlich angekommen. Die beiden werden schon erwartet. »Das ist also unser neues Mitglied im Arbeitskreis«, amüsiert sich Gerhard und schon kommt die nächste Prüfung auf Twinkle zu. Autofahren, vorn im Fußraum ist Platz. Er springt noch nicht selbst hinein, das muss er noch lernen. Sein Versuch, sich auf Annas Schoß zu flüchten, wird umgehend unterbunden. Ein Schubs und schon ist der Kleine auf der Fußmatte zurück. »Der arme Hund, nichts darf er!«, spottet Gerhard.

»Ich schätze mal, dass es dir reicht, wenn du seine Haare von der Fußmatte saugen musst. Wenn du auch noch die Sitze abbürsten sollst, nimmst du mich mit meinem Hund bestimmt nicht mehr mit.«

»Vermutlich hast du mal wieder recht, ganz so, wie es sich für eine Lehrerin gehört.«

Anna ist genervt. »Na, du weißt schon, dass ich meinen Lehrerhut an den Nagel gehängt habe, oder?« Geplänkel,

Positionsgerangel. Anna weiß nicht recht, wie sie mit Gerhard umgehen soll. Er spottet gern, hat wenig übrig für studierte Leute, findet, dass Lehrer und Sozialarbeiter Alleswisser und Nichtskönner sind, legt gern den alten Spruch in Abwandlung auf: »Lehrers Kinder, Sozialarbeiters Küh', geraten selten oder nie.« Anna gerät immer wieder in die Schusslinie, ist genötigt, sich für ihr früheres Leben zu rechtfertigen.

Gerhard und Anna sind von gleicher Statur, klein und schlank. Vera, Gerhards Frau, ist noch ein wenig kürzer ausgefallen als die beiden, dafür aber sehr viel umfangreicher. »Fast so breit wie hoch«, findet Anna. Sie ist also, zumindest was die Optik angeht, mit Vera und Gerhard auf Augenhöhe, eine für sie eher seltene Erfahrung. Allerdings, die Sache mit der Augenhöhe trifft nur im wörtlichen, nicht im übertragenen Sinn zu. Gleiche Augenhöhe wird ihr nur selten zugebilligt. Sie ist die Anfängerin, hat noch keine Erfahrung. Vera und Gerhard blicken auf eine 30-jährige ehrenamtliche Tätigkeit zurück, was sie nicht müde werden zu betonen. Anna will sich gern vieles von den beiden abgucken. Sie passt sich an, macht sich klein, schaut zu, beobachtet, ohne zu kommentieren, registriert, ohne zu bewerten, sammelt ihre Eindrücke und lässt alles auf sich zukommen.

Gerhard biegt von der Hauptstraße in eine schmale, auf beiden Seiten von ein- oder zweigeschossigen Reihenhäusern begrenzte Nebenstraße ein. Das Ehepaar Langenfeld wohnt hier schon seit über 30 Jahren, hat hier die beiden Söhne aufgezogen und wird dort so lange wie irgend möglich wohnen bleiben. Vera, die von Geburt an nur einen minimalen Sehrest hat, inzwischen nur noch Hell und Dunkel wahrnimmt und jetzt, zu ihrem großen Bedauern und Leid, ihr Gesicht nicht mehr erkennen kann, findet sich hier allein zurecht und möchte nirgendwo anders wohnen.

Gerhard schließt auf und schiebt Anna samt Twinkle durch die Tür in den Eingangsbereich, einen engen, mit einer Garderobe voller Mäntel und Jacken, einem Schuhschränkchen und einer Kommode vollgestopften Flur. »Die anderen sind noch nicht da. Du kannst dir hier einen Platz für dich und deinen Hund aussuchen.« Gerhard führt sie in einen Raum, dessen geringe räumliche Kapazitäten voll ausgelastet sind. Auf der linken Seite eine Sitzecke mit einem dreisitzigen, bunt gemusterten Sofa, zwei dazu passenden Sesseln und einem Couchtisch aus Kiefernholz. Auf der anderen Seite des Raums erstreckt sich ein langer, rechteckiger Esstisch, an der Wand eine in den gleichen bunten Farben wie Sofa und Sessel gepolsterte Sitzbank, daneben eine Durchreiche zur Küche. Auf der anderen Tischseite vier gepolsterte Stühle, zwei weitere Stühle vor Kopf. Vera steckt ihren pfeffer- und salzfarbenen, männlich kurz geschnittenen Schopf durch die Durchreiche: »Guten Tag, Anna, kannst du schon mal den Kuchen auf den Tisch stellen? Ich schlage nur eben die Sahne.«

Anna schiebt die Gedecke auf dem Tisch ein wenig mehr an den Rand, verteilt die Kuchen auf dem Tisch. »Himmel, wie viele Leute kommen denn heute?«

»Warte, ich bin gleich fertig, dann komme ich zu dir.« Vera ist eine leidenschaftliche Köchin, hat zahlreiche Kochkurse in den Seminaren für spät erblindete Erwachsene durchgeführt. Sie hatte früh geheiratet, hatte die Sicherheit der gut versorgten Ehefrau gewählt und auf den Besuch des Gymnasiums für Blinde verzichtet. Sie hatte eine Ausbildung zur Telefonistin absolviert und jahrelang in einem Job gearbeitet, der ihrer wachen Intelligenz und ihrem Wunsch nach selbstständigem Arbeiten keineswegs gerecht werden konnte. Wie viele Blinde ihrer Generation fand sie eine ihren Fähigkeiten entsprechende Betätigung erst in der Blindenselbsthilfe, hatte im Laufe der Zeit den Vorsitz im Blindenverein ihres Wohnorts erobert, war jahrelang Leiterin der Abteilung »Hauswirtschaft« im Landesverband und hatte schließlich auch die Taubblindengruppe geleitet. Nun suchte sie eine Mitarbeiterin und mögliche Nachfolgerin. Anna sollte sich einarbeiten.

Vera schiebt eine große Schüssel mit Schlagsahne in die Durchreiche. »Stell das doch bitte auch noch auf den Tisch!« Anna tut wie geheißen und fragt Vera, die nun endlich mit ihren Vorbereitungen fertig ist, ihre Schürze abnimmt und Anna begrüßt: »Wer wird sich denn nun gleich über die vielen guten Sachen hermachen?«

»Du kennst alle Mitglieder des Arbeitskreises schon von unserem Treffen am Bootshaus. Da ist Horst Michalski mit seiner Frau Mechthild. Horst ist schwerhörig, seine Frau ist gehörlos und inzwischen fast vollkommen erblindet.«

»Der Name sagt mir jetzt gerade nichts.«

»Horst wird von uns nur ›der große Horst‹ genannt, er ist fast 1,90 Meter groß und hat dich ins Boot geholt, gegen deinen Willen, wenn ich mich recht erinnere.«

»Ach ja, stimmt! Horst hat mich einfach ins Boot gehoben. Bärenstark, der Mann. Ich war zugegebenermaßen ziemlich skeptisch. Das Wasser hat doch sehr modrig gerochen und ich hatte nicht die geringste Lust auf ein Bad. Seine Frau hat von euch ein Geburtstagsgeschenk und eine Karte in Punktschrift bekommen.« Anna erinnert sich, wie Mechthild im Rollstuhl sitzend das Geschenk zu ihrem 70. Geburtstag in Empfang genommen hatte, ein von Hermann selbst geschnitztes Mensch-ärgere-dich-nicht-Spiel. Mechthild hatte die Karte mit der Punktschrift dicht vor die Augen gehalten und Vera hatte sie deswegen ausgeschimpft: »Du sollst die Punktschrift mit den Fingern, nicht mit den Augen lesen.« Anna denkt daran, wie sie sich die Blindenschrift selbst beigebracht und wie sie immer wieder verzweifelt versucht hat, die kleinen Punkte zu ertasten und zu Buchstaben und Wörtern zusammenzusetzen, und schließlich völlig entnervt die Punktschriftfibel unter das Bildschirmlesegerät gelegt hat. Ihr Gehirn konnte offensichtlich nicht so ohne Weiteres vom Sehen auf Tasten umschalten.

Als Fünfjährige hatte sie ihren älteren Geschwistern zugeschaut, wie diese mit dem Griffel auf ihre Tafeln schrieben und hatte mit ihnen mühelos das Lesen gelernt. Nun als

Erwachsene musste sie mühselig Punkt für Punkt und Buchstabe für Buchstabe ertasten, sich die Buchstaben laut vorsprechen und erst dann konnte sie das Wort zusammensetzen und verstehen. Ein langwieriger und viel Langmut erfordernder Leselernprozess!

Vera zählt weiter auf: »Dann ist da noch das Ehepaar Hölzer. Renate ist gehörlos, ohne Hörnerv geboren. Hermann ist hochgradig schwerhörig und seit ungefähr zehn Jahren völlig erblindet. Als klar wurde, dass Hermann bald die Gebärdensprache nicht mehr würde sehen können, haben sie gemeinsam systematisch das Lormen erlernt, haben jeden Tag eine Viertelstunde geübt. Jetzt ist das für beide eine sehr schnelle und völlig selbstverständliche Verständigung. Hermann hat dann zusätzlich beim örtlichen Blindenverband die Punktschrift gelernt. Er ist inzwischen ein geübter und schneller Punktschriftleser und -schreiber.«

»Ja, Hermann hat mir am Bootshaus erzählt, dass sie drei erwachsene Kinder haben und einen Enkel erwarten.«

»Zum Glück sind alle Kinder hörend und sehend. Hermann ist technisch sehr begabt und hat sein Haus, als er noch genug sehen konnte, zum großen Teil in Eigenarbeit selbst gebaut.«

»Ist ihm dabei das oberste Glied seines linken Ringfingers abhandengekommen? Ich hatte beim Lormen ziemliche Schwierigkeiten.«

»Na ja, das Lormen erfordert nunmal sehr viel Übung.«

»Stimmt, mir fällt es sehr schwer, Wörter und Sätze aus den vielen Punkten und Strichen zusammenzusetzen, die mir ein Taubblinder in die Hand tippt. Da muss ich mich sehr konzentrieren. Ich fand es dagegen ziemlich leicht, das Lormalphabet auswendig zu lernen. Die Vokale A, E, I, O, U kann man sich gut merken: einfach einmal auf die Spitze des Daumens und der anderen Finger tippen. Für die meisten Buchstaben kann man sich Eselsbrücken bauen. Ich habe mir einen Satz ausgedacht für die Buchstaben, die mit einem langen Strich von der Fingerspitze bis zur Fingerwurzel geschrieben werden. Der

Satz heißt: ›Tante Berta darf Gustav heiraten.‹ Das T wird mit einem Strich von der Daumenspitze abwärts geschrieben, das B streicht man an der Innenseite des Zeigefingers herunter, das D wird am Mittelfinger gestrichen, das G gehört zum Ringfinger und das H ist ein Strich den kleinen Finger hinunter.« Vera ergänzt: »Mir gefällt die Eselsbrücke, den Zeigefinger als ›BP-Tankstelle‹ zu bezeichnen. Der Buchstabe B wird auf der Innenseite des Zeigefingers von oben nach unten gestrichen und der Buchstabe P an der Außenseite des Zeigefingers von unten nach oben.«

Vera komplettiert die Gästeliste: »Und dann kommt noch Margot Steinfels. Gerhard holt sie gerade vom Bahnhof ab. Margot ist hochgradig schwerhörig und geburtsblind. Sie ist schon lange bei der Taubblindenarbeit dabei. Sie macht unter anderem auch die Redaktion für die Zeitschrift ›Der Taubblinde‹, die vom Blindenverband bundesweit herausgegeben wird.«

»Ist das die Frau mit der tiefen Stimme? Da bin ich bei dem Treffen am Bootshaus voll ins Fettnäpfchen getreten. Als ich vom Rudern zurückkam, saß da jemand ganz allein und da ich ja alle Leute kennenlernen wollte, habe ich die Person angesprochen und gefragt, ob ich mich zu ihr setzen darf. Ja, gern, bekam ich mit einer kräftigen, sonoren Stimme zur Antwort. Und weil ich einen Kaffee haben wollte, habe ich diese Person gefragt: ›Darf ich Ihnen einen Kaffee mitbringen, Herr …?‹«

»Tja, so ist das mit uns Blinden. Unsere Wahrnehmung der Wirklichkeit ist schon eine andere. Margot hat nämlich sehr gut sichtbare, durchaus weibliche Formen. Das hat mir mein Gerhard beschrieben. Der wirft schon mal gern einen Blick.«

»Huch, was ist denn das?« Vera zuckt zusammen, etwas Kaltes, Feuchtes hat ihr Bein berührt. Twinkle, der bislang tief und fest seine Erschöpfung nach der langen Zugfahrt ausgeschlafen hat, ist munter geworden. Anna hebt ihn hoch, sodass Vera ihn streicheln kann. Zu Annas Überraschung stimmt der Kleine ein hohes, durchdringendes Jaulen an.

»So ähnlich muss es sich anhören, wenn die Wölfe den Mond anheulen«, denkt Anna und will sich gerade bei Vera für den Krach entschuldigen. Die aber nimmt dieses Geheul als freudige Begrüßung und ist entzückt. Gut so! Anna wird ihr diese Illusion gern lassen. Hauptsache, sie akzeptiert den Kleinen. Schließlich soll er ja immer und überall mit dabei sein. Über die Akzeptanz ihres Hundes braucht sie sich wirklich keine Sorgen zu machen. Als die anderen Gäste ankommen, ist Twinkle die Hauptperson, er wird zuerst begrüßt, Anna gerät in den Hintergrund. Die Sehenden sind entzückt von der bunten Schönheit des Welpen, die Nichtsehenden streichen beglückt das samtene, weiche Fell, die sanften Rundungen seines kleinen Körpers.

Gestärkt und, was Anna angeht, ziemlich übersättigt, machen sich die Mitglieder des Arbeitskreises an die Bewältigung ihres Tagesprogramms. Teller und Tassen verschwinden vom Tisch, machen Platz für eine Stenomaschine für Blindenschrift und eine Punktschriftbogenmaschine. Nun ist Anna froh, dass sie sich vor zehn Jahren daran gemacht hat, die Blindenschrift zu lernen. Sie hatte nur noch mit größter Mühe und Konzentration mit einer Lupenbrille oder mit dem Bildschirmlesegerät gedruckte Texte entziffern können. Ein Lesevergnügen war das wahrlich nicht mehr. Gewiss, es gab die Bücher aus den Hörbüchereien für Blinde, komplett und ohne Kürzungen, vorgelesen von professionellen Sprechern. Aber jedes Vorlesen ist auch immer Interpretation und Anna wollte direkt auf die Texte zugreifen, wollte keine Vermittlung durch einen Sprecher, kein Lesen aus zweiter Hand. Anna wollte es sich nicht nehmen lassen, mit untergeschlagenen Beinen, im Sessel sitzend und ein Buch in den Händen, still lesen und in eine andere Wirklichkeit eintauchen zu können. Es hatte sie sehr viel Zeit und Mühe gekostet, das Lesen neu zu erlernen. Nun war sie eine sehr langsame Leserin, ganz im Gegensatz zu früher. Als Kind hatte sie die Bücher so rasend schnell verschlungen, dass ihr Vater von jedem gelesenen Buch eine Inhaltsangabe einforderte. Jetzt las sie langsam und bedächtig, jedes Wort, jeder Satz formte sich ganz allmählich, nach und nach unter ihren Händen. Anna tastete sich durch die Seiten der Blindenschriftfolianten und genoss dabei die warmen Sommerabende auf ihrem Balkon, wenn die Fenster der gegenüberliegenden Häuser dunkel wurden, die Gespräche in den Nachbarsgärten verstummten und die Schwarzdrossel ihr laut und eindringlich »Ich bin auch noch wach!« vom höchsten Ast der Platane am Straßenrand zurief.

Vera übernimmt die Leitung der Sitzung, bittet Margot, die schon an der Punktschriftbogenmaschine Platz genommen hat, für das Protokoll der Sitzung mitzuschreiben, und begrüßt nun ganz formell die Anwesenden. Sie erklärt, dass Anna für Adalbert nachgerückt sei, der wegen seiner schweren Herzerkrankung seine Mitarbeit im Arbeitskreis aufgeben musste. Vera arbeitet Punkt für Punkt die Tagesordnung ab. Punkt 2 der Tagesordnung ist das Taubblindenseminar, das während der Osterferien im kommenden Jahr stattfinden soll. Auf dem Programm steht der Unterricht in Punktschrift und Lormen. Punktschriftlehrer werden Vera, Hermann und Anna sein, das Lormen wird Margot übernehmen. Außerdem wird es einen Kegelabend geben und einen Ausflug ins Eisenbahnmuseum nach Bochum-Dahlhausen, anschließend eine Rundfahrt mit der historischen Ruhrtalbahn.

Anna beobachtet fasziniert. Vera spricht sehr langsam, deutlich und laut, macht lange Pausen zwischen ihren Sätzen. In die Pausen hinein schreibt sie auf der Stenomaschine. Ein Streifen Punktschriftpapier schiebt sich aus dem Gerät und Hermann tastet nach dem schmalen Streifen, glättet ihn auf dem Tisch und liest mit. Vera schreibt in Blindenkurzschrift, das geht sehr schnell und Hermanns Finger gleiten ebenso schnell über die Punkte hinweg. Anna wird neidisch, wie langsam und mühsam sie selbst sich beim Lesen vorantastet. So viel Übung wie Hermann hat sie nicht. Sie kann hören, sich an jedem Gespräch beteiligen und Informationen aus dem Radio oder über die Sprachausgabe ihres Computers aufnehmen. Bisher hat sie die Punktschrift nur zu ihrem Lesevergnügen genutzt. Immer wenn Hermann mit dem Lesen fertig ist, wendet er sich zu seiner Frau um, die hinter ihm steht und darauf achtet, dass der Punktschriftstreifen aus der Stenomaschine glatt auf dem Tisch liegen bleibt. Hermann übersetzt in Gebärdensprache alles, was er eben auf dem Streifen gelesen hat. Renate hat eine Frage. Sie lormt ihrem Mann, tippt die Buchstaben mit großer Geschwindigkeit auf Hermanns Handinnenfläche. Ihre Finger scheinen auf seiner Hand zu tanzen. Hermann gibt Renates Frage lautsprachlich weiter. Vera versteht ihn gut, sie ist an seine etwas verwaschene Aussprache gewöhnt. »Wann bekommen wir die Einladung für das Taubblindenseminar?«, will Renate wissen. Vera spricht und schreibt gleichzeitig in die Stenomaschine: »Die Briefe gehen in der kommenden Woche an alle raus. Gerhard schreibt sie mit dem Computer.« Hermann gebärdet die Antwort für seine Frau. Renate hat verstanden und bestätigt mit einer leichten Berührung. Die innige Verbundenheit der beiden wird in jeder Bewegung spürbar. Was bei anderen, langjährig miteinander vertrauten Partnern die Blicke des Einverständnisses, der wortlosen Übereinstimmung sind, das sind bei Hermann und Renate die leichten Berührungen, die schnellen Handzeichen und Hermanns lächelndes, seiner Frau zugewandtes Gesicht. Renate, schlank und zart, mit praktischer Kurzhaarfrisur, ist unaufdringlich fürsorglich, hat immer ein Auge auf ihren Mann, der schwierige Situationen mit Humor und einem Lachen angeht. Das ist Anna schon bei ihrer ersten Begegnung am Bootshaus aufgefallen und Vera hat ihre Beobachtung bestätigt: »Hermann ist ein Kommunikationsgenie, hat seinen Nachbarn das Lormen gezeigt, kann am Gartenzaun mit ihnen über das Wetter, die Kinder und die missliche Weltlage schnacken. Bei einem Krankenhausaufenthalt konnte er sich mit Ärzten und Pflegern mithilfe einer Kommunikationskarte verständigen.« Hermann vermittelt Anna nicht den Eindruck eines Menschen, der unter seinen Einschränkungen leidet. Er hat sich mit der Taubblindheit arrangiert, hat die Kontrolle über sein Leben behalten.

Horst, der Veras gut akzentuierten Worten aufmerksam zuhört, legt seine Hand unter die Hand seiner Frau, die nun mit ihrer Hand seine Gebärden abtasten kann. Anna erfährt später, dass diese Form der Kommunikation mit Taubblinden »taktiles Gebärden« genannt wird. Mechthild wird unruhig, wehrt seine Hand ab, zeigt auf ihr Auge und schimpft. Endlich versteht Horst. Mechthilds Augen, die zu nichts mehr nutze sind und kaum noch etwas wahrnehmen können, sind extrem lichtempfindlich. Das schräg einfallende Licht des Septembernachmittags sticht und schmerzt. Horst erklärt: »Zu Hause muss ich immer alle Rollläden herunterlassen, wenn die Sonne scheint. Mechthild weint vor Schmerz, wenn das Licht in ihre Augen fällt.« Gerhard zieht die Gardinen zu, das ist etwas besser, aber noch kein ausreichender Schutz vor dem Sonnenlicht. Anna hakt ein, hier kann sie helfen. Vor Jahren hat sie ein Seminar über Rehabilitationstechniken und Hilfsmittel in Hamburg besucht. Dort hat sie auch die Wirkung von Lichtschutzbrillen ausprobieren können und diese Erfahrungen in ihrer Schulpraxis weitergegeben. Anna wendet sich an Horst: »Ich hatte eine Schülerin in der Klasse, die auch überhaupt keine Sonne ertragen konnte. Mit ihr bin ich zu einem spezialisierten Optiker gegangen. Es gibt da ganz besondere Lichtschutzbrillen, die bei großer Blendempfindlichkeit sehr gut helfen. Ich schreibe dir nachher die Adresse eines Optikers in deiner Nähe auf und auch, wie diese Brillen heißen.« Anna ist froh, dass sie endlich praktisch helfen kann.

Zwei Stunden später beendet Vera die Sitzung, müde und erschöpft ist sie wie die anderen auch. Der Informationsaustausch auf so vielen unterschiedlichen Kanälen ist zeitintensiv und fordert höchste Konzentration. Auch Anna hat genug. Aber sie ist beeindruckt, nie hätte sie geglaubt, dass es möglich ist, den Verlust von Sehen und Hören so effektiv auszugleichen. Ob es ihr gelingen wird, in Veras Fußstapfen zu treten?

Als Anna sich verabschiedet, fragt sie Vera, welche Aufgaben in der nächsten Zeit auf sie zukommen. »Nun, bis zu dem Taubblindenseminar in den Osterferien hast du jetzt eigentlich Ruhe. Wenn Taubblinde Fragen haben oder wenn es Anfragen von Angehörigen gibt, so bin ich weiterhin für die Beratung zuständig.« Anna überlegt, ob sie sich mit ihrem Hilfsangebot wegen der Lichtschutzbrille zu weit aus dem Fenster gelehnt hat. Sie ist ein wenig enttäuscht: War das jetzt alles, was sie tun kann?

Aber Vera fällt noch etwas ein: »In 14 Tagen ist die Mitgliederversammlung des Landesverbandes, zu der die Aktiven aus den Ortsvereinen und den Fachgruppen eingeladen sind. Ich bin viele Jahre lang jedes Mal dabei gewesen. In diesem Jahr möchte ich ein paar Tage Urlaub machen. Kannst du an meiner Stelle die Taubblindengruppe dort vertreten?« Anna fragt nach dem genauen Termin und sagt zu. Sie wird sich den Vorstandsmitgliedern ihres örtlichen Blindenvereins anschließen. In den vergangenen Monaten hat sie schon ihre Fühler ausgestreckt, hat an einem Ausflug teilgenommen und ist quer durchs Ruhrgebiet mit ihnen gewandert. Sie wird die Gelegenheit nutzen und den Kontakt vertiefen. Vielleicht wird sie dort gebraucht.

4

UND NOCH EIN ANFANG

Ein wenig verloren und ratlos sitzt Anna in der Beratungsstelle des Blindenvereins an dem quadratischen, fast den gesamten Raum ausfüllenden Tisch, links vor sich das Telefon, daneben einige Blätter leeres DIN-A4-Papier und ein dicker Filzstift. Das ist alles, was an materieller Unterstützung im Moment greifbar ist. Edith Reinhard, diplomierte Sozialarbeiterin, seit einem halben Jahr in einer Arbeitsbeschaffungsmaßnahme beim Blindenverein angestellt und mit reichlich Erfahrung in der Beratung, hat einer Grippe wegen absagen müssen. Ihren ersten Termin als ehrenamtliche Beraterin muss Anna ohne helfende Hände und Augen allein überstehen.

Das Telefon klingelt. »Beratungsstelle des Blinden- und Sehbehindertenvereins, Anna Durand. Guten Tag«, meldet sie sich. »Hoffentlich hört sich das jetzt professionell genug an.« denkt sie und räuspert sich verlegen.

»Guten Tag, Frau Durand, ich habe da mal eine Frage ...«

Anna unterbricht, erleichtert, die vertraute, spöttische Stimme des Vereinsvorsitzenden, Dieter Bonin, zu hören. Ihre Beratungsfähigkeiten werden noch nicht auf den Prüfstand gestellt. »Na, Dieter, Kontrollanruf am frühen Morgen?«

»Nein, nein. Ich wollte nur mal deine freundliche Stimme hören. Du machst das wirklich so, als hättest du dein Leben lang nichts anderes getan. Aber ernsthaft, ich wollte Edith fragen, ob sie die Unterlagen für die nächste Beiratssitzung schon zusammengestellt hat und mir nach Hause bringen könnte.«

»Da hast du Pech! Edith ist krank. Ich sitze hier ganz allein und verlassen. Ich kann nur hoffen, dass sich heute nicht allzu viele Ratsuchende melden. Mein Kopf ist ziemlich leer.«

»Ach, das wirst du schon schaffen.«

Anna ist wenig überzeugt und listet auf: »Ich bin mir bei ganz vielen Dingen nicht sicher. Wie beantragt man einen Schwerbehindertenausweis? Wer bekommt ihn? Wann bekommt man wie viel Blindengeld? Wie ist das mit den Pflegestufen? Wann kann man ein Mobilitätstraining bekommen?«

»Mach dir keinen Kopf, Anna! Kein Problem. Ich schicke dir eine Mail mit ganz vielen Anlagen. Nach der Lektüre weißt du dann alles.«

»Na hoffentlich, jetzt schau ich mich erst mal hier um. Ich war ja bisher nur einmal kurz in der Beratungsstelle. Darf ich alle Schubladen und Schränke aufmachen und reingucken?«

»Ja, darfst du. Aber weitererzählen, was du da alles findest, das darfst du nicht.«

»Ja, ja, ich weiß. Die Schweigepflicht, ich halte mich dran. Schweigen kann ich ohnehin besser als reden.«

Eine Woche nach der Arbeitskreissitzung der Taubblindengruppe war Anna, wie sie es Vera versprochen hatte, zur Mitgliederversammlung des Landesverbandes gefahren. Sie hatte sich mit den Vorstandsmitgliedern des örtlichen Blindenvereins verabredet, allesamt alte Vereinshasen, mit den Örtlichkeiten und allen Regularien einer solchen Versammlung bestens vertraut. Im großen Saal des Gemeindezentrums angekommen, stellte sich die Gruppe zur Anmeldung ans Ende der Schlange. 120 Aktive, die Vorstandsmitglieder der Ortsvereine und Fachgruppenleiter, waren gemeldet und warteten darauf, die Unterlagen für die Sitzung und ihre Stimmkarten ausgehändigt zu bekommen. Dieter, der vor Anna in der Schlange stand, wurde immer wieder mit großem Hallo und Schulterklopfen begrüßt. Er war offensichtlich bei allen beliebt. Der schlanke

Mitvierziger, der für den offiziellen Anlass in einem legeren Anzug steckte, dazu ein farblich zu seinen hellblauen Augen passendes Hemd mit offenem Kragen trug, bildete den Mittelpunkt eines sich immer wieder neu formierenden Kreises. Mit seinem schütteren blonden Haar, dem runden Gesicht, dessen unauffällige Regelmäßigkeit durch einen blonden Schnäuzer unterbrochen wurde, hatte Dieters Äußeres nichts, was ihn vom Durchschnitt unterschied. Dieter hatte für jeden die passende Replik, je nach Bedarf freundlich, höflich oder schlagfertig frech. Seine Sprache verriet das Arbeiterkind aus dem Pott, gab seinem Reden etwas Kumpelhaftes, was durchaus von ihm gewollt war, konnte er doch dahinter seine scharfe, kritische Intelligenz verbergen. Dieter Bonin war als Kind in einer Sonderschule für Sehbehinderte unterrichtet, aber nicht seinen Fähigkeiten entsprechend gefördert worden und konnte seinen Groll und die Bitterkeit über verpasste Bildungschancen nicht verhehlen. Allen Widrigkeiten zum Trotz hatte er sich seinen Platz in der Gesellschaft erkämpft, hatte mit unbeirrbarem Durchhaltewillen und der Unterstützung seiner Schwester, die ihm alle Bücher und Unterrichtsmaterialien vorlas, eine Ausbildung zur Verwaltungsfachkraft als bester seines Jahrgangs abgeschlossen und es bis in den gehobenen Dienst geschafft.

Endlich waren sie an der Reihe und Anna wurde als Neuling von den Mitarbeitern der Geschäftsstelle des Landesverbandes gebührend bestaunt. Aha, ein neues Licht in der Taubblindenarbeit. Die kleine Gruppe und Anna fanden in dem großen Rund der Halle eine Reihe, in der sie alle nebeneinandersitzen konnten. Anna bat darum, ihr den Platz freizuhalten, schnappte sich Twinkle und trug ihn durch das Gedränge nach draußen, wo er sich auf dem Rasen kurz erleichtern konnte. »Was für ein schöner Hund«, hieß es auch jetzt wieder. Immer wieder wurde Anna angesprochen und nach ihrem Hund und dann auch nach ihrem Aufgabenbereich gefragt. Dank ihres bunten Hundes würde sie bald überall bekannt sein. Anna hoffte, dass der Glanz und die Schönheit ihres Hundes auch auf sie, die kleine, unscheinbare Person, abstrahlen würde.

Anna kam neben Dieter zum Sitzen und ließ sich von ihm erklären, wer gerade sprach und in welcher Funktion er an der Versammlung teilnahm. Dieter war nicht nur Vorsitzender des Ortsvereins, er war auch Beisitzer im Landesverband und kannte alle und alles. Er wusste Bescheid über die anstehenden Themen und gab Anna die nötigen Hintergrundinformationen. Heute ging es um die Erhöhung der Mitgliedsbeiträge, barrierefreies Internet, die Anpassung des Blindengeldes und um die Vorbereitungen für den Zusammenschluss der drei Landesverbände in Nordrhein-Westfalen. Zu jedem Thema gab es unendlich viele Redebeiträge. Nach der ersten Stunde kannte Anna die Wortführer, denen es mehr darum ging, ihre eigene Stimme hören zu lassen als Sachverhalte zu klären. »Es sind die üblichen Revierkämpfe der Alphamännchen. Man müsste eine Regelung schaffen, dass sich jeder während der Versammlung nur dreimal zu Wort melden darf. Das nimmt ja kein Ende«, dachte Anna und war sich nicht sicher, ob ihre Entscheidung, in diesem Verband ehrenamtlich zu arbeiten, richtig gewesen war.

Auf dem Heimweg hatte sich die kleine Gruppe wieder zusammengefunden und Anna mit Erleichterung festgestellt, dass ihre Begleiter kaum anders über die Selbstdarsteller im Plenum dachten. Man hatte Bilanz gezogen und war sich in Vielem einig gewesen. Die Chemie hatte gestimmt und man war übereingekommen, dass Anna einmal monatlich in der Geschäftsstelle des Vereins zusammen mit der Sozialarbeiterin die Beratung übernehmen sollte.

An diesem Morgen bleibt es ruhig in der Beratungsstelle. Anna schaut sich um. Die Wand in ihrem Rücken ist von einem bis zur Decke reichenden offenen Regal bedeckt. Eng aneinander drängen sich in den drei untersten Reihen dicke, graue Aktenordner. »Da sind sicher alle Vorgänge von den Anfängen des Vereins bis heute aufgeführt, das erspare ich mir!« In der Reihe darüber entdeckt Anna einen ungeordneten Haufen von Zeitschriften und Broschüren. Sie kramt ihre Lupe aus der Tasche und liest: »Ich sehe so wie du nicht siehst« oder »Ein Tag mit Herrn Weißstock« und auch »Nicht so, sondern so – Tipps zum richtigen Umgang mit Blinden.« Anna nimmt sich von jeder dieser Broschüren ein Exemplar und steckt es in ihre Tasche. Lektüre für zu Hause. Sie ist zwar jetzt gesetzlich blind – praktisch blind, wie das früher so treffend genannt wurde –, aber wie man mit Blinden umgeht, das weiß sie eigentlich nicht. Daneben entdeckt sie runde, gelbe Plaketten mit drei schwarzen Punkten, einige mit Nadeln zum Anstecken, andere mit Clips.

Sollte sie sich solche Dinger auch besorgen und sich so für andere kenntlich machen? Würde ihr das die vielen unangenehmen Kommentare ersparen: »Mach die Augen auf, lass dir eine Brille verschreiben.« Andererseits war es ihr lieb und recht, dass sie nicht auf den ersten Blick als Sehbehinderte zu erkennen war. Inkognito durchs Land gehen, das hatte was. Aber das würde endgültig vorbei sein, wenn Twinkle als Führhund ausgebildet war und im Führgeschirr lief. Oder würde sie der Hund auch ganz unauffällig an der Leine führen?

Ganz oben in der allerletzten Reihe entdeckt Anna meterlang mächtige Punktschriftfolianten. Anna steigt auf ihren Stuhl, um sich das alles genauer anzusehen. Sie nimmt zwei der schweren Bücher aus dem Regal, balanciert mit ihnen vorsichtig vom Stuhl hinunter und liest langsam den in Blindenschrift geschriebenen Aufdruck: »Das NEUE TESTAMENT Band 1.«

Oh ja, mit Punktschriftbüchern konnte man sich mühelos die Regale und Bücherschränke füllen. Aber was sollte man mit einer Gesamtausgabe des Neuen Testaments in einer Beratungsstelle anfangen?

Anna dreht sich um, geht an dem Kopierer für Punktschrift vorbei, ein großes Gerät, dessen Handhabung sie sich würde erklären lassen müssen. Am anderen Ende des Raums, gegenüber der Regalwand steht ein kleiner Schreibtisch und daneben ein Bildschirmlesegerät. Anna nimmt die Schutzhülle ab, genau das gleiche Gerät von der gleichen Firma, mit dem sie auch zu Hause arbeitet.

Kein Problem für eine Beratung, dieses Gerät konnte sie anderen zeigen, das hatte sie auch schon in der Schule getan. Der Augenarzt, zu dem sie alljährlich sämtliche Schüler zur Begutachtung bringen mussten, schickte Patienten in die Schule, die sich von ihm ein Bildschirmlesegerät verschreiben lassen wollten. Die Schule sollte bescheinigen, dass die Person ein solches Gerät sinnvoll nutzen konnte. Diese Aufgabe war regelmäßig Anna zugefallen.

Anna wendet sich um und betritt die enge Küchenzeile, öffnet eine Schublade und schließt sie gleich wieder. Heilloses, klebriges Durcheinander! Sie zieht die Kühlschranktür auf. Nun, das sollte sie tatsächlich nicht weitererzählen. Das macht kein gutes Bild. Bierflaschen verschiedener Marken, volle und halbvolle Flaschen mit Weinbrand oder Schnaps. Noch ein Blick ins Bad. Die Beratungsstelle des Blindenvereins ist in einer kleinen Wohnung eines großen Miethauses aus den Sechzigerjahren untergebracht. Das Bad ist ein fensterloser, enger Raum, in dem gerade einmal eine Sitzbadewanne, ein kleines Waschbecken und eine Toilette Platz finden. Die Sitzbadewanne ist gefüllt mit Getränkekisten, Cola, Bier – Anna sieht lieber nicht genau hin. Und dann der Boden. Noch nie hat Anna ein Bad mit Teppichboden gesehen. Natürlich ist der Boden fleckig und riecht unangenehm. Anna wird Vorkehrungen treffen, dass sie diesen Raum während ihrer Beratungszeiten nicht aufsuchen muss.

Kurz vor 12:00 Uhr klingelt es an der Tür. Ein Vereinsmitglied aus dem Nachbarhaus braucht ein Formular zur Verlängerung des Schwerbehindertenausweises. Anna muss passen.

»Macht nichts«, sagt Rainer. »Am Montag komme ich noch mal vorbei. Ist für mich ja kein Umweg. Edith wird es mir dann heraussuchen.« Wenn das nun jemand gewesen wäre, der sich extra mit der Straßenbahn zur Beratungsstelle aufgemacht hätte. Anna nimmt sich vor, das nächste Mal besser gerüstet zu sein.

5

BEGLEITER GESUCHT

Die Straßenbahn bremst scharf, Anna rutscht in ihrem Sitz nach vorn und kann gerade noch ihre schwere Tasche auf dem Sitz neben sich auffangen und daran hindern, den vor dem Sitz liegenden Twinkle zu erschlagen. Twinkle, der bis zu diesem Zeitpunkt entspannt vor sich hin gedöst hat, hebt überrascht den Kopf, sieht mit seinen bernsteinfarbenen Augen fragend zu Anna hoch. »Nichts passiert«, beruhigt sie ihn und fragt sich doch, was denn passiert sei und warum der Fahrer so heftig in die Bremsen gestiegen ist. Eine Dreiviertelstunde ist sie nun schon mit der Bahn unterwegs, hat die Zeit genutzt und ihren Vortrag, leise vor sich hin murmelnd, mehrfach memoriert. Sie ist mit Vera und Gerhard Langenfeld am Hauptbahnhof verabredet. Zusammen wollen sie dann weiterfahren zum Haus der Begegnung, wo sie auf Einladung der Gehörlosenberaterin Cornelia Klage auf die Situation taubblinder Menschen aufmerksam machen und um ehrenamtliche Begleiter werben sollen. Anna klappt den Deckel ihrer Armbanduhr auf, tastet nach dem großen Zeiger. Sie ist noch gut in der Zeit, hat sie doch, vorsichtshalber, eine frühere Bahn genommen. Die Straßenbahn steht still. »Auf wen oder was warten wir hier? Warum dauert das so lange?«, ärgert sie sich. Ein Fahrgast ist nach vorn zum Fahrer gegangen. Anna spricht ihn an: »Wissen Sie, was los ist?«

»Tja, das kann noch eine Weile dauern. Ein Pkw hat sich auf den Gleisen quergestellt und blockiert die Bahn.«

Da kommt endlich auch die Durchsage des Fahrers: »Die Weiterfahrt in Richtung Hauptbahnhof wird sich um unbestimmte Zeit verzögern. Fahrgäste, die nicht bis Hauptbahnhof fahren möchten, können jetzt aussteigen.«

Anna überlegt, aber sie kennt sich hier in der Stadt nicht aus, weiß nicht, wo der nächste Taxistandort ist. Sie kramt in ihrer Tasche nach ihrem Handy und sucht Veras Handynummer, die sie sich in Punkt 48 ausgedruckt hat. Sie hat noch keine Nummern gespeichert und weiß auch nicht, wie das geht. Es ist ihr erstes Handy ohne Sprachausgabe und Vergrößerung, welches sie sich sehr widerwillig und unter großem Murren zugelegt hat. Wie sehr hatte sie die ersten, meist jungen, männlichen User belächelt, die mit großer Geste weithin sichtbar und hörbar ihre Telefonate in aller Öffentlichkeit führten. Nein, so ein Spielzeug brauchte sie nicht, so etwas würde sie sich nie anschaffen. Und dann war da Twinkles Führhundetraining gewesen. Einmal wöchentlich fuhr sie mit dem Interregio bis Köln, hatte dort 15 Minuten Zeit zum Umstieg in den Nahverkehrszug bis Schladern, wo beide von dem Trainer abgeholt wurden. Nicht ganz unerwartet hatte der Interregio häufig Verspätung, sodass sie den Trainer anrufen und für einen späteren Zeitpunkt zum Treffpunkt bitten musste. In aller Eile musste sie sich zum Fernsprecher in der Bahnhofshalle durchschlagen. Gar nicht so einfach! Der Hauptbahnhof Köln wurde runderneuert, jede Woche sah es anders aus, waren andere Zugänge zu den Gleisen gesperrt. Immer wieder lagen unerwartete Hindernisse im Weg. Manches Mal verpasste Anna den nächsten Zug, weil sie den öffentlichen Fernsprecher nicht rechtzeitig erreicht hatte und dort in der Schlange warten musste, bis sie an der Reihe war. Einmal hatte sie im Abteil des Interregio einen Mitreisenden gebeten, ihr für einen kurzen Anruf sein Handy zu leihen. Und da hatte es endlich »Klick« gemacht. Sie hatte ihren Widerwillen gegen die neue Technik überwunden.

Nach mühsamen, frustrierenden Anläufen schafft Anna es endlich, Veras Handynummer richtig einzutippen. Sie erreicht nur die Mailbox. »Himmel, wenn man ein Handy mitnimmt, um sich unterwegs miteinander verständigen zu können, sollte man es mindestens einschalten.« Anna spricht ihren Text auf: »Ich sitze hier irgendwo in der Straßenbahn. Ein Auto blockiert die Schienen, die Weiterfahrt ist ungewiss. Bitte wartet am Bahnhof nicht auf mich. Ich fahre mit der Taxe bis zum Haus der Begegnung. Die Adresse habe ich.« Die Straßenbahn steht still. Im Wagen ist es ruhig geworden, die meisten Fahrgäste sind ausgestiegen. Anna fragt sich, ob es richtig war, in der Bahn zu warten und die kommenden Ereignisse auszusitzen.

Ihre Gedanken springen zurück zu der ersten Begegnung mit der Taubblindengruppe, ein sonnenwarmer Sommertag, ein paradiesisch schöner Garten mit mächtigen, Schatten spendenden Bäumen, der in der Sonne glitzernde Fluss, das rhythmische Schlagen der Ruder vorbeiziehender Boote, die im Zusammensein heiter gestimmten Menschen, das Gefühl der Vertrautheit und Zugehörigkeit zu dieser Gemeinschaft, die sie eben erst kennengelernt hatte. Nach dieser Begegnung war sie voller Respekt gewesen für den Mut und die Würde, mit denen diese Menschen ihrem Schicksal begegneten. Ja, das würde sie in ihrem Vortrag erzählen, damit würde sie ihren Vortrag beginnen. Respekt und Achtung, das war das Wichtigste, was ein Begleiter mitbringen musste.

Eine gute halbe Stunde später als vereinbart trifft Anna am Hauptbahnhof ein und wird von einer frierenden und schlecht gelaunten Vera in Empfang genommen. »Ich kann nichts dafür, ein Pkw hat sich quer vor die Bahn gestellt. Warum seid ihr nicht schon gefahren? Ich wäre mit der Taxe nachgekommen.« Vera hatte ihr Handy tief unten, unerreichbar im Rucksack verstaut, damit es ihr nicht geklaut würde. Anna grinst, kommentiert das aber nicht. Die drei werden sehnsüchtig erwartet, werden an einem langen Tisch platziert, neben Hermann Hölzer und seiner Frau Renate, die lange vor ihnen angekommen sind. Etwa 30 Personen sitzen in dicht gedrängten Reihen vor ihnen. Anna wüsste gern, wer da sitzt und ob sie jemanden aus dem Publikum kennt. Aber zum Kennenlernen und Begrüßen ist nun keine Zeit mehr. Vera bittet sich eine Aufwärmphase aus. Sie hat ihren Vortrag in Punktschrift ausgearbeitet, kann die kleinen Punkte mit ihren eiskalten Fingerspitzen nicht ertasten. Ihren Vortrag beginnt sie dann mit einer Beschreibung der Torturen, die gehörlose Schüler über sich ergehen lassen müssen, um zu lernen, Wörter lautsprachlich verständlich zu artikulieren. Anna wundert sich. Heißt das nicht Eulen nach Athen tragen? Schließlich sind sie in einer Beratungsstelle für Gehörlose. Will Vera zeigen, wie gut sie sich in der Welt der Gehörlosen auskennt? Vera erklärt, wie sie sich mit den gehörlosen Partnern der Taubblinden verständigt, ohne die Gebärdensprache nutzen zu können. Sie schreibt die wichtigsten Infos auf Laufzettel und verlässt sich im Übrigen darauf, dass die gehörlosen Angehörigen ihre Erklärungen von ihren Lippen ablesen. Vera berichtet von ihrer Tätigkeit als Leiterin der Taubblindengruppe, erzählt von der jährlichen Seminarwoche für Taubblinde mit den Kursangeboten in Lormen und Punktschrift.

Hermann, der als Nächster mit seinem Vortrag an der Reihe ist, skizziert seine Erfahrungen als Gehörloser mit einer progressiv verlaufenden Augenerkrankung. Er hält ein bewegendes und überzeugendes Plädoyer für die Blindenschrift: »Wenn Taubblinde Punktschrift lernen, können sie sich zu Hause gut beschäftigen und Zeitschriften und Bücher in Punktschrift lesen. Man kann Briefe mit anderen in Punktschrift schreiben. Niemand muss Langeweile haben.«

Anna nickt: Ja, die Blindenschrift ist für taubblinde Menschen unverzichtbar als Kommunikationstechnik und wenn es gilt, Informationen ohne fremde Hilfe aufzunehmen. »Aber«, denkt Anna, »niemand sollte zu seinem Glück gezwungen werden.« Anna hört nicht mehr zu, Erinnerungen an ihren Punktschriftunterricht lenken sie ab.

Während der einwöchigen Taubblindenseminare war Punktschrift »Pflichtfach«. Niemand durfte sich drücken, da musste man durch, eine halbe Stunde pro Tag. Willi Meinert, Ende siebzig, spät ertaubt und erblindet, war einer von Annas Schülern gewesen. Anna hatte nach dem Frühstück ihr kleines Einzelzimmer in aller Eile und Hektik in einen präsentablen Zustand versetzt, die herumliegende Kleidung eingesammelt und in den Schrank geworfen, das Bett zugedeckt und das Fenster aufgerissen. Willi, der von Gertrud, seiner gehörlosen Frau, begleitet wurde, hatte sich mit mühevollem Ächzen neben Anna an den kleinen Tisch gesetzt und versuchte, es sich auf dem harten Stuhl bequem zu machen. Gertrud hatte sich mit freundlichem Lächeln ans Fenster gestellt und sie mit wachsamen Augen beobachtet. Anna mochte die beiden, empfand das in langen Jahren des Zusammenseins gewachsene Einverständnis der so unterschiedlichen Partner. Die immer freundliche, vorsichtig zurückhaltende Gertrud, mit ihrer zierlichen Gestalt und dem Schopf seidenweicher, weißer Haare eine angenehme, gepflegte Erscheinung, war viele Jahre Vorsitzende des örtlichen Gehörlosenvereins gewesen und richtete nun ihre Aufmerksamkeit und Fürsorge auf ihren Mann, der ganz auf sie angewiesen war. Willi hatte endlich für seine rundliche Gestalt eine halbwegs bequeme Stellung gefunden und lächelte Anna an. Seine Augen verschwanden fast ganz in den Falten seiner vollen, ungesund geröteten Wangen. Er hatte sein Leben genossen, hatte sich mit Witz und Charme durchs Leben geschlagen und trug auch jetzt noch die Bürden des Alterns mit Humor. Sein verschmitztes Lächeln und seine vorsichtig vorgetragene Bitte rührten Anna und machten sie zugleich ärgerlich über den Druck, der auf diesen alten, kranken Menschen ausgeübt wurde.

»Bitte, Anna«, sagte Willi, »du verrätst mich doch nicht? Ich kann mit der Blindenschrift nichts anfangen. Ich will das jetzt auch nicht mehr lernen. Bin zu alt für so was! Ich habe eine Punktschriftmaschine zu Hause. Hermann hat sie mir vor Jahren gegeben und ich möchte sie gern loswerden. Die Tasten kann ich nicht herunterdrücken, dazu habe ich die Kraft nicht mehr. Hermann darf nichts davon wissen. Er ist da sehr streng.« Willi wandte sich zu seiner Frau um und wiederholte das Gesagte in Gebärdensprache. Gertrud nickte zustimmend, sah zu Anna und artikulierte mühsam: »Ja, Willi kann das nicht.«

Anna versprach Verschwiegenheit, schob ihre bereitgestellte Punktschriftmaschine zur Seite und nutzte die verbliebenen 20 Minuten der Unterrichtszeit zu einem Gespräch über Leben und Familie. Anna stellte dabei mit Erstaunen fest, dass Willi und seine Frau, nicht wie sie es bei Hermann und Renate beobachtet hatte, miteinander lormten. Willi umschloss die Hände seiner Frau und tastete so die Form der Gebärde ab. Gertrud bemerkte ihren überraschten Blick, ergriff die Hand ihres Mannes und Willi erklärte: »Das ist unsere Art in der Familie, in der wir miteinander sprechen. Ich kann die Gebärden so fühlen und verstehen. Das Lormen nutze ich nur außerhalb der Familie.«

Anna löst sich von den Erinnerungsbildern. Hermann spricht von seinen enttäuschenden Erfahrungen im Gehörlosenverein. »Wir, meine Frau Renate und ich, sind schon 34 Jahre Mitglied im Gehörlosenverein. Wir hatten viele Kontakte, aber durch meine Augenkrankheit gingen diese Verbindungen nach und nach verloren. Und jetzt bin ich dort ganz isoliert, was mich sehr traurig macht. Ich hatte damals Lormzettel an alle verteilt. Die meisten Gehörlosen wollten nicht mit mir lormen. Ich sage, sie waren zu faul.« Hermann spricht auch über eine vor einigen Jahren neu gegründete Taubblindengruppe: »Diese Gruppe wird von einem sehbehinderten Gehörlosen geleitet. Leider wird dort nur gebärdet. Ich als Volltaubblinder finde dort kaum einen Ansprechpartner. Lormen kann dort fast niemand. Nur taktile Gebärden. Alle gebärden fröhlich miteinander und lassen mich als Taubblinden ohne Unterhaltung.« Hermanns Enttäuschung ist echt und nachvollziehbar. »Aber«, so fragt sich Anna, »warum hat er nicht einmal versucht, sich mit taktilen Gebärden zu verständigen? Hat Veras Kreuzzug gegen diese Form der Kommunikation ihn davon abgehalten?« Veras kategorische, keinen Widerspruch duldende Äußerungen klingen noch in Annas Ohren: »Mit den taktilen Gebärden gibt es nur Missverständnisse. Das gibt nur Streit und Ärger. Taubblinde dürfen nur das Lormen verwenden. Sonst nichts!« Und Anna erinnert sich, wie Gerhard auf ihre Nachfrage, was das denn eigentlich sei, das taktile Gebärden, an ihr selbst hatte demonstrieren wollen, wie beispielsweise das Wort »Frau« taktil gebärdet würde. Er war einen Schritt vorgetreten und hatte nach ihrer Brust getastet. Sie war zurückgewichen und hatte sehr an sich halten müssen. Vera war es auch, die alle Hebel in Bewegung gesetzt hatte, um die Arbeit dieser neuen Selbsthilfegruppe zu boykottieren. Sie hatte den Vorsitzenden des Landesblindenverbandes gebeten zu intervenieren. Ohne das von ihr gewünschte Ergebnis! Die Gruppe blieb bestehen und machte mit wachsendem Erfolg weiter. Da hatte Vera es den Mitgliedern der Fachgruppe verboten, an den Veranstaltungen der Konkurrenz teilzunehmen. »Sicherlich sind heute auch einige Mitglieder dieser Selbsthilfegruppe hier. Schade, dass Hermann jetzt Öl ins Feuer gießt und die Gräben vertieft«, denkt Anna.

Zum guten Schluss ist Anna mit ihrem Vortrag an der Reihe. Sie zählt auf, was einen guten Begleiter für Taubblinde auszeichnet: Er ist Vermittler und Brücke zu Menschen, die selbst nicht über die Techniken verfügen, die einen Zugang zu taubblinden Menschen ermöglichen. Sie benennt als die wichtigste Voraussetzung für die Begleitung den Respekt vor der Persönlichkeit des Taubblinden. Ein taubblinder Mensch hat wie jeder andere das Recht, ein selbstbestimmtes Leben zu führen.

Der Begleiter muss seinen taubblinden Partner durch gezielte Informationen in die Lage versetzen, eigene Entscheidungen zu fällen. Die Unabhängigkeit eines Menschen ist nicht nur die Fähigkeit, etwas allein zu tun, sondern seine Fähigkeit zu wählen und eigenständig zu entscheiden.

Anna ist froh, dass sie ihren Vortrag endlich hinter sich gebracht hat. Wie erwartet sind im Publikum einige Personen aus der anderen Selbsthilfegruppe dabei. Ein Begleiter, ein dunkelgelockter, junger Mann mit sanften braunen Augen, spricht Anna an: »Ist es schwer, die Blindenschrift zu lernen?«

»Nein, das System ist sehr logisch und einfach zu erfassen. Das Schwierigste ist das Ertasten der Punkte. Aber ein Sehender kann die Punkte mit den Augen abscannen.« Anna verspricht, eine Punktschriftfibel zu besorgen und bei den ersten Schritten zu helfen. Sie erfährt, dass dieser junge Mann schon seit Jahren einen Taubblinden begleitet, mit ihm zusammen in einen Judoklub geht und sehr viel Freude an dieser ehrenamtlichen Arbeit hat. Anna ist beschämt. Sie ist noch nicht so lange dabei und hat noch nie einen taubblinden Menschen begleitet. Wie sollte sie auch, sie ist ja selbst blind und auf Hilfe angewiesen. Und sie hat die Chuzpe besessen, sich vorne hinzustellen und den erfahrenen Begleitern zu erklären, was sie zu tun und zu lassen haben. Peinlich, sehr peinlich ist das! Später erfährt Anna, dass ihr Vortrag gut angekommen ist. Sie hat anders als Vera und Hermann den Zuhörern den Eindruck vermittelt, dass sie für neue Erfahrungen offen ist.

Wenige Wochen nach dem gemeinsamen Besuch im Haus der Begegnung hatte Anna die Leitung der Taubblindengruppe aus Veras Händen entgegengenommen. Auf ihrer To-do-Liste stand an oberster Stelle der Kontakt zu der Selbsthilfegruppe, die sich der Gehörlosengemeinschaft zugehörig fühlte. Anna kooperierte mit den Mitarbeitern des Zentrums für Inklusion und Kommunikation (ZIK), bei dem diese Gruppe beheimatet war. Zusammen mit Sarah Gutman, der Gruppengründerin, und Cornelia Klage, der Gehörlosenberaterin im Haus der

Begegnung, warb sie an der Fachhochschule Bochum für das Projekt »Begleiter-Pool«. Die Grundidee des Projekts: Die Begleiter werden an zentraler Stelle geführt und in Wochenendseminaren in die Thematik eingeführt. Führtechniken werden erklärt und ausprobiert und das Lormen als einfachste Kommunikationstechnik erlernt. Erste Kontakte und Erfahrungen im geschützten Raum sind bei den Treffen der verschiedenen Selbsthilfegruppen möglich.

Frau Professor Theresia Degener, contergangeschädigte Juristin und bekannt für ihren Kampf um die Gleichstellung behinderter Menschen, hatte sich überzeugen lassen und ihren Platz während einer zweistündigen Vorlesung für die Vorstellung des Projekts geräumt. Theresia Degener hatte die drei für 11:00 Uhr zu einem Vorgespräch gebeten. Pünktlich hatten sie sich vor ihrem Büro getroffen. Frau Degener war aus ihrem rechten Schuh geschlüpft, hatte die Tür zu ihrem Raum mit ihren gepflegten, ringgeschmückten Zehen aufgeschlossen, ihre Tasche von ihrer Schulter gleiten lassen und auf einen sehr niedrigen, etwa 30 Zentimeter hohen Tisch abgelegt. Geschickt klappte sie die Tasche mit ihrem Fuß auf und holte die entsprechenden Unterlagen heraus. Anna hatte zum ersten Mal, tief beeindruckt, erlebt, wie geschickt, so ganz nebenbei die unnützen, an den Schultern festgewachsenen Hände ersetzt wurden.

Als Anna und ihre Begleiterinnen zusammen mit Frau Degener den Hörsaal betraten, verstummten schlagartig die Gespräche. Während ihrer Vorträge herrschte absolute Ruhe und gespannte Aufmerksamkeit im Publikum, kein Geflüster, kein Stricknadelklappern, keine Zwischenrufe, nur aufmerksames Hören und diszipliniertes Nachfragen am Ende der Vorträge. Das hatte Anna so nicht erwartet. Sicherlich war dieses respektvolle Verhalten der persönlichen Autorität von Frau Professor Degener geschuldet. Einem kurzen Film über den Alltag einer taubblinden Frau folgten ihre Vorträge. Sarahs Bericht über ihre Erlebnisse mit ihren beiden taubblinden

Geschwistern faszinierte und rührte das studentische Publikum. Sarah erklärte, wie es zur Gründung der Selbsthilfegruppe kam: »1994 fuhr ich mit meiner gehörlosen Schwester, deren Sehfähigkeit rapide abnahm, zum Schweizer internationalen Förderkurs. Alle Teilnehmer trafen sich in Luzern am Bahnhof. Was ich dort am Bahnhof erlebte, hat mich fast zu Tränen gerührt. 80 Leute begegneten sich mit einer Freude im Herzen und einer Freundlichkeit, die mich erstaunte. Im Zug saßen alle Sinnesbehinderten mit einem Begleiter neben sich. Niemand war allein. Bis dahin dachte ich, dass unsere Familie allein mit diesem Schicksal war. Diese Begegnung war für mich ein Schlüsselerlebnis. In der Gemeinschaft geht alles leichter. Zu Hause kehrten wir alle wieder in unsere Einsamkeit zurück. Das wollten wir ändern und trafen uns regelmäßig im Zentrum für Kommunikation und Inklusion. Die Gruppe wurde immer größer. Wir hatten viel Freude zusammen.« Viele Zuhörer trugen sich in die Listen ein, die Cornelia Klage vorbereitet hatte.

6

GLÜCKLICHE ZEITEN

»Ich entspreche mal wieder nicht der Norm«, dachte Anna amüsiert. »Sieben Zentimeter über Zwergengröße, das reicht nur knapp!« Sie streckte sich und spähte mühsam über den Rand des Rednerpults hinweg in den weiten, hell erleuchteten Saal des Maritime Hotels. Etwa 120 aktive Mitglieder und Funktionäre des Landesverbandes füllten den Raum und schauten mit Neugier und Überraschung auf diese ihnen bisher weitgehend unbekannte, kleine Person. Anna war vom Vorsitzenden des Landesverbandes gebeten worden, bei dem jährlichen Mitarbeiterseminar über ihr Projekt zu berichten. Wie immer bei solchen Gelegenheiten geriet ihr Herz aus dem Takt, ihr Magen rumorte. »Hoffentlich kann ich das Zittern in meiner Stimme unterdrücken. Warum nur muss ich mir das antun? Warum nur habe ich mich breitschlagen lassen, mich hierhinzustellen und diesen Leuten zu erzählen, was mich bewegt? Interessiert das irgendjemanden im Publikum wirklich?« Anna hatte sich einige Stichworte in Punktschrift aufgeschrieben, aber eigentlich wusste sie, was sie zu sagen hatte. Sie hatte ein Jahr lang für dieses Projekt gelebt, nichts anderes gekannt als Bittbriefe zu schreiben, am Telefon um Spenden zu betteln und händeringend nach dem Fachpersonal zu suchen. Schließlich hatte sie vier Dolmetscher gefunden, die zusätzlich zur Gebärdensprache auch taktile Gebärden beherrschten und lormen konnten, drei Computertrainer mit ausreichenden

Kenntnissen der speziellen Software und vier erfahrene Begleiter. Alle waren willig und bereit, 16 Taubblinde fit zu machen für den PC.

Und Anna begann ihren Vortrag: »Unser gemeinsamer Vorsitzender hat mich gebeten, Ihnen von dem Computerprojekt zu berichten, für das ich von der Stiftung Wohlfahrtspflege 180 000 Euro erbettelt habe. Auch der Eigenanteil von 18 000 Euro wird von einer Stiftung gespendet. Dem Blindenverein entstehen also keine Kosten. Mancher wird sich fragen, warum denn eine Computerschulung so viel Geld kosten muss. Viele von Ihnen haben, wie ich übrigens auch, eine von ihrem Ortsverein organisierte Schulung mitgemacht. Vermutlich waren fünf oder sechs Teilnehmer in der Gruppe, so dass der Beitrag für jeden Einzelnen erschwinglich war. Taubblinde können nur einzeln, auf keinen Fall in einer Gruppe geschult werden. Sie brauchen also Einzelunterricht bei einem Trainer, der die blindenspezifischen Bedienelemente wie Screen Reader und Braillezeile genau kennt. Und ohne Kommunikationsassistenz durch einen Lorm- oder Gebärdensprachdolmetscher geht es auch nicht. Beide Spezialisten sind extrem teuer, kaum ein Taubblinder kann solch eine Schulung aus eigenen Mitteln bezahlen. Darum habe ich dieses einjährige Projekt im Namen des Blindenverbandes organisiert. Hier nun die wichtigsten Details: Jeder der 16 Teilnehmer bekommt vier einwöchige Schulungen, über das ganze Jahr verteilt. Vier Taubblinde bilden eine Gruppe. Zum Arbeitsteam einer Gruppe gehören immer zwei Gebärdensprachdolmetscher und zwei Computertrainer sowie eine Freizeitbegleitung. Die Zusammensetzung der Gruppe und der Arbeitsteams bleibt das ganze Jahr über unverändert. Das soll den Teilnehmern Sicherheit geben. Jeder Teilnehmer weiß, wer sein Computer-Lehrer, wer sein Dolmetscher und wer sein Begleiter für die Freizeit ist. Die Unterstützung in der Gruppe, die Gespräche und der Austausch der Teilnehmer untereinander tragen zu einer entspannten Lernatmosphäre bei. Auch vom wirtschaftlichen Standpunkt aus betrachtet ist eine einwöchige Schulung in einer Gruppe von vier Teilnehmern trotz Einzelschulung sinnvoll. So können die Kapazitäten der Computerlehrer und der Gebärdensprachdolmetscher voll ausgenutzt werden, ohne die Leistungsfähigkeit der Teilnehmer zu überfordern.« Anna holte tief Luft, machte eine kleine Pause. »Die erste Staffel mit allen vier Gruppen hat im Januar stattgefunden. Ich war zum Schulungsbeginn bei jeder Gruppe dabei. Alle waren schrecklich nervös und angespannt. Alle, die taubblinden Teilnehmer, die Computertrainer und Dolmetscher betraten Neuland. Jeder fragte sich, ob er den eigenen Ansprüchen und den Erwartungen der anderen gerecht werden würde. Es ist ein Experiment mit ungewissem Ausgang! Der Schulungsplan für eine Woche ist immer gleich. Der Unterricht ist in Blöcken zu je 90 Minuten eingeteilt. Jeder Teilnehmer erhält zwei Unterrichtseinheiten pro Tag, eine am Vormittag und eine am Nachmittag. In der ersten Gruppe waren mit Benjamin und Friedrich zwei Sehrestler dabei, die mit einer Vergrößerungssoftware arbeiten wollten. Sie werden von dem sehenden Computertrainer unterrichtet. Rainer und Jürgen, die beide vollblind sind und den Computer nur mit der Braillezeile bedienen können, werden von einem blinden Trainer geschult.

Am 15. Januar startete die erste Gruppe. Bei strahlendem Sonnenschein und frühlingswarmen 15 Grad schlenderten Benjamin und Rainer mit ihrer Freizeitbegleitung durch den Blindengarten des naheliegenden Parks, während Friedrich und Jürgen sich mit ihrem Computerarbeitsplatz vertraut machten. Um 10:30 Uhr war Schichtwechsel. Nach dem Mittagessen ging es um 14:00 Uhr weiter, Schichtwechsel um 15:30 Uhr. Schichtwechsel gab es allerdings nur für die Teilnehmer. Trainer und Dolmetscher pausierten zwischen den Blöcken nur eine Viertelstunde und haben erst um 17:15 Uhr ihren langen Arbeitstag beendet, sofern sie nicht noch Unterrichtsmaterialien für den nächsten Tag erstellen oder das Verzeichnis für spezielle Gebärden ergänzen müssen.« Wieder machte

Anna eine Pause und fuhr dann fort: »Am Nachmittag des ersten Tages fuhr ich nach Hause zurück. Ich war sehr erleichtert über den guten Start, aber auch ein wenig traurig darüber, dass ich nun nicht mehr dabei sein und die Fortschritte der Teilnehmer und das Zusammenwachsen des Teams miterleben konnte. An den folgenden Sonntagen reiste ich dann wieder zum Start der anderen drei Gruppen an. Alle vier Gruppen räumten vor Karneval das Aura-Zentrum. Aber die Taubblinden werden wiederkommen: Im Juni, September und das letzte Mal im November.« Anna dankte für die Aufmerksamkeit, es wurde kräftig applaudiert.

Der Vorsitzende eilte zu ihr ans Rednerpult und lobte ihr ehrenamtliches Engagement: »Da sieht man mal wieder, was man als ehrenamtlich Tätiger bewirken kann.« Noch einmal klatschte das Publikum kräftig und lang anhaltend. Ein wunderbares Geräusch! Anna fand, dass diese Art der Anerkennung süchtig machen könnte. Sie fühlte sich nun sehr wohl, dort am Rednerpult.

Und am Ende des Jahres dachte Anna voll Freude, Stolz und Dankbarkeit, wie sich allen Befürchtungen zum Trotz Teilnehmer, Trainer und Dolmetscher den vielfältigen Herausforderungen dieser Schulung gestellt und zu einer Gemeinschaft gefunden hatten. Nach anfänglichen Schwierigkeiten in der vierten Gruppe hatten alle bis zum guten Schluss ausgehalten, jeder – ob Teilnehmer oder Mitarbeiter – konnte dieses Jahr als einen persönlichen Erfolg verbuchen. Anna las die Resultate an ihrer alltäglichen Arbeit ab. Die Einladung zum Stammtisch und zum Kegeln konnte sie nun hauptsächlich per Mail losschicken und brauchte nur noch wenige Punktschriftbriefe zu schreiben. Ein Jahr später wurden zwei besonders erfolgreiche Teilnehmer der großen Computerschulung in einem weiteren Projekt zu Computertrainern ausgebildet. Der Stein war ins Rollen gekommen.

Ein weiterer, wichtiger Effekt dieser Schulung war die positive Erfahrung mit der Arbeit der Gebärdensprachdolmetscher. Taubblinde sind an den Umgang mit Gebärdensprachdolmetschern nicht gewöhnt. Beim Arzt übernehmen Angehörige diese Aufgabe. Und das sieht dann so aus, dass der Arzt der Mutter die Diagnose und die Behandlung erklärt, der Taubblinde danebensteht und abwartet und erst zu Hause erfährt, was mit ihm los ist. Er hat weder die Möglichkeit, dem Arzt Fragen zu stellen, noch selbst seinen Zustand zu erklären. Wird ein Taubblinder dagegen von einem Taubblindendolmetscher zum Arzt begleitet, können sich Arzt und Patient direkt miteinander unterhalten. Die positive Erfahrung, die die Teilnehmer des Projekts mit Gebärdensprachdolmetschern gemacht hatten, sprach sich herum und die Hilfe von Dolmetschern wurde bei Arztbesuchen und Behördengängen häufiger in Anspruch genommen.

Eines hatte diese Schulung auch gezeigt: Es reicht nicht aus, ehrenamtliche Begleiter in einem Wochenendseminar zu schulen. Hauptberuflich tätige und gut qualifizierte Assistenten müssen her. Anna hatte als Leiterin der Fachgruppe von Anfang an die Zusammenarbeit mit allen Aktiven in der Taubblindenszene gesucht. Mit Erstaunen hatte sie eine Eigenschaft an sich entdeckt, die sie nie bei sich vermutet hätte: Sie war teamfähig. Bisher hatte Anna sich eindeutig als Einzelgängerin gesehen, hatte während ihrer Berufstätigkeit immer allein agiert, eine Einzelkämpferin, wenn die Tür des Klassenzimmers sich hinter ihr schloss. Nun aber ging sie mit den um viele Jahre jüngeren Sozialarbeiterinnen auf Vortragstour und plante gemeinsam mit ihnen Projekte und Seminare.

Das Projekt »Taubblindenassistenz« war das äußerst erfolgreiche Resultat einer solchen Teamarbeit. Sabine Degenhard, Studentin an der Fachhochschule Bochum, hatte bei den Vorträgen im Haus der Begegnung im Publikum gesessen und als Anna für ihren neu eingerichteten Stammtisch händeringend jemanden mit guten Gebärdensprachkenntnissen suchte, meldete sich Sabine, die neben ihrem Studium auch Kurse am Landesinstitut für Gebärdensprache in Essen belegt hatte. Beim ersten Stammtisch in der frisch renovierten Beratungsstelle des Blindenvereins hatte sie für die 16 Taubblinden mit ihren teilweise gehörlosen Partnern und Begleitern gedolmetscht. Mit Erfolg! Der große Horst hatte sie mit seinen starken Armen umschlossen und gesagt: »Sabine, du kannst wiederkommen. Wir haben dich alle gut verstanden.« Nach diesem ersten, gelungenen Auftritt war Sabine als Übersetzerin und Kommunikationshelferin bei allen Veranstaltungen Annas mit im Boot, machte mit beim Judo-Workshop, obwohl sie sich selbst als sportliche Null bezeichnete, begleitete Ausflüge und Museumsbesuche, dolmetschte beim Taubblindenseminar, führte Anna in die Deutsche Gebärdensprache ein und öffnete ihren Blick für die besondere Welt der Gehörlosen. Nach Beendigung ihres Studiums übernahm Sabine im Zentrum die Leitung einer Beratungsstelle für Taubblinde. Wenn sich nun Angehörige oder rechtliche Betreuer Hilfe suchend an den Blindenverband wandten, leitete dieser alle Hilferufe an Anna weiter. Zusammen mit Sabine suchte Anna die Familie auf und organisierte die notwendigen Unterstützungsmaßnahmen.

Zusammen hatten Anna und Sabine die Seminarwochenenden für die Anwärter des Begleiter-Pools geplant und durchgeführt und sehr bald erkannt, dass ein Wochenende bei Weitem nicht ausreicht, um die notwendigen Kompetenzen für die Begleitung taubblinder Menschen zu vermitteln. Herta, eine Teilnehmerin des jährlichen Taubblindenseminars, hatte sich am Ende der Woche bei Anna beschwert: »Also, Anna, ich finde das Seminar ganz prima und ich habe viel gelernt. Aber das nächste Mal komme ich wieder mit meinem Mann, da fühle ich mich sicher. Die Begleiterin, die du mir ausgesucht hast, ist nicht gut.« Und Anna musste ihr recht geben, wäre Herta doch einmal wegen der Ungeschicklichkeit ihrer Begleiterin beinahe eine Treppe hinuntergefallen. Da es bislang noch keinerlei Qualifizierungen oder Ausbildungskonzepte für Taubblindenassistenz in Deutschland gab, setzten sich Sabine und Anna hin und arbeiteten gemeinsam die Grundzüge einer solchen Ausbildung aus: Die spezifischen Kommunikationstechniken wie die Deutsche Gebärdensprache, das taktile Gebärden, das Lormen und Braille gehörten ebenso zu den Lerninhalten wie Psychologie, Medizin, rechtliche Fragen, Assistentenselbstverständnis und Einblicke in die Gehörlosenkultur. Die Gesamtdauer des Ausbildungsprojekts sollte 27 Monate umfassen und zwei Lehrgänge mit je 16 Teilnehmern beinhalten. Der viele Seiten umfassende, von Sabine perfekt formulierte Projektantrag wurde beim Ministerium für Arbeit, Gesundheit und Soziales des Landes Nordrhein-Westfalen eingereicht. Arbeits- und Sozialminister Laumann hatte einen Topf voller Geld, »Teilhabe für alle« genannt, in Aussicht gestellt. Während einer von Sabine sorgfältig vorbereiteten Fachtagung war Minister Laumann, mit Ohrstöpseln und Augenklappen taub und blind gemacht, durch einen Hindernisparcours gelaufen, hatte taubblinde Menschen erlebt und kennengelernt und seine Unterstützung für dieses Projekt zugesagt. Ein überwältigender Erfolg, den Sabine für sich verbuchen konnte, hatte doch die Gestaltung der Fachtagung ganz in ihren Händen gelegen. Sabine machte sich daran, das Konzept zu realisieren, plante bis ins Einzelne den Unterrichtsverlauf, machte alle Termine mit den Dozenten fest, engagierte die Dolmetscher, die das Projekt während der gesamten Laufzeit begleiten würden, um den gemeinsamen Unterricht von hörenden und gehörlosen Teilnehmern zu ermöglichen, warb für das Projekt bei den Beratungsstellen für Gehörlose und veröffentlichte es im »Taubenschlag«, einer Plattform der Gehörlosengemeinschaft im Internet. Im Oktober war das Projekt dank ihrer unermüdlichen Anstrengungen startklar.

Anna leitete die Fachgruppe nun schon seit sechs Jahren und war von dem Erfolg ihrer Arbeit nahezu berauscht. Sie staunte über sich, hätte sich so viel zupackende Kreativität nie zugetraut. Der alte Spruch bewahrheitete sich auch in ihrem Fall: Nichts ist erfolgreicher als der Erfolg. Allerdings – sie hatte aber auch alles darangesetzt, sich die Anerkennung der Taubblinden zu verdienen und den mächtigen Schatten ihrer

Vorgängerin hinter sich zu lassen. Sie hatte sich abgerackert, jede Frage beantwortet und jede Bitte möglichst gestern erfüllt. Sie stellte erfolgreich Anträge an die Krankenkassen, erreichte die Bewilligung so mancher, bisher verweigerter Hilfsmittel, konnte Begleiter für Freizeiten aus dem Begleiter-Pool vermitteln und führte endlose Telefongespräche. Sie machte und tat, abends, am Wochenende, sozusagen rund um die Uhr. Jede mit Erfolg erledigte Bitte zog die nächste Anfrage nach sich.

Anna richtete regelmäßige Treffen ein, alle zwei Monate einen Stammtisch und einen Kegeltreff, dazu gab es Museums- und Ausstellungsbesuche für Bildungshungrige und in Kooperation mit der unermüdlichen, sportlichen Simone Harzberg Wanderungen im Siebengebirge und in der Eifel. Die jährliche Seminarwoche wurde komplett neu organisiert. Es gab Kursangebote in den Kommunikationstechniken Lormen, taktile Gebärde, Braille und Computer, darüber hinaus unterschiedliche Kreativworkshops wie Collagen, Töpfern, Speckstein Schleifen, Tanzen und Trommeln. Die Teilnehmer kreuzten auf dem Anmeldeformular die gewünschten Kurse an und Anna arbeitete für jeden einen individuellen Stundenplan aus. Anna war froh, dass sie sich während ihrer letzten Berufsjahre an der Stundenplanerstellung beteiligt hatte. Diese Erfahrung war jetzt hilfreich. Die Zahl der Teilnehmer verdreifachte sich und das Begegnungszentrum für Blinde im Teutoburger Wald war eine Woche lang mit 80 Personen belegt, Dozenten, Assistenten, Begleiter inklusive. Alle waren sich einig: Dieses Seminar ist das Highlight des Jahres.

Nach und nach wurde Anna von dem Erfolg ihrer Arbeit mitgerissen, war voller Freude über die Möglichkeiten, etwas Neues zu schaffen, nur das zu tun, was sie selbst für sinnvoll hielt. Und so geschah es immer häufiger, dass Anna ihre privaten Verabredungen zugunsten eines Termins mit der Gruppe fahren ließ, ihre Kontakte zu Freunden und Bekannten vernachlässigte, nicht mehr zu Feiern erschien, bis sie nicht mehr eingeladen wurde. Anna bemerkte das kaum, die vielfältigen

Aktivitäten füllten sie ganz aus, nahmen alle ihre Kräfte, Emotionen und Gedanken in Anspruch. Diese Arbeit machte ihr ungeheuren Spaß. »Ich kann endlich etwas erschaffen, etwas tun, was Sinn ergibt.« Und außerdem – das sagte sie nicht laut – erfüllte es sie mit Genugtuung, wenn sie mit Sachbearbeitern von Sozialämtern oder Krankenkassen verhandelte und sie dazu zwang, jahrelang brachliegende Anträge zu bearbeiten, notfalls mit einer Beschwerde bei den Dienststellenleitern oder Sozialdezernenten der Stadt. Dann hatte sie das Gefühl, sich für alle früheren Zurücksetzungen rächen zu können. Anna erklärte immer wieder: »Das alles mache ich hauptsächlich für mich. Mir tut das gut! Und wenn es den Taubblinden hilft, umso besser.«

Und dann – die Fachtagung war gerade mal vier Monate vorbei und das Konzept des Projekts und seine Finanzierung waren in trockenen Tüchern – bekam Anna einen Anruf von Sabine, der das alles infrage stellte: »Anna, ich muss dich informieren, bevor Rupp es tut.« Ihre Stimme war leise, flach, ließ nichts mehr von ihrer sonst so heiteren Gelassenheit spüren.

Anna war alarmiert. »Um Gottes willen, Sabine, was ist passiert?«

»Ich habe gekündigt. Das Projekt ›Taubblindenberatung‹ läuft Ende des Monats aus. Dann bin ich weg.«

»Aber, warum denn jetzt? Wir haben endlich die Bewilligung des Ministeriums für das Assistenzprojekt. Du solltest die Leitung übernehmen. Das kannst du doch nicht einfach hinwerfen.«

Sabines Antwort kam mit ungewohnter Härte: »Doch, ich kann! Ich werde hier nicht mehr länger arbeiten. Nichts und niemand wird mich umstimmen können.« Und sie berichtete: Nach der so gelungenen Fachtagung hatte Rupp, der Geschäftsführer und Vorsitzende des Zentrums, nicht aufgehört, an Sabine herumzunörgeln. Sie hätte sich zu sehr in den Vordergrund gedrängt, sich als Lichtgestalt für die Taubblinden präsentieren wollen. »Er hat es offensichtlich nicht ausgehalten, während der Veranstaltung nicht im Mittelpunkt des Interesses zu stehen. Du weißt ja, Anna, dass er es nicht erträgt, wenn die Welt sich nicht ausschließlich um ihn dreht.«

»Tja«, stimmte Anna zu, »ein Rupp duldet keine Götter oder gar Göttinnen neben sich.«

Sabine erzählte weiter: »Und dann ist Rupp total ausgerastet, als ich ihn damit konfrontiert habe, nur mit einer halben Stelle im Projekt arbeiten zu wollen. Ich möchte Schauspielunterricht nehmen und an einem Theaterworkshop mitarbeiten. Das hat ihm gar nicht gepasst. Er meinte, wie er das denn beim Ministerium vertreten solle, das sei doch total verrückt und wie ich ihn nur so bloßstellen könne. Na ja, und dann hat ein Wort das andere gegeben. Ganz üble Beschimpfungen! Und ich habe auch Dinge gesagt, die ich mir besser verkniffen hätte. Aber es ist schon vorher so vieles schiefgelaufen und ich habe mir so viel anhören müssen, jetzt war es einfach zu viel. Die letzten Wochen und Monate haben mich wirklich fertiggemacht. Es geht nicht mehr.«

Und Anna konnte sich nicht vorstellen, wie sie ohne Sabine auskommen sollte. Sabine hatte mit ihrer heiteren Gelassenheit, mit ihrem stets bereiten Lachen spielend alle Widrigkeiten umschifft. Sie war eine ideale Teamplayerin. Kein Positionsgerangel, keine Kompetenzstreitigkeiten. Alles, was Sabine tat, tat sie mit großer Selbstverständlichkeit, unaufdringlich und unangestrengt. Wie sollte es nun weitergehen ohne sie?

Als Erstes musste Anna Ersatz für die Projektleitung finden. Das war das Wichtigste, das Projekt musste unbedingt an den Start und es durfte nichts schiefgehen. Eine zweite Chance würden sie nicht bekommen. Und Anna hatte Glück. Andrea Reinhard, die gerade das Studium als Sozialarbeiterin beendet und ein Praktikumsjahr begonnen hatte, war bereit, im Februar die Projektleitung zu übernehmen. Andrea hatte schon ein Jahr im Begleiter-Pool gearbeitet und war bereit, fehlende Kenntnisse der Gebärdensprache nachzuholen, was sie mit erstaunlicher Geschwindigkeit tat. Sie würde sich die Projektleitung mit Rita Wimmer teilen, die als Gehörlosenberaterin viel Berufserfahrung mitbrachte.

Zusammen mit den beiden Projektleiterinnen, einem Vertreter der Taubblinden und der Dozentin für die Gebärdensprache wurden die zukünftigen Teilnehmer auf Herz und Nieren, vor allem auf ihre Motivation und Einsatzbereitschaft, geprüft. 16 Teilnehmer wurden für gut befunden und das Projekt lief an. Alles stand zum Besten. Da trat ein Ereignis ein, das das Zentrum für Kommunikation und Inklusion schwer erschütterte, wieder schien alles infrage gestellt.

7

RUPP

Dieter Rupp eilte mit geschäftsmäßig entschiedenen Schritten über den Flur, klopfte an die halb geöffnete Tür des Verwaltungsbüros, trat ein ohne innezuhalten, und legte die Quittung auf den von Briefen und Prospekten überhäuften Schreibtisch. »Ich musste für die Mitgliederversammlung in der kommenden Woche ein paar Kopien machen und habe das Geld vorgelegt.«

Petra Hänsel, vom Zentrum für Inklusion und Kommunikation als Verwaltungsfachkraft eingestellt, nahm die Quittung, schaute auf die Summe – 112 – sah Rupp an, der nun sein jungenhaft gewinnendes Lächeln hervorzauberte, das er nur selten dieser kritischen und selbstbewussten Mittvierzigerin gegenüber anwandte; sie passte nicht in sein Beuteschema. »Na ja, da ist Einiges zusammengekommen.« Petra Hänsel legte die Quittung auf den Schreibtisch zurück, zögerte kurz, schüttelte den Kopf und sagte mit angestrengter Stimme: »Tut mir leid, ich habe nicht genug Geld in der Kasse. Ich muss erst zur Bank gehen.«

Rupp, dem die Anspannung in ihrer Stimme nicht entgangen war, wandte sich ab und sagte schroff: »Beeile dich, ich warte in meinem Büro.« Automatisch richtete er seinen Blick auf die Eingangstür, deren Glasfläche sein Bild widerspiegelte. Er war, wie immer, zufrieden mit dem, was er dort sah: das, was seinem Selbstbild entsprach, eine attraktive mit viel Geschmack und

Geld gekleidete Erscheinung, ein Mann in den besten Jahren. Petra Hänsel wartete, bis sie hörte, wie sich die Tür zu seinem Büro schloss, stand von ihrem Schreibtisch auf und drückte vorsichtig, jedes Geräusch vermeidend, die Tür zu ihrem Büro zu und griff zum Telefon.

Am Tag der Mitgliederversammlung, in der neben den üblichen Regularien auch der Vorstand neu gewählt werden sollte, warteten die Vorstandsmitglieder des Vereins ungeduldig im Mehrzweckraum. Sie waren mit einem vagen Hinweis auf die Vorstandswahlen gebeten worden, eine Stunde früher zu erscheinen. Anna, verantwortlich für das Assistenzprojekt, wandte sich an die immer gut gelaunte, auf Ausgleich und Harmonie bedachte Sarah, Schriftführerin und Gründungsmitglied des Vereins: »Weißt du, warum wir hier sitzen und auf wen oder auf was wir warten?«

Sarah schüttelte ihre kurzen, rotblonden Locken, um die Anna sie beneidete, und meinte: »Keine Ahnung. Irgendetwas stimmt hier nicht, ganz und gar nicht! Nun sitzen wir schon fast eine halbe Stunde. Und warten, keiner weiß, worauf.« Im Flur waren schon die lauten Begrüßungsrufe der ersten Ankömmlinge zu hören. Robert Lange, Gründungsmitglied und Ehrenvorsitzender des Zentrums, war immer wieder mit seinem Handy nach draußen geeilt, mit immer besorgterer Miene. Jetzt kam er zurück, blieb im Türrahmen stehen, sagte mit einer Stimme, der anzumerken war, dass für mehr Worte die Kraft fehlte: »Rupp ist tot.« Er setzte noch einmal an: »Die Mitgliederversammlung wird um eine Stunde verschoben.« Lähmende Stille legte sich über den Raum. Anna saß regungslos. Sie fror und glaubte, nicht mehr atmen zu können. Da beugte sich Sarah zu Anna herüber und flüsterte: »Du, ich halte das hier nicht aus! Lass uns in die Stadt gehen.«

Lange gingen sie schweigend, jede im Kreis ihrer Gedanken gefangen. Anna konnte nicht fassen, dass Rupp von einem Moment zum anderen aus ihrer Welt verschwunden sein sollte. Sie hatte seine Selbstgewissheit und seinen Durchsetzungswillen bewundert, schätzte seine Intelligenz und seine Fähigkeit, mit Zahlen zu jonglieren, eine Fähigkeit, die ihr völlig abging. Sie sah Rupp vor sich, wie er in der letzten Sitzung die Kopien des Geschäftsberichts an alle verteilte. »Ich habe die Zahlen hin und her gewendet und alles neu geordnet«, hatte er mit großer Befriedigung gesagt. Alle hatten den Geschäftsbericht abgenickt, froh, dass sie mit dieser schwierigen Materie nichts zu tun hatten. Anna zwang ihre Gedanken in die Gegenwart zurück und fragte: Sarah, weißt du, ob Rupp gesundheitliche Probleme hatte?«

»Davon weiß ich nichts. Meine Freundin Monique, eigentlich heißt sie ja Monika, aber das Französische macht sich besser in ihrem Geschäft, Monique also hat eine Boutique für Damen mit teurem Geschmack und gutverdienenden Ehemännern, da arbeitet Rupps Frau. Monique hätte mir sicher erzählt, wenn sie von irgendeiner Erkrankung gehört hätte.« Anna strich nachdenklich mit Zeige- und Mittelfinger eine Strähne ihres kastanienbraun gefärbten Haars hinter das Ohr zurück.

»Hm, ich dachte immer, Rupps Frau hätte es nicht nötig zu arbeiten und genug damit zu tun, ihrem Mann zur Seite zu stehen. Rupp hat doch ein gut laufendes Unternehmen, Anlageberatung oder so ähnlich. Das steht fett gedruckt unter allen seinen Mails.« Sarah lachte kurz auf.

»Rupps Firma gibt es schon seit zwei Jahren nicht mehr. Rupp hat den Karren vor die Wand gefahren. Und seine Frau muss selbst für ihr Haushaltsgeld sorgen und da arbeiten, wo sie früher als angesehene Kundin aufgetreten ist.« Anna packte Sarah bei den Schultern und zwang sie so stehenzubleiben.

»Was sagst du da? Bist du da sicher? Das kann ich nicht glauben, Rupp hat auf mich immer den Eindruck eines erfolgreichen Geschäftsmannes gemacht.«

Sarah nahm nun ihrerseits Anna bei den Schultern, drehte sie zu sich herum und schaute sie ein wenig spöttisch an: »Erfolgreich – ja, vielleicht bei einem bestimmten Typ Frauen, bestimmt nicht als Geschäftsmann. Es heißt sogar, dass seine

Jugendstilvilla bis zum Dach verschuldet ist. Nein, Rupp ist pleite und seinen Laden gibt es längst nicht mehr.«

Anna blieb eine ganze Weile still, dachte daran, wie sie Rupps ehrenamtlichen, unermüdlichen Einsatz bewundert und sich gefragt hatte, wie er das alles mit seinem Unternehmen hatte vereinbaren können. »Ich habe mich immer über Rupps Zeitfenster gewundert, er war ja jeden Tag hier in unserem Zentrum anzutreffen. Nun verstehe ich das.«

Sarah, bodenständig und nüchtern, wie sie war, und wenig empfänglich für Rupps Charme, meinte gelassen: »Ja, natürlich, Zeit hatte er genug und hier hat er viel Anerkennung und Bestätigung bekommen. Dir ist doch wohl nicht entgangen, wie wichtig es für ihn war, von allen geliebt zu werden.«

Das konnte Anna nicht leugnen. Rupps unstillbares Bedürfnis nach Zustimmung und Lob war ihr peinlich, manchmal geradezu lächerlich erschienen. So hatte er in jeder Sitzung auf seine letzten Erfolge hingewiesen und nach jeder von ihm geleiteten Sitzung gefragt: »Wie war ich heute?« Anna dachte an die Auseinandersetzungen, die zu Sabines Kündigung geführt hatten. Sie hatte die mit viel Trara und breiter politischer Öffentlichkeit gefeierte Fachtagung eigenverantwortlich geplant und zu einem großen Erfolg geführt. Sie hatte viel Anerkennung dafür bekommen. Rupp hatte sich darüber bei Anna heftig beschwert: »Sabine hat sich da als Lichtgestalt präsentiert und sich in Szene gesetzt. Das stand ihr gar nicht zu«, hatte er geklagt. »Ja«, dachte Anna, »Rupp hatte es nicht ertragen können, nicht uneingeschränkt die Person im Fokus des allgemeinen Interesses zu sein.«

Die beiden Frauen fanden ein wenig besetztes Café und kamen zu dem Schluss, dass Rupps plötzlicher Tod nur einem Unfall geschuldet sein konnte. Merkwürdig allerdings war Roberts Verhalten gewesen und auch, dass die Vorstandsmitglieder eine Stunde vor der Versammlung hatten zusammenkommen sollen.

In einer Schweigeminute gedachten die Mitglieder des verstorbenen Vorsitzenden und wurden, verstört wie sie waren, ohne weitere Erklärungen nach Hause entlassen. Sarah flüsterte Anna zu: »Weißt du, was Robert mir gerade gesteckt hat? Rupp hat sich umgebracht, von wegen Unfall! Da haben wir mit unseren Vermutungen ziemlich falsch gelegen.«

Robert bat die Vorstandsmitglieder, sich noch einmal im Mehrzweckraum zu versammeln. Sarah packte Anna, die wie angewurzelt dastand, an der Schulter und schob sie vor sich her zu den anderen in den Raum. Robert erklärte: »In der vergangenen Woche hat mich unsere Verwaltungsfachkraft angerufen. Petra, kannst du bitte berichten, was vorgefallen ist?«

»Rupp hat mir eine Quittung von 112 Euro für Fotokopien übergeben. Auf den ersten Blick konnte ich sehen, dass mit dem Betrag etwas nicht stimmte. Auf der Quittung war vor die ausgedruckte Summe von 12 Euro mit Kugelschreiber eine 1 geschrieben worden.«

Robert übernahm: »Also habe ich Rupp auf diesen Vorfall angesprochen und ihm vorgeschlagen, auf eine Wiederwahl zu verzichten und das auf der Mitgliederversammlung mit gesundheitlichen Problemen zu begründen. Das sollte er mit euch vor der Mitgliederversammlung besprechen. Darum hatte ich euch gebeten, eine Stunde früher zu erscheinen.«

Anna unterbrach ihn: »Wie kommst du dazu, Rupp so in die Enge zu treiben? Warum sind wir nicht gefragt worden? Sicher, die Sache mit der Quittung war ein Fehler, aber machen wir nicht alle Fehler? Ist schon vergessen, was Rupp für unser Projekt alles getan hat? Ohne sein Engagement hätten wir nie die Gelder für den Umbau des Zentrums und die Sanierung der Nebengebäude bekommen!«

Robert stöhnte: »Du nicht auch noch!«

Sarah atmete hörbar ein, drehte sich zu Anna um und sagte entnervt: »Lieber Himmel, du wirst Robert jetzt keinen Vorwurf machen, dass er das einzig Vernünftige getan hat. Du bist verdammt naiv, du glaubst doch nicht, dass Rupp sich wegen 100 Euro umgebracht hat. Dass er über eine so dilettantische

Fälschung gestolpert ist, das ist wirklich dumm gelaufen für ihn. Rupp hatte Zugriff auf sehr viel Geld und die Intelligenz, seine Unterschlagungen in den Büchern lange Zeit gut zu verstecken. Wer weiß, wann das alles aufgedeckt worden wäre. Wir wissen nicht, was da auf uns zukommt und ob unser Projekt und unser Verein das übersteht.«

Anna stoppte ihren Redefluss: »Robert, wann hast du erfahren, dass Rupp Selbstmord begangen hat?«

»Als Rupp heute Nachmittag zur festgesetzten Zeit nicht erschienen war, habe ich ständig versucht, ihn auf seinem Handy zu erreichen. Schließlich hatte ich seine völlig verzweifelte und aufgelöste Frau am Apparat, die ihren Mann beim Heimkommen im Treppenhaus hängend entdeckt hatte. Und als sie realisiert hatte, wer ich war, wer da anrief, hat sie geschrien: ›Du bist schuld, du hast ihn umgebracht!‹« Robert senkte den Kopf: ›Mörder!‹ hat sie geschrien.«

8

SCHWIERIGE ZEITEN

Wie das Zentrum die durch Rupps Tod und Unterschlagungen ausgelöste Krise überstehen konnte, das wusste Anna im Nachhinein nicht zu sagen. Es hatte einen kommissarischen Vorsitzenden gegeben, zahlreiche Krisensitzungen und drastische Sparmaßnahmen. Das Loch schien bodenlos und – was Anna vor allem besorgt machte – es fehlte ein fünfstelliger Betrag aus der für das Assistenzprojekt vom Sozialministerium bereitgestellten Summe. Würde das Ministerium das Vertrauen in das Zentrum verlieren, die Zusagen rückgängig machen und das Projekt stoppen, noch bevor es angelaufen war?

Das Projekt hing an einem seidenen Faden. Glücklicherweise drückte der zuständige Ressortleiter im Ministerium beide Augen zu und die Projektleiterinnen konnten ans Werk gehen, organisierten mit viel Geschick und Augenmaß das Projekt, sodass die ersten Lehrgänge wie geplant durchgeführt werden konnten. Die qualifizierten Assistenten waren heiß begehrt, bedeuteten sie doch Unabhängigkeit von der Familie und Handlungsfreiheit.

Anna widmete sich ganz der Taubblindengruppe, organisierte Freizeiten, Stammtische, Exkursionen und eine Studienfahrt zum Timmendorfer Strand. Eine Woche Sommersonnentage nach wochenlangem Dauerregen, Badefreuden für Hartgesottene dank einer wasserfesten Assistentin, eine Schiffsrundfahrt bei unruhiger See, des Abends Gespräche bis tief in die Nacht auf der überdachten Terrasse, glückliche, harmonische Tage.

Anna richtete ihr Augenmerk auf die Einrichtung einer überregionalen Beratungsstelle für Taubblinde. Zusammen mit dem Vorstand des Zentrums stellte sie Anträge, führte Gespräche, schickte Bedarfsanalysen und Fallbeispiele. Mit dem Assistenzprojekt hatte sie wenig zu tun, es lief gut, wie von selbst und Anna hörte nur Gutes über die Arbeit der Projektleiterinnen. Allerdings hatte Andrea gegen Ende des ersten Jahres angemerkt, dass sie gern eine dauerhafte Anstellung hätte und sich umsehen würde. Nach einem Jahr hatte Rita eine Arbeit in der Nähe ihres Wohnorts gefunden und so war Andrea allein verantwortlich für das Projekt.

Und wieder kam ein Anruf, der Anna schwarzsehen ließ für die Zukunft des Projekts. Es war im Januar, Anna war gerade aus ihrem Sylt-Urlaub zurück. »Wie schön, dass ich dich persönlich erreiche und nicht mit deinem Anrufbeantworter verhandeln muss«, meinte Andrea.

Anna war beunruhigt. Andrea hatte sie noch nie zu Hause angerufen. Wenn etwas zu besprechen gewesen war, hatten sie das im Zentrum geregelt oder eine kurze Mail geschrieben. Warum rief Andrea sie während ihres Weihnachtsurlaubs an? »Was liegt an?« fragte Anna besorgt.

»Anfang Dezember habe ich meinen Arbeitsvertrag gekündigt. Im Februar trete ich meine neue Stelle an. Ich wollte dir die Festtage nicht verderben, deshalb sage ich dir erst jetzt Bescheid.«

Anna wollte nicht verstehen: »Aber, aber, das Projekt läuft doch noch bis April. Der Abschlussbericht muss noch fertiggestellt werden. Und wir wollten doch einen Antrag für einen weiteren Lehrgang stellen. Das Konzept steht noch nicht. Du kannst dich doch jetzt nicht mittendrin aus dem Staub machen!«

»Anna, ich habe dir doch vor Monaten schon gesagt, dass ich mich nach einer unbefristeten Stelle umsehen werde.«

Anna wollte nichts mehr hören, ja, es war ihr klar gewesen, dass sie Andrea nicht länger auf einer projektbasierten Stelle behalten konnten, Andrea wollte Sicherheit. Aber ihr wäre es im Traum nicht eingefallen, dass Andrea, die Gewissenhafte und Zuverlässige, die Leitung vor dem Abschluss des Projekts hinwerfen würde. Wie sollte Anna in aller Schnelle einen Ersatz finden und wer würde den Abschlussbericht schreiben?

»Den Abschlussbericht und den Projektantrag mache ich noch fertig«, versprach Andrea. Aber weder der Abschlussbericht noch der Antrag für eine Weiterführung des Projekts lagen vor, als der zuständige Ressortleiter des Sozialministeriums einen Gesprächstermin im Zentrum vereinbarte. »Am Sonntag mache ich das Konzept für die Weiterführung des Projekts fertig und schicke es per Mail«, hatte Andrea versichert. Als am Montagmorgen keine Mail im Posteingang aufgetaucht war, sagte Anna alle ihre Termine für diesen Tag ab, telefonierte mit dem Geschäftsführer des bayerischen Instituts, das ebenfalls eine Qualifizierung von Taubblindenassistenten durchgeführt hatte, erklärte ihre Not und erhielt ohne viel Umschweife deren Konzept als PDF-Datei. Anna hatte keine Zeit zu verlieren. Herr Brinkmann, der zuständige Ministerialbeamte, hatte sein Erscheinen für den kommenden Tag angekündigt.

Es war eine wüste Plackerei und ohne das Konzeptpapier aus Bayern hätte Anna es nicht geschafft. Während der beiden ersten Lehrgänge hatte der Unterricht an fünf Nachmittagen in der Woche stattgefunden. Gemeinsam mit Andrea hatten sie beschlossen, das Projekt für Berufstätige zu öffnen und die Kurse an den Wochenenden abzuhalten. Außerdem sollte die zeitliche Abfolge der Module geändert und der Stundenanteil der praktischen Fächer erhöht werden. Lisa Kantor, eine zartgliedrige, schüchterne Abiturientin, die nach und nach die Aufgaben von Jeannette Kaiser als Annas Assistentin übernommen hatte, korrigierte Annas Entwurf, formatierte neu und rechnete die Stundentafeln nach. Anna druckte das Papier aus, zwölf Seiten, das musste genügen.

Zu dem angekündigten Termin hatten sich zehn Personen im für die Assistenzausbildung errichteten Neubau eingefunden, hatten an dem großzügigen Quadrat aus vier zusammengestellten Tischen Platz genommen. Vor Kopf der neu gewählte Vorsitzende des Zentrums, der gehörlose Walter Neumann, neben ihm der Ehrenvorsitzende, Robert Lange, ihnen gegenüber die beiden Gebärdensprachdolmetscherinnen, die für Walter Neumann übersetzten. Ministerialrat Brinkmann, ein ergrauter Mittfünfziger mit weichem Händedruck, und sein Adjutant saßen Anna gegenüber. Neben ihr breitete sich Swetlana Grün aus, trotz intensiver Suche die einzige ernsthafte Bewerberin für die Projektleitung, mit ausgezeichneten Kenntnissen der Gebärdensprache, jedoch ohne jede Erfahrung mit taubblinden Menschen. Außerdem saßen in dieser Runde noch Sebastian Krause, ein Finanzberater des Paritätischen, der in geschickten Verhandlungen mit Banken und Sparkassen das Zentrum vor der Insolvenz gerettet hatte, und Sybille Landau, die neue Mitarbeiterin in der Gehörlosenberatung, an diesem Tag dazu verdonnert, das Protokoll zu schreiben.

Robert Lange, seit vielen Jahren für das Zentrum ehrenamtlich engagiert, moderierte das Gespräch und skizzierte die Geschichte und die Zielsetzungen des Vereins. Gegründet vor 30 Jahren zur Unterstützung und Beratung gehörloser Menschen, durch großzügige Spenden zu einem Begegnungszentrum ausgebaut, hatte sich der Verein seit etwa 15 Jahren auch für die Interessen taubblinder Menschen eingesetzt. Das war das Stichwort für Anna, die von dem Pool für ehrenamtliche Begleiter berichtete, den ersten Versuchen, die Begleiter in einem Wochenendseminar auf ihre Aufgaben vorzubereiten, sowie der allmählichen Entwicklung des Konzepts. Anna geriet ins Schwärmen, berichtete von den ersten Erfahrungen mit den ausgebildeten Assistenten: »Jetzt kann ich endlich auch diejenigen Taubblinden auf Ausflüge und Treffen mitnehmen, die nicht von ihren Angehörigen begleitet werden können. Niemand muss mehr allein und isoliert zu Hause bleiben!« Bilder von Begegnungen mit diesen einsamen und verlassenen Menschen tauchten vor ihrem inneren Auge auf. Wie ein Wunder war es Anna immer wieder erschienen, dass ein Taubblinder trotz jahrelanger Isolation zugänglich blieb und bereit war, die entscheidenden Schritte in ein neues Leben zu wagen. Es gab so viele Bilder, die sie nicht losließen. Der erste Einkauf im Supermarkt, ein Besuch im Café, dann ein erstes Treffen mit anderen Taubblinden und die Glückseligkeit eines Wiedersehens mit einer Jugendliebe nach 45 Jahren. Anna konnte nicht ohne Rührung an diese Momente denken. Konnte sie diese Bilder in ihrem Kopf auch in die Köpfe derer verpflanzen, die über das Schicksal taubblinder Menschen entschieden?

Anna wies auf die positive Außenwirkung des Assistenzprojekts hin: »In der Region hat das Projekt viel dazu beigetragen, die Situation taubblinder Menschen bekannt zu machen. In der Westfälischen Zeitung werden regelmäßig Artikel über das Projekt abgedruckt. So hat ein rechtlicher Betreuer einen dieser Artikel gelesen und bei der Projektleitung um Rat und Unterstützung nachgefragt. Da konnten wir gleich drei taubblinde Personen beraten und unterstützen.« Und Anna trug vor, was ihr neben der Weiterführung des Assistenzprojekts besonders am Herzen lag: »Leider gibt es immer noch keine hauptamtlich tätigen Sozialberater. Die Beratungsstellen für Gehörlose sind damit hoffnungslos überfordert, sie kennen weder die Hilfsmittel für Blinde noch die möglichen Rehabilitationsmaßnahmen wie das Mobilitätstraining. Sie können nicht einmal die Kommunikation mit einem taubblinden Menschen herstellen.«

»Wie groß ist der Bedarf? Wie viele Taubblinde gibt es in Nordrhein-Westfalen?«, erkundigte sich Herr Brinkmann.

»Nun, offizielle Zahlen gibt es nicht. Taubblindheit ist als eigenständige Behinderung weitgehend unbekannt und nicht meldepflichtig. Daher kann man die Zahlen nur schätzen.«

Brinkmanns Adjutant meldete sich zu Wort: »Man könnte doch die Personen erfassen, die gleichzeitig das Merkzeichen ›BL‹ für blind und das ›GL‹ für gehörlos im Schwerbehindertenausweis führen.«

»Na ja, das könnte man sicherlich tun, hätte dann aber trotzdem nicht alle taubblinden Personen im Blick. Spät ertaubte Blinde erhalten oft nicht das Merkzeichen ›GL‹, weil sie nach dem 18. Lebensjahr ertaubt sind und dementsprechend auch eine gut verständliche Lautsprache haben«, merkte Anna an. »Und obwohl sie an Taubheit grenzend gehörlos sind und damit die wesentliche Voraussetzung für das Merkzeichen erfüllen, wird es ihnen verweigert. Das hängt ganz und gar vom Goodwill des jeweiligen Sachbearbeiters ab.« Und Anna führte aus, dass ein Merkzeichen »TBL« Abhilfe schaffen könnte. »So könnte man die Zahlen besser ermitteln und den Bedarf feststellen. Aber dieses Merkzeichen gibt es nicht.«

»Ja«, klärte der Adjutant Anna auf. »Dieses zusätzliche Merkzeichen im Schwerbehindertenausweis ist nicht notwendig oder sinnvoll, da es nicht mit einem besonderen Leistungsanspruch verbunden ist.«

Hier hakte Herr Brinkmann ein: »Halten Sie das Merkzeichen für eine unabdingbare Voraussetzung für eine effektive Unterstützung der taubblinden Personen, Frau Durant?«

Anna verneinte: »Eigentlich nicht. Man kann das Pferd auch von hinten aufzäumen, Assistenten qualifizieren, also den Bedarf wecken und daraus einen Leistungsanspruch ableiten. Und irgendwie muss man dann ja herausfinden können, wer leistungsberechtigt ist. Am Ende würde das dann doch auf ein Merkzeichen ›TBL‹ hinauslaufen.«

Herr Brinkmann lachte leise auf: »Ja, ja, so kann man das auch regeln. Sie haben hier im Zentrum einfach getan, was Ihnen notwendig erschien, haben so Fakten geschaffen. Das ist bemerkenswert. Sie haben meine volle Unterstützung für Ihr Projekt. Und ich stehe auch gern zur Verfügung, bei Verhandlungen mit den Landschaftsverbänden oder anderen Gremien. Eine Taubblindenberatungsstelle beziehungsweise eine zentrale Anlaufstelle ist aus meiner Sicht notwendig, um das gesamte Case Management zu organisieren.«

Anna hörte das mit großer Erleichterung. Sie übergab den am Vortag in aller Schnelle gestrickten Projektantrag und versprach, auch den Abschlussbericht nachzuliefern. Herr Brinkmann machte eine Bewilligung für einen weiteren Lehrgang von der unverzüglichen Abgabe des Abschlussberichts abhängig: »Wirklich am besten gestern!«

Anna überquerte mit Robert Lange den Parkplatz. Sie hatten den gleichen Heimweg und Anna freute sich auf die gemeinsame Autofahrt und das Gespräch. Sie schätzte Roberts Humor und vertraute auf seine Einschätzung. Er blieb gelassen, auch in schwierigen Momenten, fand immer die positive Kehrseite einer Medaille und sah eher das Gute in einem Menschen. Petra Hänsel hatte ihn einmal ihr gegenüber liebevoll als »Gutmensch« bezeichnet. Ja, das war er, fand Anna und sie hätte sich mehr solcher Gutmenschen in ihrer Umgebung gewünscht. Als sie die Autotür öffnete und sich bereit machte einzusteigen, fühlte sie eine Hand auf ihrer Schulter. Sebastian Krause, der durch seine Finanzberatung das Zentrum vor dem finanziellen Aus gerettet hatte und dem es gelungen war, im Gespräch mit Herrn Brinkmann die finanzielle Situation des Zentrums in einem positiven Licht erscheinen zu lassen, sagte anerkennend: »Das haben Sie gut hingekriegt, Frau Durant!« Anna freute sich uneingeschränkt über dieses Lob, wusste sie doch, von welch kompetenter Seite es kam. Ja, es war ein gutes Gespräch geworden: Das Projekt würde weiterlaufen und ihre Anstrengungen um eine hauptamtliche Beratungsstruktur für die Taubblinden in Nordrhein-Westfalen würden von höchster Stelle unterstützt werden.

Zwei Monate später saß Anna im großen Saal des Zentrums und schaute voll Genugtuung auf das Spektakel auf der provisorischen Bühne. Die Absolventen der beiden ersten Lehrgänge des Ausbildungsprojekts demonstrierten in kurzen, witzigen Sketchen die verschiedenen Tätigkeitsbereiche der Taubblindenassistenten. Das Sozialministerium hatte einen Staatssekretär abgeordnet, der die Zertifikate übergab und die Finanzierung eines dritten Lehrgangs für Taubblindenassistenten verkündete. Anna dachte zufrieden und mit Genugtuung: »Da hat Herr K. doch recht gehabt, als er mir gestern tröstend sagte: ›Machen Sie sich nichts daraus. Es kommen sicher auch bessere Zeiten.‹« Gestern noch hatte sie in einem Raum zusammen mit zahlreichen Honoratioren des Deutschen Blinden- und Sehbehindertenverbandes gesessen. Bei der Vorstellungsrunde hatte sie sich klein und verloren gefühlt, da war der Geschäftsführer des Verbandes, da waren die Landesfürsten aus sechs Bundesländern, wie sie die Vorsitzenden der Landesverbände gern nannte, da war die Behindertenbeauftragte des Landes Bayern und da war Professor Dr. Thomas Kalish aus Leipzig, ihr rechter Nebenmann. Sie alle hatten sich aufgemacht zu einem Wochenendseminar über die UN-Behindertenrechtskonvention. Ein Vortrag am Abend hatte über die Entstehungsgeschichte informiert. Anna war dem Vortrag mit Interesse und Spannung gefolgt, die trockenen Formulierungen der einzelnen Artikel der Konvention, durch die Anna sich im vergangenen Jahr mühsam durchgekämpft hatte, füllten sich mit Leben. Das Übereinkommen über die Rechte von Menschen mit Behinderungen wurde in vierjährigen Beratungen entwickelt. Zum Schluss nahmen 120 Staaten und 468 Nichtregierungsorganisationen an den Verhandlungen teil. Und Anna erfuhr, dass auch Frau Theresia Degener als unabhängige Juristin am Entwurf beteiligt war. 2006 wurde das Vertragswerk von der UNO-Generalversammlung in New York verabschiedet und trat 2008 in Kraft. In Deutschland wurde der Vertrag am 26. März 2009 ratifiziert.

Nach dem Vortrag trugen sich die Teilnehmer in die Listen für die verschiedenen Arbeitsgruppen des nächsten Tages ein. Anna hatte sich für die Arbeitsgruppe »Politische Umsetzung der UN-BRK« entschieden. Das schien ihr die einzige Gruppe zu sein, in der sie die Situation taubblinder Menschen zur Sprache bringen konnte. Und so kam es, dass sie sich in diesem erlauchten Kreis von Funktionsträgern des Verbandes wiederfand. Nach der Vorstellungsrunde war sie von ihrem linken Nebenmann angesprochen worden: »Haben Sie vielleicht eine Schwester, die im vergangenen Jahr eine Studienfahrt nach Syrien gemacht hat?« Anna bejahte und erfuhr, dass ihr linker Sitznachbar auf besagter Studienreise die Bekanntschaft ihrer Schwester gemacht hatte. Bei Gesprächen mit dem einzigen blinden Mitreisenden in der Gruppe lag das Thema »Blindheit« sozusagen in der Luft und so war auch ihre ehrenamtliche Arbeit in der Blindenselbsthilfe aufs Tapet gekommen. Anna hörte Anerkennung aus der Stimme ihres Gesprächspartners heraus, fühlte sich ermutigt. Sie war also doch nicht ganz fehl am Platze in dieser Runde. »Zunächst müssen wir die UN-BRK bei unseren Mitgliedern in den Landes- und Ortsvereinen bekannt machen. Das wird unsere erste wichtige Aufgabe sein«, begann der Moderator die Sitzung. Anna fand, dass der Blindenverband sich reichlich Zeit gelassen hatte. Immerhin hatte die Bundesrepublik Deutschland dieses Vertragswerk schon vor einem Jahr ratifiziert. »Da hatten die Taubblinden schneller reagiert! Schon zwei Monate nach der Ratifizierung hatten Ruth Zacharias vom evangelischen Taubblindendienst in Radeberg und Anna taubblinde Menschen aus der ganzen Republik zusammengetrommelt, eine Resolution verfasst und ein Merkzeichen »TBL« für den Schwerbehindertenausweis gefordert. Anna behielt diese Gedanken für sich und hörte mit Erstaunen zu. Ganz offensichtlich waren die Verbandsfunktionäre mit ihrer bisherigen Arbeit so sehr zufrieden, dass ihnen die meisten Artikel der Konvention schon umgesetzt schienen. Nun ja, in puncto Barrierefreiheit im Netz gab es noch Lücken in der Umsetzung und es fehlte noch in vielen Fällen die Audiodeskription bei Filmen und Fernsehbeiträgen, aber insgesamt gesehen schien Vieles dank ihrer bisher geleisteten, politischen Arbeit erreicht.

»Nun«, dachte Anna, »für die Taubblinden sind noch viele Forderungen der Konvention nicht umgesetzt, da kann ich den Herrschaften Material für die politische Arbeit liefern.« Anna gab sich einen Ruck. Eigentlich hörte sie in solchen Sitzungen lieber zu, als sich selbst zu Wort zu melden. Aber eine solche Gelegenheit durfte sie sich nicht entgehen lassen: »Für Taubblinde sieht es mit der Umsetzung der UN-BRK nicht gut aus. Es fehlen beispielsweise Regelungen im Sozialgesetzbuch, um den Anspruch auf persönliche Assistenz durchsetzen zu können. Artikel 9 und 19 der UN-BRK fordern, dass die Vertragsstaaten geeignete Maßnahmen zur Beseitigung von Zugangshindernissen treffen, beispielsweise also Zugang zu Gebäuden und Informationen ermöglichen. Als geeignete Maßnahmen werden neben technischen Hilfsmitteln auch Hilfeleistungen durch Mittelspersonen genannt. Ein neues Merkzeichen für Taubblinde könnte mit dem Leistungsanspruch auf persönliche Assistenz verbunden in den Schwerbehindertenausweis aufgenommen werden. Der Blindenverband könnte diese Forderung an die Politik herantragen.«

Einen Moment lang herrschte Stille. Allgemeine Überraschung über den Einwurf einer weitgehend unbekannten Person. War diese Person überhaupt berechtigt, in diesem Kreis mitzureden? Dann die rasche und entschiedene Antwort des Moderators: »Solche Sonderfälle können nicht berücksichtigt werden und nicht Grundlage unserer Verbandsarbeit sein.«

Anna erschrak. Mit einer solchen kategorischen Ablehnung hatte sie nicht gerechnet. Sie richtete sich auf, öffnete den Mund, wollte protestieren, aber der Moderator sprach schon weiter: »Wir machen jetzt eine Kaffeepause von 15 Minuten. Bitte seien Sie alle pünktlich zurück, damit wir unsere Arbeit fortsetzen können!«

Anna packte ihre Sachen zusammen, ihr linker Nebenmann, Herr K., legte ihr seine Hand tröstend auf die Schulter: »Seien

Sie nicht traurig. Es kommen sicherlich auch wieder bessere Zeiten.« Anna nickte stumm, ging hinaus auf ihr Zimmer, schloss ihren Koffer und machte sich auf den Weg zum Bahnhof. Sie hatte von vornherein geplant, das Seminar vor seinem offiziellen Ende zu verlassen, da sie am Samstag bei der Zertifikatsübergabe und Abschlussfeier des Projekts dabei sein wollte. Ursprünglich hatte sie erst nach dem Abendessen am Freitag fahren wollen, aber nun hielt sie nichts mehr hier. Wieder einmal hatte sich bestätigt, dass die Verbandsinteressen Vorrang hatten und die Bedürfnisse der Taubblinden zurückstehen mussten.

»Anna, träumst du? Komm doch bitte nach vorn auf die Bühne! Fotosession!« Da war sie wieder in der viel angenehmeren Gegenwart zurück. Genug für heute mit den trüben Gedanken. »Freu dich doch einmal an dem, was erreicht wurde«, mahnte sie sich und stolperte auf die Bühne.

9

SWETLANA GRÜN

Der große Saal des Zentrums leerte sich schnell. Die 13 Taubblindenassistentinnen und ihre drei männlichen Kollegen des vierten Lehrgangs hatten die vielen Begrüßungsworte und Reden und ein letztes Fotoshooting über sich ergehen lassen, hatten ihre Zertifikate aus den Händen des Staatssekretärs entgegengenommen, ihre Blumensträuße und Geschenke zusammengerafft, waren die drei Stufen von der Bühne heruntergestolpert, hatten sich eilig von Anna verabschiedet und sich aus dem Saal gedrängt. Der ausgelassene Trupp zog los, um ganz privat diesen Abschluss zu feiern, Swetlana Grün in seiner Mitte. Mit ausholenden Gesten und weiträumigen Gebärden, mit freudig glühendem Gesicht ob der vielen lobenden Worte, die ihr als Leiterin des Projekts zugefallen waren, bildete sie mit ihrer raumgreifenden Gestalt das Zentrum des turbulenten Haufens.

Anna saß allein am leer geräumten Tisch, in nachdenkliche und besorgte Gedanken versunken. In feierlicher Rede hatte der Bürgermeister Swetlana Grün als hoch qualifizierte Fachfrau und Expertin gewürdigt. Swetlana würde aus großer Höhe fallen und Anna fürchtete sich vor dem kommenden Tag. Die Kündigung des Arbeitsvertrags lag, unterschrieben vom Vorsitzenden des Zentrums, im Büro. Morgen würde Swetlana dieses Schreiben erhalten.

Sie ist völlig unvorbereitet, da ist sich Anna sicher. Sie hat die vor Kurzem erhaltene Abmahnung nicht ernst genommen, hat sich wie immer über alles hinweggesetzt, über alle Beschwerden und die unmissverständlichen Dienstanweisungen. Sie fürchtet keine Konsequenzen ihres Verhaltens, hält sich für unersetzlich und glaubt nicht, dass ihre Position gefährdet ist. Wie wird Swetlana es verkraften, aus solcher Höhe zu fallen?

Anna fühlte sich schuldig, war sie es doch, die ihre Entlassung vorangetrieben hatte. War das wirklich die richtige Entscheidung? Hätte es nicht andere Lösungen gegeben? Anna war sich in diesem Moment ganz und gar nicht sicher, ob sie das Richtige getan hatte.

Einzelne Szenen aus den vergangenen Monaten drängen sich in ihre Gedanken, die verzweifelte Suche nach einer Nachfolgerin für Andrea, der Projektleiterin der ersten beiden Lehrgänge, die Knall auf Fall alles hinter sich gelassen hatte; die Schwierigkeiten, eine Person mit entsprechenden Qualifikationen zu finden, bereit, in ein Projekt mit kurzer Laufzeit einzusteigen; die gefühlt Tausend Mails, die ungezählten Rundrufe und Nachfragen und dann endlich der Anruf, der diese verzweifelte Suche beendete. »Mein Name ist Swetlana Grün. Ich bin an dem Projekt ›Taubblindenassistenz‹ interessiert.« Swetlana Grün beschrieb ihren beruflichen Werdegang: Nach dem Studium der Sozialarbeit leitete sie unterschiedliche Projekte für Menschen mit Behinderung und arbeitete in der Gehörlosenberatung. »Ja, natürlich kann ich gebärden«, bestätigte Swetlana Grün auf Annas Nachfrage. »Ich bin selbst hochgradig schwerhörig und kann mich gleichermaßen gut mit Hörenden und Gehörlosen verständigen, ich verstehe mich als Mittlerin zwischen der Welt der Hörenden und der Gehörlosen.« Eine hochgradig schwerhörige Projektleiterin, die sich lautsprachlich verständlich äußern konnte und die Gebärdensprache voll beherrschte, die offensichtlich in der Lage war zu telefonieren, das ließ sich gut an! Und die eingereichten Unterlagen bestätigten diesen Eindruck. Allerdings – taubblinde Menschen und ihre Lebenswelt kannte Swetlana Grün kaum.

Anna würde Swetlana unterstützen, eng mit ihr zusammenarbeiten. Sie freute sich auf diese neue Aufgabe.

Anna hatte die Leitung der Taubblindengruppe abgegeben und konnte die Organisation von Veranstaltungen und Seminaren getrost der neuen Leitung überlassen. Sie hatte Zeit gewonnen für andere Aufgaben. Sie würde ihren Fokus auf die Beratung taubblinder Menschen richten, würde Hausbesuche machen, Punktschriftunterricht erteilen, Anträge auf Assistenz bei den Sozialämtern durchfechten und sich zusammen mit Gisela Breidenbach auf politischer Ebene für die Einrichtung einer hauptamtlichen Beratungsstruktur starkmachen. Gisela Breidenbach hatte die Stiftung »Taubblinde in unserer Mitte« gegründet, als Unternehmensberaterin viele Kontakte und ein mit Charme und Intelligenz gepaartes Durchsetzungsvermögen.

Anna schrak zusammen, eine Hand hatte sich sanft auf ihre Schulter gelegt. »Was machst du hier so allein?«, lächelte Robert sie an. »Du siehst richtig verlassen aus.«

Anna murmelte: »Na ja, irgendwie fühle ich mich auch so, von allen guten Geistern verlassen. Ich finde die Situation ziemlich absurd. Heute wird Swetlana als Expertin gefeiert und morgen wird sie gefeuert. Ich fühle mich ziemlich mies bei dem Gedanken.«

»Ich wollte dich fragen, ob ich dich mitnehmen soll? Ich fahre jetzt nach Hause.« Anna nahm Roberts Vorschlag erleichtert an. Erst einmal weg von hier!

»Im Anfang ließ sich alles so gut an. Die Zeugnisse und die Unterlagen über ihre vielfachen Fortbildungen – alles bestens! Ich hatte so ein gutes Gefühl«, dachte Anna laut und wusste, dass Robert ihr aufmerksam und kritisch zuhörte. »Swetlana und ich, ein ganz besonderes Team, haben wir gefrotzelt, die eine nahezu taub, die andere praktisch blind. Ein Team, das Brücken schlagen kann zwischen der Gehörlosengemeinschaft und der Welt der Blinden. Ja, das habe ich im Anfang geglaubt und von einer wunderbaren Zusammenarbeit geträumt. Im Nachhinein kann ich das nicht mehr verstehen. Wie konnte ich mich so täuschen. Ich wünschte, ich hätte sie nicht für die Projektleitung vorgeschlagen.«

»Das musst du dir nicht vorwerfen«, beschwichtigte Robert. »Swetlana ist eine begnadete Selbstdarstellerin, nicht nur du hast dich von ihr blenden lassen. Und außerdem – du weißt sehr gut, dass wir niemand anderen für die Projektleitung gefunden hatten.«

»Tja, eigentlich kamen schon die ersten Zweifel 14 Tage nach Swetlanas Einstellung. Wir sollten gemeinsam nach Nürnberg zu einer Arbeitskreissitzung fahren, Thema: Qualifizierung von Assistenten. Ein wichtiger Termin für Swetlana, ein guter Einstieg in ihren neuen Aufgabenbereich. Auf der gemeinsamen Fahrt wollte ich sie über die Ausbildungskonzeption des bayerischen Instituts, das Tagesprogramm und die Teilnehmer der Tagung informieren. Als meine sehende Begleitung würde Swetlana kostenlos mit mir unterwegs sein. Ich würde in die Regionalbahn einsteigen und dort Swetlana im ersten Wagen antreffen. Der Zug war pünktlich, ich stieg ein und wanderte durch den Zug bis in den ersten Wagen. Keine Swetlana! An der nächsten Station sollten wir umsteigen. Sicherheitshalber blieb ich auf dem Bahnsteig stehen und wartete, bis alle Reisenden ausgestiegen waren. Keine Swetlana. Dann machte ich mich auf zu Gleis 2, dem Abfahrtsgleis des ICE. Mein Handy vibrierte in der Jackentasche. Eine SMS von Swetlana: Habe Zug verpasst, komme einen Zug später.«

Robert lachte: »Ja, ich erinnere mich. Irgendwie ist ihr die Planung an diesem Tag völlig durcheinandergeraten. Sie war hektisch und ziemlich aufgelöst.«

Anna brummte: »Ich fand das gar nicht lustig. Ich sehe mich noch auf dem Bahnsteig stehen, ganz allein in dem Gewühl. Ich habe verzweifelt versucht, die Ansage meines Handys trotz des Krachs auf dem Bahnsteig zu verstehen. Eine Antwort konnte ich ihr nicht schicken, dazu war es zu laut. Ich konnte nicht kontrollieren, was ich in mein Handy tippte. Der ICE nach Frankfurt hatte 45 Minuten Verspätung, noch eine

Chance für Swetlana. Würde sie es doch noch schaffen? Ich stand da und wartete. Wie ich diese Warterei hasse! Der verspätete ICE wurde angekündigt. Keine Swetlana in Sicht. Und nun? Sollte ich einsteigen? Aber wo? In welchen Wagen? Ich hatte nicht den Mobilitätsservice angefordert, ich hatte ja eine sehende Begleitung eingeplant. Außerdem hatte Swetlana keine Fahrkarte, weil sie als meine Begleitung vorgesehen war. Ich ließ den Zug also fahren. Mein Handy klingelte. Eine junge, männliche Stimme. ›Spreche ich mit Frau Durant? Swetlana Grün hat mich gebeten, Ihnen zu sagen, dass Sie den Zug nach Frankfurt nehmen sollen, sie kommt später nach.‹«

Robert lachte wieder. »Tut mir leid, dass ich mir das Lachen nicht verkneifen kann. Aber das war einfach zu komisch. Swetlana kam vom Bahnhof zurück, inzwischen in totaler Auflösung begriffen. Sie erzählte, dass sie einen jungen Mann gebeten hatte, dich anzurufen und dir Bescheid zu sagen. Und dass sie sich nun eine Fahrkarte kaufen musste. Ich weiß gar nicht mehr, wie das ausgegangen ist. Ist Swetlana an diesem Tag noch in Nürnberg angekommen?«

»Ja, kurz vor Mitternacht. Ich habe sie erst beim Frühstück am nächsten Tag getroffen. Ich hatte eine ziemlich chaotische Fahrt, ohne sehende Begleitung, ohne Mobilitätsservice beim Umsteigen in Frankfurt und ohne Platzreservierungen. Da hatte ich Zeit, mir Gedanken darüber zu machen, ob Swetlana die richtige Person ist für die Organisation unseres Projekts. Sie muss als Projektleiterin ja viele Termine und unterschiedliche Personen unter einen Hut bringen.«

Robert bremste scharf, bog nach links ab und Twinkle, der bisher im Fußraum entspannt gedöst hatte, schnellte hoch. »Oh, entschuldige, Twinkle«, beruhigte Robert den Hund. »Ich denke, wir fahren heute über Land und nicht auf der Autobahn zurück. Das dauert ein bisschen länger und so haben wir Zeit zum Reden. Einverstanden?« Anna nickte dankbar.

»Swetlana sieht ihre Mitwelt mit sehr, sehr kritischen Augen. Das konnte ich bei dieser Tagung feststellen. Mit atemberaubender Geschwindigkeit hat sie ihr Urteil über jemanden gefällt, den sie seit einer Viertelstunde kennt. In jedem Fall ist dieses Urteil negativ. In der Mittagspause hat sie mir erzählt, was sie über den Geschäftsführer des Instituts sicher zu wissen glaubt: Er ist arrogant, ignorant und selbstgefällig. Ich hätte ihr antworten können, dass ich ihn ganz anders erlebt habe, äußerst hilfsbereit nämlich. Ohne das schriftliche Konzept seines Hauses hätte ich es niemals geschafft, innerhalb eines Tages einen zwölfseitigen Antrag zu schreiben.«

»Und es war wirklich gut, dass wir Ministerialrat Brinkmann dieses Papier bei seinem Besuch vor drei Monaten vorlegen konnten. Ohne das fertige Konzept wäre es sicherlich sehr schwierig geworden, die Finanzierung für einen weiteren Lehrgang zu bekommen«, stimmte Robert zu. »Also hast du schon sehr bald gemerkt, dass es mit der harmonischen und friedvollen Zusammenarbeit nichts werden würde?«

»Na, so weit würde ich nicht gehen. In Nürnberg habe ich das registriert, ohne weiter darüber nachzudenken. Erst als sich diese Beobachtungen häuften, erst als ich merkte, dass es Swetlana Freude macht, andere mit kleinen Sticheleien herabzuwürdigen und zu entmutigen, erst als ich merkte, dass es für sie sozusagen eine Lebensnotwendigkeit ist, andere kleinzumachen, da habe ich darüber nachgedacht, ob Swetlana die Richtige ist für unser Projekt.«

»Denkst du da an bestimmte Vorfälle?«

»Ach, da gibt es viele. Da ist zum Beispiel die Art, wie sie über unseren Vorsitzenden hergefallen ist, mit welch hämischen und verletzenden Worten sie über ihn herzieht, und das vor den Teilnehmern des Projekts. So sollte man wirklich über niemanden sprechen, das geht gar nicht. Und dann die vielen spitzen Bemerkungen, mit denen sie Sybille traktiert hat. Sybille ist da ziemlich hilflos und hat ihr nichts entgegenzusetzen. Ich habe noch das Bild einer völlig in sich zusammengesunkenen Sybille vor Augen. Ein Teamgespräch in Swetlanas Büro.«

»Klär mich mal auf, Anna! Was hatten Swetlana und Sybille eigentlich miteinander zu tun?«, wurde sie von Robert unterbrochen. »Sybille war doch zunächst nur in der Gehörlosenberatung, da gab es doch wenig Berührungspunkte mit Swetlanas Arbeit als Projektleiterin.«

»Na ja, das hat sich sehr bald geändert. Wir hatten doch beschlossen, die Projektleitung zu entlasten. Nach den Erfahrungen mit Andrea. Andrea hat ja auch aus Überforderung alles hingeschmissen. Das sollte uns mit Swetlana nicht noch einmal passieren. Darum hat Sybille die Assistenzvermittlung übernommen.«

»Hm, ich verstehe, da gab es Berührungspunkte zwischen den Aufgabenbereichen.«

»Tja, besser gesagt, Reibungsflächen. Damit waren ständige Positionsrangeleien vorprogrammiert. Sybille sollte eigentlich auch die Praktika der Assistenten in der Ausbildung organisieren. Dabei betrat sie zwangsläufig Swetlanas Territorium. Es gab ständig Streit darüber, wie die Praktika ablaufen sollten, wer, wen, wo und wann begleiten sollte. Darum hatte ich mich mit beiden in Swetlanas Büro getroffen. Ich habe versucht, mich als Puffer zwischen beide zu schieben, habe mich aber mehr als Schutzschild für Sybille gefühlt. Es schien mir, als würde sie von Swetlana an der Wand zerdrückt.«

»Na, na, übertreibst du da nicht?«

»Ich denke nicht. Swetlana nimmt nicht nur körperlich viel Raum ein. Sie ist auch in anderer Hinsicht sehr erdrückend. Das Bild, wie Sybille in sich zusammengesackt, kraftlos an die Wand gelehnt, mit blassem Gesicht mehr hängt als steht und Swetlana, breit und massig, in ihrem Sessel sitzt und sich drohend zu ihr hinüberbeugt, dieses Bild habe ich immer vor Augen.«

»Hast du eine Erklärung für Swetlanas Aggressivität gegenüber Sybille?«, fragte Robert nach.

»Nun, ich denke, dass Swetlana nicht anders kann. Sie ist dominant. Sie duldet keine anderen Göttinnen neben sich.

Vielleicht spielt auch das Äußere eine Rolle. Sybille ist hyperschlank, hat einen mädchenhaften Charme.«

»Also das Gegenbild zu Swetlana. Anziehend ist Swetlanas Äußeres wirklich nicht. Vermutlich leidet sie darunter«, sagte Robert, wie immer um Ausgleich und Verständnis bemüht.

»Wahrscheinlich spielt noch etwas a nderes eine Rolle. Sybille ist es gelungen, die Sympathien der Taubblinden zu gewinnen. Ist für sie ja auch nicht schwer, sie kann ihnen die so begehrte Begleitung von Assistenten verschaffen. Bei dem Stammtisch im November haben Sybille und Swetlana sich vorgestellt und ihre Tätigkeit erklärt. Bei der nachfolgenden Fragerunde wurde Sybille mit Fragen bombardiert, von Swetlana wollte niemand was wissen. Das hat Swetlana sehr übel vermerkt. Bei unserem Teamgespräch hat sie auf diesen Punkt hingewiesen und Sybille vorgeworfen, dass sie sich vordrängt: ›Die Taubblinden fragen nur nach Sybille.‹ Sicher ist, dass sie es Sybille persönlich übel nimmt, wenn sie bei den Taubblinden besser ankommt. Klar ist, dass sie es nicht erträgt, die zweite Geige zu spielen. Sie ist eben keine Teamplayerin.«

»Muss sie das denn sein? Sie soll das Projekt organisieren, die Termine machen, die Dozenten und die Teilnehmer auf Kurs halten, die Öffentlichkeit informieren … Das alles sind Aufgaben, bei denen die Teamfähigkeit meiner Meinung nach nicht im Vordergrund steht«, wandte Robert ein.

»Nun, es gelingt ihr aber nicht, beispielsweise die Dozenten bei der Stange zu halten. Die Dozentin für Psychologie hat dankend abgelehnt, bei einem weiteren Lehrgang mitzumachen. Swetlana hat als Projektleiterin an ihren Seminaren teilgenommen und hat, ungefragt, jede Menge Kommentare und Erläuterungen abgegeben. Sie hat nicht aufgehört zu reden, sodass die Dozentin ihren Stoff nicht loswerden konnte. Ich habe das selbst einmal erlebt. Diese Dozentin war nicht die Einzige, die nach dem ersten von Swetlana geleiteten Lehrgang ausgefallen ist. Die Dozentin für Rechtsfragen wurde ohne weitere Erklärungen von Swetlana nach Hause geschickt.

Auch für diesen Bereich musste eine neue Dozentin gefunden werden. Swetlana hat sich dieser neuen Dozentin gegenüber genauso übergriffig verhalten.«

»Was hat Swetlana denn dieses Mal angestellt?«

»Sie hat sich, trotz einer ausdrücklichen Dienstanweisung, wieder in den Seminaren dazugesetzt. Und dann hat sie, ohne vorherige Absprache mit der blinden Juristin, eine Zusammenfassung der Ergebnisse an das Whiteboard geschrieben. Und weil sie keine Juristin ist und keine Ahnung hat, war ihre Zusammenfassung voll sachlicher Fehler.«

»In der Tat, das ist ziemlich übergriffig und dumm außerdem! Und was gab es noch?«

»Zu Anfang ihrer Tätigkeit habe ich ihr geraten, das jährliche Taubblindenseminar des Blindenvereins zu besuchen. Dort würde sie viele Taubblinde und die schon ausgebildeten Assistentinnen kennenlernen. Das hat sie getan. Sie kam nicht nur für zwei Tage, wie ich ihr geraten hatte, sondern sie blieb eine ganze Woche. Sie hat dort eine ganze Woche herumgehangen ohne eine spezielle Aufgabe, hat aber ihre Nase in alles hineingesteckt. Sie ist in die einzelnen Kurse hineingeplatzt, ohne vorher die jeweiligen Kursleiter oder auch die taubblinden Teilnehmer zu fragen. Sie hat direkt in den Computerunterricht eingegriffen, ohne eine Ahnung davon zu haben, wie die spezifische Software für Blinde am PC zu handhaben ist, sie war wirklich penetrant und hat sich den Unmut der Seminarleiterin eingehandelt. Eva Hausmann ist die Seminarleiterin. Du kennst sie vielleicht. Klein und rund und umtriebig. Eva ist eigentlich immer sehr auf Ausgleich und Harmonie bedacht. Aber bei Swetlana ist ihr der Geduldsfaden eindeutig gerissen. Eva hat mir gesagt: ›Bitte sorge dafür, dass Swetlana nächstes Jahr nicht wiederkommt. Sie hat alles durcheinandergewirbelt.‹«

»Und daran hat sich Swetlana gehalten?«

»Ich konnte ihr den Besuch des Seminars nicht ganz verbieten. Einige der Azubis haben als Praktikanten am Seminar teilgenommen. Die wollte sie kontrollieren. Einen Tag war

Swetlana dafür freigestellt. Sie blieb aber vier Tage und hat sich das als Arbeitszeit angerechnet. Ach ja, ihre Arbeitszeitabrechnungen waren voller Fehler – sie hat sich regelmäßig Überstunden aufgeschrieben, die nicht gemacht wurden. Sie hat auch nichtgenehmigte Dienstreisen unternommen und abgerechnet. Sie hat eigentlich gemacht, was sie wollte. Übergriffig und dominant, so hat die Psychotherapeutin sie charakterisiert. Das trifft's.«

»Und wie geht es jetzt weiter?«, erkundigte sich Robert.

»Ich treffe mich morgen mit Lucy Mehring, einer Teilnehmerin des letzten Kurses. Sie hat Psychologie studiert, arbeitet zur Zeit in einem Projekt, das Ende des Monats ausläuft. Sie hat gehörlose Eltern und wird von anderen Teilnehmern des Lehrgangs als sehr umgänglich beschrieben. Sie möchte nur eine halbe Stelle, der Familie wegen. Die andere Hälfte könnte dann Sybille übernehmen, die ihrerseits auch nur eine halbe Stelle haben will und nicht allein für die Leitung des Projekts verantwortlich sein möchte.«

»Du hast also schon deine Fühler ausgestreckt?«

»Ja, natürlich. Wir können uns keinen Leerlauf leisten. Es gibt noch längst nicht genug Taubblindenassistenten. Wir müssen dieses Projekt am Laufen halten.«

10

EIN ABSCHIED ...

Es ist still im Führerhaus des Kleintransporters. Die drei auf den Vordersitzen sind eng zusammengerückt. Anna spürt, wie die Trauer ihr die Kehle zuschnürt, die Tränen die Augen füllen und wie sie jeden Moment die Beherrschung zu verlieren droht. Sie würde nicht mehr aufhören zu weinen. Von hinten kommt ein leises Wimmern. Twinkle kämpft sich aus der Narkose. Hat er Schmerzen? Anna dreht sich um, spricht leise, fest und ruhig – der Hund soll nichts von ihrer Verzweiflung merken. »Ist ja gut, Twinkle. Das machen wir nie wieder mit dir. Das verspreche ich dir.« Simone und Ingo wechseln einen Blick. Niemand spricht. Sie leiden mit. Anna spürt es und ist ihnen dankbar. Es dauert eine Ewigkeit, bis sie in der Siepenstraße angelangt sind. Ingo hebt den Hund aus dem Wagen und stellt ihn auf die Beine. Twinkle sackt zusammen und Ingo nimmt den Hund wieder auf, trägt ihn die drei Treppen hoch bis zur ersten Etage. Anna schließt auf und zeigt ihm, wo er das schlaffe Bündel Hund absetzen kann. Nun ist Anna mit ihrer Trauer allein. Sie möchte schreien, toben, brüllen. Aber das geht nicht, denn da ist Twinkle, verstört und voller Schmerzen. Sie muss sich beherrschen.

»Dein Hund läuft nicht so ganz rund, hast du das bemerkt?«, war sie von einer Hundehalterin im Wald angesprochen worden. Nein, das hatte sie natürlich nicht. Aber sie hatte sich schon Gedanken gemacht, als Twinkle plötzlich das wilde

Spiel mit Ronja, der zweijährigen Labradorhündin mit einem lauten Aufjaulen abgebrochen hatte. Anna wartete nicht lange, ging zu ihrer Tierärztin und bekam Tabletten gegen Arthrose. Das half nur eine Zeit lang und als der Ärztin nichts anderes einfiel, holte sich Anna eine zweite Meinung. Dieses Mal hieß es: »Das könnte ein Kreuzbandriss sein. Das sollten sie röntgen lassen. Für die Röntgenaufnahme muss ihr Hund in Narkose gesetzt werden. Da fahren Sie am besten gleich zur Tierklinik, wo ihr Hund gegebenenfalls direkt operiert werden kann.«

Anna tat wie geheißen und Simone begleitete sie. Die Ärztin ließ Twinkle ein wenig in dem langen Korridor der Klinik laufen. »Der bewegt sich aber ganz normal!« Simone lächelte, dachte wohl, dass Anna es wieder einmal mit ihrer Besorgnis übertrieb. Aber Anna bestand auf der Röntgenaufnahme, sie wusste es besser. Die Ärztin nahm Twinkles Leine und führte den Hund fort durch den langen Korridor in die Behandlungsräume. Anna sollte nach Hause fahren und das Ergebnis der Untersuchung dort abwarten.

Endlich kommt der Anruf aus der Klinik: »Frau Durant, Ihr Hund hat einen weit fortgeschrittenen Knochentumor im Oberschenkel des linken Hinterbeins. Die Prognose ist nicht gut.«

»Kann man irgendetwas machen? Gibt es eine Therapie?«

»Die einzige Möglichkeit ist eine Amputation …«

Anna unterbricht: »Um Gottes Willen, nein. Das kommt nicht infrage.« Anna denkt an Laskow, den Hovawart und seine Schmerzen nach einer Knieoperation.

Der große Hund hatte die ganze Nacht gejammert, hatte versucht, in ihr Bett zu springen, und Anna hatte sich zu ihm auf den Boden gelegt. Eine Amputation würde noch weit schmerzhafter sein. Warum sollte sie ihren Hund dem aussetzen und was sollte das bringen, wenn der Tumor, was durchaus wahrscheinlich war, schon gestreut hatte? Nein, das kam nicht infrage. Die Ärztin schien erleichtert über Annas Entscheidung. »Sie können Ihren Hund in zwei Stunden abholen. Alles Weitere besprechen Sie am besten mit Ihrem Tierarzt.«

Nach der verstörenden Diagnose bemühte sich Anna, Twinkle das bisschen Leben, das er noch hatte, so angenehm wie möglich zu machen, stopfte ihn mit Leckereien voll und gab ihm Rinderkopfhaut und Ochsenziemer zu knabbern. Sie nahm ihn mit zum Einkaufen in die Stadt, weil er das unbedingt so wollte, und verringerte ihren Bewegungsradius auf ein Minimum. Anna versuchte, ihre Verzweiflung zu beherrschen, und konnte doch nicht verhindern, dass ihr die Tränen aus den Augen liefen, wenn Twinkle, mühsam auf drei Beinen hoppelnd, das schmerzende Hinterbein hochhaltend, den nur wenige Meter geworfenen Ball freudig apportierte. Sein Hecheln weckte sie nachts aus unruhigem Schlaf und Anna fürchtete, dass Twinkles Herz zu schwächeln begann. Sie fragte nach und erfuhr, dass dieses Hecheln ein Ausdruck großer Schmerzen wäre. Wann würde sie die endgültige Entscheidung treffen müssen?

Anna haderte mit sich und ihrem Hund und nahm es ihm übel, dass er sie so einfach im Stich ließ. Er hatte doch mindestens 17 Jahre alt werden und sie noch lange begleiten sollen. Damals, vor zwölf Jahren, war mit Twinkle die Freude in ihr Leben zurückgekehrt; er hatte ihr Glück gebracht. Es war eine gute Zeit gewesen, das Leben mit ihm. Nun war das alles vorbei.

11

… UND EIN NEUANFANG

Eins war Anna klar: Sie würde auch nach dem Abschied von Twinkle einen Hund in ihrem Leben haben wollen – ein Leben ohne Hund, das war für sie nicht vorstellbar. Tartuffe, der erste Hund in ihrem Erwachsenenleben, der Nachkömmling eines Dorfköters aus dem für seine Weißweine berühmten Chablis war im Alter von zwölf Jahren nachts an Herzversagen gestorben, bevor sie ärztliche Hilfe holen konnte. Da hatte sie sich geschworen: »Nie wieder einen Hund!« Anna hatte geglaubt, den Verlust dieses Hundes nicht ertragen zu können, und wollte sich nie wieder diesem Schmerz aussetzen.

Tartuffe war das Sorglospaket eines Hundes, war ihr auf Schritt und Tritt gefolgt und hatte ihr die Wünsche von den Augen abgelesen. Nachdem Anna sich von Germain, ihrem um viele Jahre älteren, streitsüchtigen und cholerischen Mann getrennt hatte, war sie in ein kleines Appartement gezogen und hatte sich ihren sehnlichen Wunsch nach einem Hund erfüllt. Der sieben Wochen alte Winzling durfte mit ins Büro, wo sie als Sekretärin für eine Importfirma deutscher Wohnwagen arbeitete. Als einzige Schandtat in seinem Welpenleben hatte er den Absatz ihres rechten Schuhs angeknabbert und mit Genuss verspeist, während sie 30-mal den gleichen Text als Rundschreiben an die französischen Vertreter der Wohnwagen Knauss in die Schreibmaschine hackte. Anna hatte sich nach getaner Arbeit hochgerappelt und beim Aufstehen erstaunt ihren Schiefstand festgestellt. Und später klaute Tartuffe den Anglern, die stundenlang geduldig am Ufer der Yonne standen, ihren in Eimern gut verwahrten Fang. Wenn Anna dann schuldbewusst und ängstlich ihren Hund entschuldigen wollte, meinten die nur lachend: » Ça ne fait rien. Ich hätte den Fisch ohnehin nie gegessen. Das Wasser ist viel zu dreckig.«

Nach ihrer Rückkehr nach Deutschland brachte einzig sein Aussehen Anna immer wieder in Schwierigkeiten. Er sah aus wie ein echter deutscher Schäferhund und es half nichts, wenn Anna immer wieder betonte: »Ein Schaf im Wolfspelz, das ist dieser Hund.« Stets hieß es: »Nehmen Sie Ihren Hund an die Leine, ich bin von einem Schäferhund gebissen worden.« Oder: »Nehmen Sie Ihren Hund weg, mein Hund wurde von einem Schäferhund angefallen.« Freundlich, ein wenig ängstlich und sehr vorsichtig, wie Tartuffe nun einmal war, hätte er sich nie an einem menschlichen oder einem anderen Lebewesen vergriffen.

Anna hatte das Leben mit diesem Hund als ganz besonderes Glück empfunden. Nach seinem Verlust quälte sie sich wochenlang, hielt es dann nicht mehr aus in ihrer leeren Wohnung und blätterte in einem Buch mit 200 verschiedenen Hunderassen.

Auch dieses Mal würde Anna wieder einen Neuanfang wagen. Aber – konnte sie noch einmal einen Welpen großziehen und ausbilden? Zwölf Jahre waren im sprichwörtlichen Flug vergangen, hatten aber auch Spuren hinterlassen. Sollte sie noch einmal ganz von vorn anfangen? Anna bekam die Adresse einer Züchterin, die von dem letzten Wurf noch zwei schwarze, vier Monate alte Pudelrüden übrig behalten hatte. Denn ein Pudel sollte es nun sein, das waren kluge Hunde wie die Australian Shepherds und leichtgewichtig waren sie auch. Das war Anna wichtig, sie wollte ihrem Hund auch in Stresssituationen gewachsen sein und zurückhalten können.

Anna saß seit Stunden am Computer, hatte Anträge, Berichte und Stellungnahmen geschrieben, hatte viel geschafft und nicht gemerkt, wie viel Zeit inzwischen verstrichen war. Sie streckte sich, ließ die Schultergelenke rotieren, versuchte, die gequälte Muskulatur zu entspannen, und drehte ihren ergonomisch verstellbaren Sessel zur Seite. Sie warf einen zärtlichen Blick zu dem schwarzen Fleck auf der weißen, flauschigen Decke. Ole stahl sich immer in ihre Nähe, harrte geduldig stundenlang aus und ertrug, den Kopf unter dem Überwurf der Liege versteckt, die von ihrem Computer unaufhörlich produzierten Geräusche: die in schnellen Rhythmen klappernde Tastatur, das Brabbeln des Computers, der jedes geschriebene Wort und jeden Tastaturbefehl nachplapperte. Twinkle hatte sich immer weit weg von dieser lästigen Lärmquelle auf seine Decke ins Wohnzimmer verzogen. Anna hätte ihn gern in ihrer Nähe gewusst, aber da war nichts zu machen gewesen. Anna stand auf, war mit einem Schritt bei dem Hund, der völlig entspannt, seine überlangen Beine von sich gestreckt, auf seiner Decke lag. Sie hockte sich und strich sanft über die weichen Locken, die sich so ganz anders anfühlten als Twinkles seidig glattes Fell. Der Kopf blieb versteckt unter der Decke, nur die Schwanzspitze bewegte sich sacht hin und her. Das war typisch für Ole. Am Morgen gab es nicht wie bei seinen Vorgängern eine stürmische Begrüßung mit Hundeschnauzen, die sich in Annas Haare wühlten und Pfoten, die fordernd auf die Bettdecke schlugen, kaum dass Anna vorsichtig die Augen einen Spaltbreit geöffnet hatte. Ole wartete ab, blieb in seinem Körbchen, nur die leichte Bewegung der Schwanzspitze verriet, dass er bereit war für eine Begrüßung. Dieser Hund war so ganz anders als Twinkle, aber das hatte Anna ja so gewollt. Sie wollte einen Hund, der in ihr nicht immer wieder die Erinnerung wachrief an den viel geliebten, bunten Hund. Anna wollte den Neuen nicht immer wieder mit seinem Vorgänger vergleichen. Und es war ihr gelungen, einen Hund zu finden, der in jeder Hinsicht so ganz anders war. Ole war rabenschwarz. »Nur die Zähne sind weiß«, so stellte sie den Neuankömmling immer lächelnd vor. »Vorsichtig abwarten, erst lange und genau beobachten und dann möglichen Gefahren ausweichen, das ist seine Devise.« Anna fuhr mit kreisenden Bewegungen ihres Zeigefingers sacht über den Bauch des Hundes und Ole drehte sich auf den Rücken, streckte sich wohlig der streichelnden Hand entgegen. Anna ließ sich aus der Hocke in den Sitz gleiten, machte es sich auf der weichen Decke bequem. So konnten sie es beide aushalten – stundenlang, wenn es nach Ole ging. Anna dachte an ihre erste Begegnung mit Ole.

Sie hatte sich auf den Weg gemacht. Eine durch Verspätungen endlos scheinende Fahrt mit dem Intercity nach Stuttgart, ein an Hindernissen reicher Umstieg, eine gemütlich zuckelnde Regionalbahn durch weites Land, ein vorbestelltes Taxi, dann endlich war sie am Ziel.

Mit Blick auf das weitläufige Gelände – »2000 Quadratmeter haben wir hier für unsere Hunde.« – sitzt Anna auf der Terrasse des großzügigen Bungalows und genießt das Hundeangebot: Amadeus, ein zwölf Jahre alter Rüde mit zauseliger Löwenmähne, der sie als Erster in Augenschein nimmt und die anderen Hunde eifersüchtig beiseiteschubst, eine weiße Pudelschönheit, mit kurzgelocktem Fell, die vorbeischaut, den Ankömmling diskret zu prüfen, ein schwarzes Dackelchen, das neugierig an ihren Hosenbeinen schnuppert, und ein vier Monate alter Welpe, der sich sofort auf ein Spiel mit den Händen einlässt.

»Das ist Baby Oslo«, erklärt Frau Schmidt, die Züchterin. Anna hebt den Welpen auf ihren Schoß, spürt deutlich die Rippen unter dem weichen Fell.

»Der ist aber dünn«, denkt Anna und spricht es aus.

»Ja, die Welpen bewegen sich sehr viel auf dem Gelände, da können sie kein Fett ansetzen.«

Der Welpe, mit seinem mageren Körper und den spärlichen, schwarzen Locken sehr schutzbedürftig aussehend, wird von dem alten Rüden vertrieben, taucht aber bald wieder auf. Seine Neugier ist groß und er weiß, dass er von Amadeus nicht wirklich etwas zu befürchten hat. Anna fragt sich, wo der zweite, noch nicht vermittelte Welpe bleibt. Endlich, Anna sitzt schon eine halbe Stunde auf der Terrasse, kommt der Kleine, lugt vorsichtig um das Stuhlbein, traut sich ganz nah heran und zuckt zurück, als Anna ihre Hand ausstreckt, um ihn zu streicheln. Er verschwindet in den weitläufigen Räumen des Bungalows und wagt sich erst nach einiger Zeit wieder heran. Er duldet es nun, dass Anna ihm über den Rücken streicht, entwindet sich aber ihren Händen, als sie ihn hochheben will. Anna hat sich entschieden. Der Welpe, der sie als Erster furchtlos und neugierig begrüßt hat, soll es sein. Sie braucht einen Hund, der mutig und unbefangen ist und voll Zutrauen in sich selbst und in die Welt um ihn herum. Die Züchterin ist da anderer Meinung, ein zurückhaltender, ruhiger Hund sei doch besser für sie. Anna klärt auf: »Der Hund darf nicht zu schüchtern sein. Er soll beim Führen vorangehen, die Umgebung erkunden und sich nicht ängstlich hinter mir verstecken.« Frau Schmidt bleibt skeptisch, auch scheint sie nicht sicher, ob sie Anna überhaupt einen Hund anvertrauen soll. Wird Anna dem Hund genügend Auslauf bieten können? Anna beschreibt ihre Möglichkeiten, den Stadtwald ganz in ihrer Nähe und wiederholt ihre Präferenz für den kleinen, vorwitzigen Rüden mit Namen Oslo. »Was für ein Name«, denkt sie, »so werde ich meinen Hund ganz bestimmt nicht rufen!« Frau Schmidt braucht Bedenkzeit.

14 Tage später teilt Frau Schmidt mit, dass Anna einen der Welpen bekommen wird, aber nicht Baby Oslo. Der von Anna ausgewählte Welpe heißt Orkan. Bei Annas Besuch habe sie die Namen verwechselt. Anna wusste nicht, was sie davon halten sollte, behielt aber ihre Zweifel für sich – jetzt mochte sie mit niemandem streiten und schon gar nicht die Zusage der Züchterin aufs Spiel setzen. Zwei Monate blieb der Welpe noch bei der Züchterin, so lange, bis Anna sich von Twinkle verabschiedet hatte.

Die Züchterin brachte den Welpen vorbei, begleitet von ihrem Sohn, einem dicklichen Jüngling, und einem weißen, langmähnigen Großpudel, der dem Welpen auf der langen Fahrt Gesellschaft geleistet hatte. Der Welpe hockte verloren auf dem bunten Kelimteppich in Annas Diele und zuckte zurück, als Anna sich ihm vorsichtig näherte. Anna dachte an ihre erste Begegnung und sah ihre Zweifel bestätigt, umso mehr, als sie erfuhr, dass 14 Tage nach ihrem Besuch der andere Welpe seine neue Familie gefunden hatte. Anna war sich sicher, dass auch diese Bewerber sich für den vorwitzigeren der beiden Welpen entschieden hatten. Nun hatte sie den Hund bekommen, der als einziger übriggeblieben war und den niemand haben wollte.

Frau Schmidt überließ Anna ein Sortiment Trockenfutter und einen zu großen Hundekorb und machte sich zusammen mit ihrem dicklichen Sohn und dem weißmähnigen Großpudel auf den Rückweg. Anna war nun mit ihrem neuen Hund allein. Sie bemerkte den nassen Fleck auf der frisch gewaschenen Hundedecke im Wohnzimmer. Der arme Hund! Anna nahm die Leine, näherte sich vorsichtig dem Kleinen, der sich in die Ecke zwischen Standuhr und Wand drückte. »Na, du würdest dich am liebsten im Uhrenkasten verstecken, wie die sieben Geißlein …« Der Hund ließ es geschehen, dass sie die Leine am Halsband befestigte. Langsam und bedächtig stapften sie die drei Treppen hinunter und traten auf die Straße. Anna führte den Kleinen zu den von anderen Hunden viel genutzten Sträuchern am Straßenrand, auf ein kleines, ungepflegtes Rasenstück, machte einmal die Runde um den Häuserblock und kam nur sehr, sehr langsam voran. Der Kleine stoppte nach wenigen Schritten ab, ließ sich auf sein Hinterteil fallen, saß aufrecht und unbeweglich wie eine Porzellanfigur, schaute, beobachtete das Geschehen um sich herum und horchte auf jedes Geräusch, prägte sich alles ein und war erst zum Weitergehen bereit, wenn er alles gescannt und auf unbekannte Gefahren überprüft hatte. Nach einer halben Stunde kehrte Anna unverrichteter Dinge nach Hause zurück. Der Kleine hatte sich seine neue Umgebung eingeprägt, war aber nicht bereit, seine Spuren am Straßenrand oder auf dem Rasen zu hinterlassen. Bei der Züchterin hatte er vermutlich nie das Gelände verlassen und sich in fremder Umgebung nicht erleichtern können. »Was machen wir denn jetzt, kleiner Ole?« Anna gefiel dieser Name, mit dem Vokal am Anfang, nur drei Buchstaben und trotzdem zweisilbig, das ließ sich gut rufen. Da fiel ihr das kleine Rasenstück ein, das geschützt zwischen den Häusern lag, weit weg von der Straße und ihrem Lärm. Dort hinter dem Wohnhaus hätte ursprünglich ein Sandkasten für die nicht vorhandenen Kinder des Hauses eingerichtet werden sollen. Sie führte Ole um das Haus herum und sobald sie Ole auf die Wiese stellte, flutete er den Rasen und hockte sich nieder. Anna nahm ein Tempotuch und entfernte Oles Hinterlassenschaft soweit wie möglich. Dieses eine Mal konnte sie das so halten. Aber es würde den Nachbarn nicht gefallen, wenn sie unter deren Schlafzimmerfenster ein Hundeklo installierte.

12

LERNEN, LERNEN, LERNEN ...

Am nächsten Morgen wachte Anna mit der Sonne auf, der Gedanke an den Neuankömmling hatte sie vor der Zeit geweckt. Ole lag ruhig in seinem Körbchen, schaute sie an, den schmalen Kopf auf den Rand des Körbchens gelegt, ließ eine Pfote locker aus dem Einstiegsloch hängen und bewegte sachte die Schwanzspitze hin und her. Anna war gerührt. »Na, du schwarzes Hundekind, wir werden schon noch warm werden miteinander.« Anna rüstete sich aus für einen langen Gang durch den Wald, mit fünf Meter langer Schleppleine, Futterbeuteln und einem kleinen Ball. Sie nahm den weißen Langstock vom Mantelstock und hielt ihn Ole zur Begutachtung hin. Ole schnupperte an der weißen Kugel, wandte dann den Kopf desinteressiert ab und schaute Anna fragend an. Anna rollte den Stock mit der dicken weißen Kugel auf dem Parkettboden hin und her und erwartete, dass Ole mit der rollenden Kugel würde spielen wollen. Aber Ole zeigte keinerlei Interesse für das runde Ding, ob es sich nun bewegte oder nicht. Auf dem Bürgersteig hielt sich Ole dicht an Annas linker Seite, rechts sorgte der hin- und herpendelnde Langstock für Sicherheit. Wie am gestrigen Abend kamen sie nur im Stopp-and-go-Verfahren voran. Der Kleine nahm sich Zeit, schaute und staunte und setzte sich aufrecht hin, wenn sich Verdächtiges und Ungewohntes vor seinen Augen ereignete, wenn laut schreiende und heftig gestikulierende

Kinder seinen Weg kreuzten, wenn der stinkende und kreischende Müllwagen neben ihm anhielt, die Müllmänner mit ihren grellbunten Warnwesten heraussprangen und die Mülleimer über den Bürgersteig rollten, wenn ein Radfahrer von hinten an ihm auf dem Bürgersteig vorbeizischte. Ole rührte sich nicht, wartete ab und ließ sich durch Annas Zupfen an der Leine nicht beirren, harrte aus, bis die Gefahr vorüber war. Nach einer gefühlten Ewigkeit hatten sie den Wald erreicht. Anna klappte den Langstock zusammen, verstaute ihn in der Umhängetasche, tauschte die kurze Leine gegen die Schleppleine aus und dann erkundeten sie den Wald. Ole schnüffelte aufgeregt, steckte seine Nase tief ins Gebüsch und schien Furcht und Angst vergessen zu haben. Auf dem breiten Hauptweg kamen ihnen Baldo und Fly, zwei junge und verspielte Labradorrüden, schwanzwedelnd, gut gelaunt und offensichtlich in freundlicher Absicht entgegengelaufen. Ole wich furchtsam zurück, drängte sich zitternd an Annas Knie. Werner und Erika riefen ihre Hunde zurück und ließen sie absitzen. »Oh, dein neuer Hund? Der ist aber ängstlich!«, rief Erika, die immer genau das ausspricht, was sie denkt. Auch Werner, Baldos ergrautes Herrchen und erfahrener Hundehalter, schüttelte bedenklich den Kopf.

Anna verteidigte ihren Hund: »Der war bisher nur beim Züchter und hat dort nur Pudel kennengelernt. Das wird schon!« Baldo, der gemütliche und bedächtige, durfte aufstehen und Ole begutachten. Der ließ das zu, stocksteif stehend, mit hängendem Schwanz und Kopf.

»Werner, kannst du eure Hunde von Ole ablenken, damit der sich beruhigen kann?«, bat Anna. Werner warf mit geübtem Schwung den gelb-schwarz gestreiften Gummiring, der aufrecht mindestens 50 Meter weit über den Weg rollte, bevor er sich zur Seite neigte und in die wild wuchernden Brennnesseln am Wegrand kippte. Anna hatte sich an einem solchen Wurf immer wieder versucht, aber jedes Mal torkelte der Ring nur wenige Meter weit. Fly schoss davon, schnappte sich den Ring und hielt ihn Baldo, der ihm das Laufen und das Apportieren überlassen hatte, direkt vor die Nase. Ein Spielangebot, das Baldo sofort annahm. Beide Hunde zerrten schwanzwedelnd, zähnefletschend und knurrend an dem Ring. Tauziehen auf labrodorisch. Ole schaute mit großen Augen zu, hielt sich dicht bei Anna, saß aufrecht und bewegte sich nicht. Irgendwann konnte Anna ihn doch zum Weitergehen überreden. Wenig später begegneten sie der zweijährigen, schüchternen Ridgeback-Hündin Kuba, die auf ihren täglichen Spaziergängen unermüdlich dem von ihrem ebenso unermüdlichen Frauchen geworfenen Ball nachrannte. Twinkle hatte ihr oft und gern den Ball geklaut und ihn erst herausgerückt, wenn er ihn gegen seinen Futterbeutel eintauschen konnte. »Na, ist das der Neue?«, fragte Renate.

»Ist der auch so ballverrückt wie Twinkle?«

»Ich glaube nicht, aber wir sollten es einfach mal versuchen.« Renate warf den Ball, der dicht an Ole vorbeirollte. Kuba verfolgte den Ball, stöberte ihn im Gebüsch auf und brachte ihn mit stolz erhobenem Kopf zurück. Ole stand und staunte. »Na, dein Hund tut so, als würde er zum ersten Mal in seinem Leben einem rollenden Ball begegnen«, lachte Renate und Anna fragte sich besorgt, wie sie diesem Hund das Apportieren beibringen sollte. Die Methode, mit der Twinkle gelernt hatte, Hindernisse zu umgehen und Ziele wie Briefkasten und Bank anzuzeigen, basierte auf dem Apportieren und Aufsuchen eines Futterbeutels. Wenn Ole noch nicht einmal einem Ball hinterherlief, wie sollte sie ihm dann das Apportieren beibringen? Ole hatte bei der Züchterin nicht viel kennengelernt und kannte auch kein »Sitz«, kein »Platz«, kein »Hier«, nichts kannte er. Nur das Wort »Nein«, das kannte und fürchtete er wie der Teufel das Weihwasser. Annas klares und deutlich ausgesprochenes »Nein« hatte ihn zusammenzucken und einen großen Satz rückwärts springen lassen, als Anna ihn daran hindern wollte, sich an frisch duftenden Pferdeäpfeln gütlich zu tun. »Was hat man mit dir gemacht, dass du so einen

Respekt vor diesem Wort hast, kleiner Ole? Na ja, wie auch immer, ich werde mit diesem Zauberwort sparsam umgehen.«

13

GESPRÄCH IN DER GUTEN STUBE

Die Morgensonne schickte ihre Strahlen schräg durch die hohen Erkerfenster in den Speiseraum der Jugendstilvilla und ließ die Scheiben der reich verzierten Vitrine aufleuchten. Die Strahlen bündelten sich in dem Kristallleuchter über dem großen, quadratischen Tisch in der Mitte des Raums und brachten mit ihren vielfarbig sprühenden Funken die verschlafenen Tagungsteilnehmer zum Blinzeln. Am Frühstückstisch saßen nur noch die Gäste aus Nordrhein-Westfalen und Niedersachsen, die Gruppe aus Süddeutschland war sehr frühzeitig aufgebrochen, ihre Teller und Tassen waren schon weggeräumt. Die Übriggebliebenen genossen das Frühstück, die Ruhe und das Gefühl der Entspannung nach zwei Tagen konzentrierten Austauschs und Diskussionen. »Du solltest die Quittenmarmelade probieren, die ist hausgemacht und ausgesprochen lecker.«

»Stammt der Honig auch von hier?«

»Nein, ein eigenes Bienenvolk gibt es nicht hier im Storchennest, obwohl der Garten sicherlich reichlich Nahrung bietet.« Nach etlichen Tassen Kaffee und Tee klärten sich die Gedanken, die Köpfe wurden frei und die Gespräche kehrten zu den Themen der vergangenen Tage zurück. Das Thema der Fachtagung »Ambulant Betreutes Wohnen« nahm sie wieder gefangen, die unterschiedlichen Ausprägungen der Hör- und Sehbehinderung und die daraus resultierenden Bedürfnisse.

Anna wollte eine Geschichte als Beispiel für den sehr unterschiedlichen Umgang mit Blinden und Sehbehinderten zum Besten geben: »An einer Haltestelle steht gerade eine Straßenbahn abfahrbereit. Ein Sehbehinderter fragt eine neben ihm wartende Person: ›Welche Linie ist das? Wohin fährt die Bahn?‹ Die Antwort: ›Setz dir eine Brille auf, da vorne steht es!‹ Oder: ›Kannst du nicht lesen?‹ Die sehbehinderte Person fragt einen anderen Mitreisenden, der aber nicht zu hören scheint. Keine Reaktion. Als der Sehbehinderte sich entschließt, den Fahrer der Bahn zu befragen, schließen sich die Türen und die Bahn fährt ab. Die gleiche Situation an der Haltestelle: Ein Mensch, mit weißem Langstock als Blinder kenntlich gemacht, wendet sich an einen Passanten ...« Anna stockt. In ihre Gedanken hat sich die Erinnerung an den gestrigen Abend gedrängt, sie weiß nicht mehr weiter. Wie war das noch? Das Ende der Geschichte ist weg. Der Kopf ist leer. Anna versucht ein Lächeln und tut entspannt: »Na, jetzt ist mir doch die Pointe weggerutscht.« Erstaunte Blicke, Anna windet sich innerlich, sie glaubt, die Gedanken der anderen am Tisch zu hören: »Was ist mit Anna bloß los? Gestern Abend war sie auch schon so komisch, so abwesend, hat mit geschlossenen Augen dagesessen, hat nichts mitbekommen von unserem Gespräch.«

Der Gedanke an den gestrigen Abend ließ Anna vor Scham in sich zusammensinken. Sie hatte sich vertrödelt, den abendlichen Hundespaziergang ausgedehnt, in ihrem Zimmer unter dem Dach die verstreut herumliegenden Kleinigkeiten eingesammelt und in den Koffer gepackt, war endlich die Wendeltreppe heruntergestolpert und hatte sich in dem mit Sofa und Sesseln ausgestatteten Erker auf der halben Treppe eingefunden. Dieser Platz, im Haus die »Gute Stube« genannt, gab den Blick frei in das holzvertäfelte Treppenhaus, auf die leicht geschwungene Treppe mit ihrem handschmeichelnden Geländer hinab bis zur Eingangshalle. In der »Guten Stube« saßen sie schon alle, zusammengedrängt auf dem breiten Sofa, hatten Platz gefunden auf zusätzlich herbeigeschafften Stühlen.

Ein Sessel am linken Rand war für Anna noch freigehalten. Kurz überlegte sie, ob sie darum bitten sollte, mehr mittig sitzen zu dürfen. Sie hätte das erklären müssen, ihre Hörprobleme benennen und begründen, warum sie keine Hörgeräte nutzte. Wieder einmal würde sie Erklärungen geben müssen. Früher hatte sich der Fokus auf ihr Sehen oder Nichtsehen gerichtet: »Kannst du das Schild da sehen? Was siehst du jetzt?« Und nun war es wieder so weit! Jetzt würde es heißen: »Kannst du mich hören? Hast du mich verstanden?« Wie sie diese Fragen und die Erklärungen satthatte, wie sie das hasste! Nein, zu alledem hatte sie jetzt keine Lust. Außerdem wollte sie das mit hoher Konzentration geführte Gespräch nicht unterbrechen. Sie setzte sich, ohne viel Aufhebens zu machen, auf den freien Sessel am Rand und hoffte, unbemerkt zu bleiben.

Das Gespräch wurde sehr leise, fast flüsternd geführt. Anna hätte gern darum gebeten, ein wenig lauter zu sprechen. Aber es war schon spät und man wollte die betagte Gastgeberin, die auf der gleichen Etage wohnte und vielleicht schon schlief, nicht stören. Anna konnte nur einzelne Satzfetzen auffangen und nur Vermutungen über den Inhalt des Gesprächs anstellen. Es war das erste Mal, dass sich die Mitarbeiter aus der süddeutschen Einrichtung zu einem Informationsaustausch bereitgefunden hatten. Bisher waren sie für sich geblieben und es war nicht klar gewesen, was genau in der Einrichtung vor sich ging. Anna hatte diese Geheimniskrämerei nicht verstehen können, ihr schien es wichtiger, voneinander zu profitieren, als miteinander zu konkurrieren. Anna hätte gern gewusst, was die junge und von der Gastgeberin sehr geschätzte Professorin zu sagen hatte. Aber da war nichts zu machen! Anna schloss die Augen und versuchte, sich ganz auf das Hören zu konzentrieren. Es gelang ihr nicht, mehr als nur einzelne Worte herauszupicken; einen Zusammenhang konnte sie nicht herstellen. Sie blieb außen vor. Sie konnte nicht einmal herausfiltern, wer gerade sprach. Die meisten Stimmen waren ihr ohnehin fremd und alles wurde so leise gesprochen, dass sie auch die bekannten Stimmen nicht definieren konnte. Sie fühlte sich hilflos und ausgegrenzt, bemerkte erst, dass Vinzenz ihr eine Frage gestellt hatte, als er sie zum zweiten Mal laut mit Namen ansprach. »Anna, was meinst du dazu?« Sie musste ihn bitten, seine Frage zu wiederholen. Einige Male versuchte er so, sie in das Gespräch einzubeziehen, während die anderen das offensichtlich aufgegeben hatten. Sie war wohl nicht gut zurecht, saß mit geschlossenen Augen da, wie abwesend und schien nicht ansprechbar. Niemand in der Runde bemerkte ihre Konzentration, ihre Anspannung. Niemand verstand, dass sie ein akustisches Problem hatte. Ihren angestrengten Versuch, den Gesprächen zu folgen, nahm niemand wahr.

Anna lag noch lange wach an diesem Abend und schwor sich, endlich einen Ohrenarzt aufzusuchen. Nicht von den Lippen ablesen können, das gesprochene Wort nur bruchstückhaft zu verstehen, sich auf die eigene Wahrnehmung nicht verlassen zu können – das war es, wovor sie sich immer gefürchtet hatte. Sie würde ihre Angst vor dem Arztbesuch überwinden müssen. Seitdem ihr, der 14-jährigen, ein Arzt kurz und knapp mitgeteilt hatte, dass sie an einer unheilbaren, progressiven Augenerkrankung litt, fürchtete sie, bei jedem Arztbesuch eine weitere desaströse Diagnose zu hören.

Als Anna nach dem Frühstück die Wendeltreppe zu ihrem Zimmer hinaufstieg, um ihr Gepäck und ihren Hund herunterzuholen, fiel ihr auch das Ende der Geschichte wieder ein: Der Passant, allzu hilfsbereit und aktiv, wartet die Frage des Blinden nicht ab, packt ihn an den Schultern, missachtet seine Proteste und schiebt ihn in die Bahn. Die Bahn fährt ab. Der blinde Passagier weiß nicht, wohin die Reise geht.

14

DIE WELT RÜCKT WIEDER NÄHER

Die Regionalbahn setzte Anna pünktlich am Hauptbahnhof Duisburg ab. »Wie gut, dass die Bahn ausnahmsweise keine Verspätung hat«, dachte Anna. »In zehn Minuten muss ich da sein. Ob ich das schaffe? Ich hätte doch den Weg vorher einmal ausprobieren sollen.« Anna, die ungern andere warten ließ, weil sie es selbst hasste zu warten, eilte die Treppen von Gleis 3 hinunter, überlegte kurz, ob sie sich nach rechts oder links wenden sollte, und folgte dann dem Strom der Passanten, in der Hoffnung, dass er sie zum Vorderausgang bringen würde. Richtig gedacht, Anna überquerte den Bahnhofsvorplatz bis zur nächsten Fußgängerampel, deren schriller Signalton den Verkehrslärm mühelos übertönte. »Na, das ist doch mal endlich ein richtig gutes Signal! Nicht zu überhören!« Die neuen Ampelanlagen mit ihren rücksichtsvoll leise piependen Signalen zwangen Anna, die Vibrationen des Pfeils unter dem Ampelkasten zu erspüren, um sicherzugehen, dass sie die Straße bei Grün überquerte. Nun weiter geradeaus! Vorbei an der Bushaltestelle, über zwei Querstraßen hinweg, an dem blauen Deko-Fahrrad mitten auf dem Bürgersteig vorbei, so erreichte Anna das Geschäft des Hörgeräteakustikers, den Felicitas ihr empfohlen hatte. Anna hatte ihr gebeichtet, dass sie viele Gespräche gar nicht mehr mitbekam und sich ernsthaft Sorgen machte, wie das weitergehen sollte. Monika, Felicitas' Tochter, arbeitete dort und Anna würde hier bestens beraten werden.

Vor einem Jahr war das gewesen. Nun aber, nach dem frustrierenden Erlebnis in der »Guten Stube« hatte Anna sich endlich einen Ruck gegeben, hatte sich eine Verordnung in der Gemeinschaftspraxis an der großen Kreuzung besorgt, deren größter und einziger Vorteil die gute Erreichbarkeit war. Das Arzt-Patienten-Verhältnis war eindeutig getrübt durch die Erinnerung an einen Freitagnachmittag, an dem Anna die Praxis mit einer schmerzhaften Mittelohrentzündung aufgesucht hatte und sich das lange und ausführliche Telefonat anhören musste, in dem die Ärztin sich ungeniert mit Bekannten über das Menü des Abends austauschte, während Anna ihr mit schmerzenden Ohren im Patientensessel gegenübersaß.

In der offenen Tür des Geschäfts, dessen Fenster mit stilisierten Ohren und Hörgeräten bemalt waren, stand Monika, eine schlanke, blonde und junge Frau mit endlos langen Beinen. Sie hatte Anna schon erwartet. Mit ihrer Mutter Felicitas, die um 20 Zentimeter kleiner, zierlich und quirlig war, hatte Monika mit ihren raumgreifenden Schritten und langsamen Bewegungen so wenig Ähnlichkeit, dass Anna lächeln musste. Monika führte Anna in den Raum, der für die Hörgeräteanpassung vorgesehen war, sagte ihrer Kollegin Bescheid, dass sie nicht gestört werden möchte, und verschloss die Tür.

Anna war aufgeregt und voller Sorge, bezweifelte insgeheim noch immer, dass ihr die Hörgeräte tatsächlich würden helfen können. Warum sollte es ihr, der alten Frau, jetzt besser ergehen als der 14-Jährigen, die mit dem Auftrag, sich eine Brille verpassen zu lassen, zum Augenarzt geschickt worden war? Die junge Anna, ihre beiden Geschwister und ihre Mutter hatten am Frühstückstisch gesessen und dem morgendlichen Zeremoniell der Sommerferien gefrönt, jeder eine Seite der »Bergischen Morgenpost« vor sich ausgebreitet. Heftig umkämpft zwischen Anna und ihrer Schwester war der Fortsetzungsroman – eine aufregende, aber den Moralvorstellungen der 50er-Jahre durchaus entsprechende Liebesgeschichte. Endlich hatte Anna ihrer Schwester die Fortsetzung des Tages entreißen können und war abgetaucht in eine andere, schönere Welt. Da riss ein Ausruf ihres Bruders sie aus ihrer Versunkenheit: »Die Anna braucht eine Brille.« Und da sahen auch die Mutter und die ältere Schwester, was sie längst hätten sehen können und was Anna lange zu verheimlichen versucht hatte. Anna hielt die Zeitung so nah vor die Augen, dass ihre Nasenspitze von der Druckerschwärze eingefärbt wurde. Vor dem Moment der Entdeckung hatte Anna sich seit Langem gefürchtet, wollte sie doch nicht wie ihre Geschwister eine Brille tragen. »Nein, so ein unmögliches Ding auf der Nase!« Anna fand sich hässlich genug, auch ohne Brille! Jetzt fühlte sie jedoch so etwas wie Erleichterung. Nun würde sie die Leute auf der Straße erkennen und grüßen können, wie es sich für die Tochter vom »Fleigen Fritz« gehörte, und sie würde in der Schule das lesen können, was die Lehrer an die Tafel schrieben. Der junge Augenarzt, der eben erst seine Praxis in der Kleinstadt eröffnet hatte, setzte Anna das Probiergestell auf, hängte nach und nach die unterschiedlichen Korrekturgläser ein und forderte sie auf, die Zahlen auf der Sehprüfungstafel vorzulesen. Anna kam – gleichgültig mit wie viel Dioptrien er es versuchte – immer nur bis zur zweiten Reihe. Der Arzt untersuchte den Augenhintergrund, fand nichts, zuckte die Achseln und entließ sie mit der gewünschten Verordnung.

Und die junge Anna bemühte sich redlich, mit dem neuen, ungeliebten Hilfsmittel zurechtzukommen. Tatsächlich – die Konturen schärften sich, die Farben schienen leuchtender. Aber – so sehr sie sich auch mühte, sie konnte die Passanten auf der anderen Straßenseite nicht erkennen, die Tafelanschriften nicht entziffern. Sie versuchte es mit der Brille der großen Schwester. Nichts zu machen! Das Ergebnis blieb unbefriedigend. Und Anna kam sich sehr dumm und sehr ungeschickt vor. Das Schlimmste aber: Sie konnte mit der neuen Brille nicht lesen. Durch die Korrekturgläser erschien die Schrift kleiner und das Entziffern der Druckbuchstaben wurde so anstrengend, dass Anna die Brille entnervt weglegte. Sofort hieß es: »Anna, setz deine Brille auf!«, und Anna verschwand mit ihrem Lesestoff auf dem Dachboden, wo sie ungesehen und ungestört schmökern konnte. Drei Monate lang ging das so, bis Anna zum zweiten Mal zum Augenarzt geschickt wurde. Inzwischen hatte ein Arzt, der zuvor in der Universitätsklinik zu Leipzig gearbeitet und vor Kurzem »rübergemacht« hatte, die Praxis übernommen. Der Arzt versuchte es mit den verschiedensten Korrekturgläsern und als er damit nicht weiterkam, untersuchte er den Augenhintergrund. »Das ist aber interessant, so etwas habe ich noch nicht oft gesehen. Da ist ein großes Zentralskotom auf der Netzhaut.« Und er erklärte der jungen Anna, dass sie eine progressive und nicht heilbare Erkrankung der Netzhaut habe, eine Brille würde da nichts nützen. Und sie sollte ihren Eltern sagen, dass sie sich bei Professor Custodis an der Augenklinik in Düsseldorf eine Bestätigung seiner Diagnose holen sollten. Er entließ Anna mit der Bitte, doch recht bald wiederzukommen. »So einen interessanten Fall habe ich selten.«

Monika überprüfte Annas Hörvermögen erneut und diese war angenehm überrascht von ihrer Professionalität. Der Untersuchungsraum war von der Außenwelt komplett abgeschottet, ließ den Verkehrslärm der stark befahrenen Straße nicht eindringen, anders als in der schalldichten Kabine der Arztpraxis, wo die Motorengeräusche der vorüberfahrenden Laster die tiefen Töne, die Anna hätte hören sollen, vollkommen überlagert hatten. Anna wählte das unauffälligste Modell aus, das hinter der Ohrmuschel verborgen blieb. Es erinnerte Anna in Form und Größe an eine Feuerbohne. Bilder aus ihrem früheren Leben tauchten auf: die Feuerbohne, ein von ihr und den Schülern wegen der hohen Erfolgsquote gleichermaßen geschätztes Versuchsobjekt, die Einmachgläser auf den Fensterbänken des Klassenzimmers mit den bereitwillig keimenden Feuerbohnen in unterschiedlichen Wachstumsstadien.

Nun galt es die Hörgeräte an Annas Hörvermögen anzupassen. Monika setzte das ausgesuchte Modell auf Annas

Ohr, führte das Mikro an dem feinen, fadendünnen Schlauch in die Tiefen des Ohres ein und verkabelte Anna. Monika tippte die Infos in den Computer ein: »Können Sie mich jetzt gut hören?« Anna zuckte erschrocken, konnte sich nur mit Mühe daran hindern, die Hörgeräte samt Kabel aus den Ohren zu reißen. Monika klang wie eine Figur aus einem Horrorfilm, oder so, wie Anna sich das vorstellte, denn sie schaute sich solche Filme nie an. Die Stimme mit ihrem harten, metallischen Klang wurde durch einen starken Hall noch weiter verfremdet. Monika hatte ihr Entsetzen bemerkt, änderte rasch einige Einstellungen und fragte wieder: »Wie hören Sie mich jetzt?« Monikas Stimme klang immer noch metallisch hart, nicht so weich und melodisch, wie Anna sie vorher wahrgenommen hatte. Monika erklärte ihr, dass sie zum besseren Sprachverständnis die hohen Töne verstärkt hatte. Anna würde sich an das neue Hören gewöhnen müssen. Mit dem festen Vorsatz, sich den Herausforderungen der Technik zu stellen, fuhr Anna nach Hause. Doch schon auf der Heimfahrt wurde dieser Vorsatz einer starken Belastungsprobe ausgesetzt. In der Regionalbahn hörte sie auf dem rechten Ohr ein ständiges Zischen und Rauschen. Anna maulte: »Bisher hatte ich das Glück, von einem Tinnitus verschont zu sein. Ein Ohrgeräusch, vom Hörgerät produziert, das fehlt mir gerade noch!« Sie wünschte sich ein Hilfsmittel, dessen Existenz sie vergessen konnte, vergessen, dass sie einen Fremdkörper bei sich trug.

Zwei Monate lang fuhr Anna wöchentlich mindestens einmal nach Duisburg, um das richtige Hörgerät und die richtigen Einstellungen zu finden. Immer wieder war sie nahe daran aufzugeben, ihre Hördefizite hinzunehmen und sich weiterhin ohne Hörgeräte durchs Leben zu mogeln. Das Rauschen im rechten Ohr ließ sich durch immer wieder andere Einstellungen nicht abstellen, bis Monika das Modell einer anderen Firma ausprobierte. Endlich blieb es still in Annas Ohr.

Und Anna hörte sich ein, entdeckte ihre Welt neu und bemerkte mit Erstaunen, was ihr alles entgangen war. Seit Jahren hatte die Küchenuhr, deren extravagantes Zifferblatt sie schon lange nicht mehr erkennen konnte, die aber als dekoratives Urlaubsandenken weiterhin die Wand schmückte, keine für Anna hörbaren Geräusche mehr von sich gegeben. Nun stellte Anna fest: Sie tickt ja doch! Auf dem Waldweg machte der leise, kurze Klingelton des Radfahrers sie auf die Gefahr aufmerksam und sie konnte sich mit einem Sprung zur Seite retten. Das Rufen und die Frage des entgegenkommenden Hundehalters – »Haben Sie einen Rüden oder eine Hündin bei sich?« – konnte Anna nun beantworten und so eine Kollision zweier Hunde vermeiden, von denen einer nicht rüdenkompatibel war.

Es gab natürlich auch Geräusche, die Anna eher störten als erfreuten. Da war das Klappern ihrer Computertastatur, einer Sonderanfertigung mit durch Nägelchen gekennzeichneten Großtasten, ein Geräusch, das Anna äußerst gewöhnungsbedürftig fand. Aber da Anna seit Langem gelernt hatte, die Dinge, die sie nicht hören oder sehen wollte, einfach nicht zur Kenntnis zu nehmen, fiel es ihr leicht, dieses neue Geräusch zu ignorieren. Anders verhielt es sich mit dem Brummen der Automotoren, das sie laut und aufdringlich auf ihren Waldspaziergängen begleitete und ihr die Freude an der Natur raubte. Ohne Hörgeräte war das Rauschen des ununterbrochen fließenden Verkehrs kaum in ihr Bewusstsein gedrungen. Nun war es quälend laut. Wieder einmal musste Monika die Einstellungen verändern. Grundsätzlich bot die digitale Technik die Möglichkeit, Störgeräusche zu minimieren oder ganz zu unterdrücken. Aber Anna konnte eine Straße nur dann einigermaßen sicher überqueren, wenn sie die Fahrzeuge hörte, die sie nicht sehen konnte. Eine schwierige Gratwanderung.

Auch wenn es manchmal sehr laut in ihre Ohren schallte, wünschte sie sich die Stille nicht wieder zurück. Nicht eine Welt, in der die Geräusche, kaum unterscheidbar, wie aus weiter Ferne kamen, nein, sie hatte lieber eine Welt, die ihr laut und aufdringlich auf den Pelz rückte, sie zwang, sich mit ihr zu befassen, ihr nicht gestattete, sich zurückzuziehen.

Und an einem blauen, glitzernden Frühsommermorgen, der von neuem Leben nur so platzte, wurde sie umfangen vom Rufen, Zwitschern und Singen der Vögel. Was für ein Glück, mittendrin zu sein! Anna fühlte sich lebendig wie schon lange nicht mehr. »Himmel, ich wusste ja gar nicht, dass ihr so laut sein könnt!«, lachte sie und mochte es, dass die Welt ihr so aufdringlich nahe gerückt war.

15

MIRIAM

Anna setzte ihre prall gefüllte Tasche auf den im Eingangsbereich des Gemeinschaftsraums aufgestellten Tisch und maß mit zwei Schritten den Abstand zu den auf dem Boden ausgebreiteten Gymnastikmatten. »Nicht genug Platz für Miriams Rollstuhl.« Anna rückte die schweren Holzstühle ab, zerrte den Tisch rechts an die Wand, schob die Stühle zurück und schleifte die Matten an die gegenüberliegende Seite. Nun konnte sich Miriam von ihrem Rollstuhl aus auf die Matte gleiten lassen. Anna richtete sich leise ächzend auf, dehnte und lockerte ihre gequälte Rückenmuskulatur und redete sich gut zu. »Hoffentlich wird es mit der Verständigung heute endlich klappen.«

Anna schüttelte sich, wollte sich nicht von ihrer Versagensangst und schon gar nicht von der Tristesse des Raums erdrücken lassen. Durch die in einem Halbrund geschwungene Fensterfront drang das unablässige Rauschen der auf der nahen Autobahn vorüberziehenden Fahrzeuge. Der Raum, ein Ort der Begegnung für Patienten, Angehörige und Besucher, erinnerte Anna in seinen Dimensionen und seiner Ausstattung an einen Bahnhofswartesaal dritter Klasse. Dieser Raum, der von drei Seiten durch breite Fensterfronten einzusehen war, der immer wieder von Mitarbeitern und Besuchern durchquert wurde, der keinerlei Privatheit zuließ, war das einzige Zugeständnis, das Anna der grau und streng gescheitelten Pflegedienstleiterin,

Frau Nietzsche, hatte abringen können. Bei ihrem ersten Besuch in der Einrichtung für mehrfach behinderte Menschen hatte Frau Nietzsche Sybille und Anna als unerwünschte Eindringlinge mit scharfer Stimme des Ortes verwiesen. »Ohne die schriftliche Einwilligung der rechtlichen Betreuerin dürfen Sie keinerlei Kontakt mit Miriam aufnehmen. Das werde ich nicht zulassen. Nein, eine telefonische Terminabsprache reicht mir nicht.« Anna hatte vorgeschlagen, Frau Nietzsche möge sich durch einen Anruf bei Miriams Mutter, der rechtlichen Betreuerin, rückversichern. Nichts zu machen! Sybille und Anna hatten sich unverrichteter Dinge, frustriert und entnervt auf den zweistündigen Rückweg gemacht.

»Hallo, Anna, kannst du einer taubblinden Frau das Lormen und die Punktschrift zeigen?«, hatte vor Monaten Eva, die quirlige und umtriebige Leiterin der Selbsthilfegruppe, gefragt. »Für mich ist das viel zu weit weg, die taubblinde Frau lebt in einer Einrichtung ganz am östlichen Rand des Ruhrgebiets.« Anna hatte lange gezögert. Sie wollte ihre Aktivitäten reduzieren und sich allmählich ganz zurückziehen. Und außerdem – diese Aufgabe schien es in sich zu haben!

Sybille schob Miriams Rollstuhl in den Raum. Ole setzte sich auf, fegte mit erwartungsvollem Schwung seines Schwanzwedels den Boden und wartete in gespannter, aufrechter Haltung auf seinen Einsatz. »Na, dann sag mal ›Guten Tag‹«, kam von Anna das erlösende Freizeichen. Ole sprang auf, war mit einem eleganten Satz bei Miriams Rollstuhl, warf seine langen, schlanken Pfoten auf ihre Knie, reckte sich und versuchte, Miriam einen Begrüßungskuss zu verpassen. Ein Besucher, ein zufälliger Beobachter dieser Szene, sprang erschrocken hinzu. Anna hielt seinen Arm zurück und sagte leise: »Schauen Sie doch nur! Die beiden kennen sich, da passiert nichts, nichts Schlimmes jedenfalls!« Miriam hatte die Schultern des Hundes zu fassen bekommen und ihn vorsichtig auf ihre Knie heruntergedrückt. Ole legte seine Schnauze auf ihren Unterarm, ließ es genüsslich zu, dass Miriam seine empfindlichen

Ohren knuddelte. Miriam beugte sich vor und legte ihre Wange auf Oles Kopf, streifte dabei mit der Blende ihres Schutzhelms seine Schnauze und Ole zog sich zurück. Anna berührte leicht Miriams Unterarm, nahm ihre Hand und drückte sie zur Begrüßung. Miriam hob den Kopf, lächelte und brachte mühsam ein kaum verständliches »Guten Tag« hervor. Sybille schob den Rollstuhl dicht an die Gymnastikmatten, half Miriam dabei, sich mittig auf eine der Matten zu platzieren. »Das Keilkissen konnte ich nicht finden«, rief Anna ihr zu. »Siehst du es irgendwo?«

Sybille schaute sich um: »Ach ja, es liegt hinter dem Schrank!« Sie schob das Kissen hinter Miriams Rücken. Miriam nahm den Schutzhelm ab, den sie nun, auf dem Boden sitzend, nicht brauchte. Nach einer Tumoroperation, drei Monate vor ihrem Abitur, hatte sie neben ihrem Sehvermögen und ihrem Gehör auch den Gleichgewichtssinn und damit die Kontrolle über ihren Körper verloren. Sie schlug hin, wann immer sie versuchte, aus ihrem Rollstuhl aufzustehen. Miriam schüttelte ihr schulterlanges, glattes Haar, streckte ihre Arme aus und Ole ließ sich nicht lange bitten und hopste schwanzwedelnd auf ihren Schoß. Sybille zuckte, wie jedes Mal, erschreckt zusammen und stieß einen ängstlichen Laut aus. Anna, die wusste, dass Ole sehr vorsichtig und respektvoll spielte, wenn er es mit den dünnhäutigen Menschen zu tun hatte, beschwichtigte: »Das geht schon in Ordnung. Ole ist sehr rücksichtsvoll und sanft und Miriam, das weißt du doch, hatte früher selbst einen großen Hund. Sie kennt sich aus.«

Die Stunden mit Ole waren neben Schwimmen und therapeutischem Reiten ein Highlight in Miriams reduziertem Leben. Von ihrer ersten Begegnung an hatte es ein wortloses, selbstverständliches Einverständnis zwischen beiden gegeben. Miriam genoss die lebendige Wärme des Hundekörpers, drückte den Kopf in das weiche Fell, strich zärtlich und sanft über seinen Rücken. Sybille legte ihre Hand auf Miriams Schulter, es war Zeit, mit der Arbeit zu beginnen. Miriam strich Ole über den

Kopf, öffnete ihre rechte Hand und zeigte mit der Handinnenfläche nach unten. Ole kannte das Sichtzeichen »down«, legte sich zögerlich hin, mit provozierender Langsamkeit, drückte sich mit seinem schmalen, muskelstraffen Körper fest an Miriams Seite und stützte so ihren hin- und herschwankenden Körper ab.

Die Pflegedienstleiterin, Frau Nitzsche, hatte Oles Existenz nur widerwillig akzeptiert, hatte ihm sehr schmallippig den Zutritt in ihr Haus gewährt. »Es kommt überhaupt nicht infrage, dass der Hund sich im Haus bewegt! Keinesfalls darf er die obere Etage mit den Zimmern der Bewohner betreten! Nein, auch Miriams Zimmer nicht. Das geht nicht! Die Hygienevorschriften sind zu beachten.« Mit ihrer Stimme aus geschliffenem Stahl drückte sie ihren Widerwillen unmissverständlich aus: »Ich werde darauf achten, dass sie mit ihrem Hund hier nur den Eingangsbereich des großen Saals betreten.«

Es nutzte Anna nichts, auf ein Gutachten des Hygieneinstituts der Charité Berlin hinzuweisen, in dem das Mitbringen von Blindenführhunden in ein Krankenhaus aus hygienischer Sicht für unbedenklich erklärt wird. Frau Nitzsche hatte da strengere Maßstäbe und Anna wollte nicht allzu sehr auf ihrem Recht bestehen. Frau Nitzsche würde nach anderen Gründen suchen, um ihr den Zutritt in ihre Einrichtung zu verwehren. Außenstehende waren Eindringlinge, unerwünschte, wohl möglich kritische Beobachter. Und so blieb ihnen nur dieser so wenig für ein entspanntes Arbeiten geeignete Raum.

Anna hatte inzwischen den Inhalt ihrer Tasche – einiges von dem, was ein gut sortierter Singlehaushalt zu bieten hat – auf dem Tisch ausgebreitet: Schälmesser, Teelicht, Schraubenzieher, Streichholzschachtel, Schere, Bleistift, Nagelbürste. Die Buchstabenkombinationen SCH, CH und ST, die im Lormalphabet durch eine einzige Bewegung dargestellt werden, standen heute auf dem Programm.

Annas Gedanken liefen zurück. Miriams Mutter hatte ihrem Zorn und ihrer Wut freien Lauf lassend auf Annas

Bericht über ihre erste Begegnung mit der Pflegedienstleiterin reagiert: »Meine Tochter ist doch nicht in der geschlossenen Abteilung einer psychiatrischen Anstalt eingesperrt! Sie kann Besuch bekommen, von wem immer sie will! Na ja, natürlich, nach fast zehn Jahren kommt niemand mehr von Miriams früheren Freunden. Außer meiner Mutter und meiner Ex-Schwiegermutter gibt es keine Besuche.« Die Mutter hatte mit Frau Nitzsche gesprochen und verlangt, dass Anna und Sybille jegliche Unterstützung des Hauses erhalten sollten, um die Kommunikationssituation ihrer Tochter zu verbessern.

Und so hatten sich Sybille und Anna eines Donnerstagnachmittags wieder auf den Weg gemacht. Verena, eine energiegeladene, strahlend junge, selbstbewusste Pflegekraft hatte Miriam in ihrem Rollstuhl nach unten in den großen Saal gerollt und die hauseigene Kommunikationstechnik vorgeführt. Mit einigem Erstaunen hatte Anna beobachtet, wie die lebensprühende Verena den Rollstuhl dicht an einen Tisch geschoben, Miriams schmale Hand gepackt, die Finger fest umschlossen, Miriams Hand als Schreibgerät nutzend, auf den Tisch in unsichtbarer Schreibschrift geschrieben hatte: »Dein Besuch ist da!«

Diese Methode, so erfuhr Anna, hatte ein Logopäde den Mitarbeitern der Einrichtung nach Miriams Überweisung gezeigt. Anna war schockiert, fand diese Kommunikationstechnik übergriffig, fast ein wenig gewalttätig. Miriam musste den energischen Bewegungen der fest zupackenden Hand auf dem Tisch folgen. Sie hatte gelernt, diese durch Bewegung entstandenen Schriftbilder zu verstehen. Und da sie wegen einer Lähmung der Kehlkopfmuskulatur nur mühsam und schwer verständlich artikulieren konnte, antwortete sie in der gleichen Weise mit schwungvollen Schriftzügen.

Sybille konnte den schnellen Bewegungen ihrer Hand nicht folgen und die unsichtbare Schrift auf dem Tisch nicht entziffern. Verena, die in dieser Technik geübter war, übernahm und las vor: »Wie heißen die Besucher?« Sybille und Anna nannten ihre Namen und die Pflegekraft fasste Miriams Hand und schrieb die Namen auf den Tisch.

Anna wusste, dass Miriam früher selbst einen Hund aufgezogen hatte, und schickte Ole zu Miriam: »Sag mal ›Guten Tag‹!« Und Ole tat, wie ihm geheißen, schmiegte sich an Miriams Knie und legte seinen Kopf auf ihre Hand. Sorgsam und vorsichtig ertastete Miriam seinen Körper, strich über seine Wirbelsäule und tastete die Flanken ab. Ole stand still, dicht an ihren Rollstuhl gelehnt, ließ ihr vorsichtiges Tasten zu. Miriam schaute auf und flüsterte mühsam: »Name?« Sybille nahm ihre Hand und schrieb auf den Tisch: »Ole!«

Einen Donnerstag und eine Woche später, lernte Miriam ihren eigenen Namen und die Namen ihrer Besucherinnen mit dem Lormalphabet zu buchstabieren. Während des einstündigen Besuchs verlangte Miriam immer wieder danach, den Hund zu berühren und zu streicheln. Dabei beugte sie sich weit vor und drohte, aus ihrem Rollstuhl zu fallen. Das war unbequem und gefährlich.

Und so waren sie alle drei auf den Gymnastikmatten gelandet, Miriam in der Mitte, rechts von ihr Ole, der sich fest an sie drückte und ihrem schwankenden Oberkörper Halt gab, neben ihm Anna und auf der linken Seite saß Sybille, die nach Annas Regieanweisungen das Unterrichtsprogramm abspulte. Anna hatte die Durchführung der praktischen Übungen ganz Sybille überlassen. Sie scheute den direkten Kontakt, konnte Miriams Gesichtsausdruck nicht erkennen und ihre Gesten nicht deuten. Anna empfand bitter ihre Unfähigkeit, Miriam zu verstehen und zu erkennen, was in ihr vorging. Sie setzte ihre Hoffnungen auf das Lormen. Wenn Miriam die Lormschrift erlernt hatte, dann endlich würde sie sich mit ihr verständigen können. Zu Beginn der dritten Unterrichtseinheit hatte sie Miriam wie gewohnt mit einem Händedruck begrüßt, hatte dann ihre eigene Hand unter Miriams linke Hand geschoben, sodass sie Miriams schmale Finger gut abtasten und die Lormpunkte lokalisieren konnte. »Was für eine zarte

Hand, fast wie die Hand eines Kindes. Das ist eine Hand, die nie hat fest zupacken müssen – oder dürfen«, dachte Anna und lormte »Guten Tag!«

Auffordernd legte sie nun ihre linke Hand auf Miriams und hoffte auf eine Antwort. Aber Miriam schob die Hand weg und schrieb die Antwort in ihre eigene Hand. »Was schreibt Miriam?«, erkundigte sich Anna bei Sybille. »Sie schreibt: »Guten Tag, Ulla.«

»Aber, warum tippt sie die Buchstaben nicht in meine Hand?«

»Das habe ich ihr noch nicht gezeigt. Ich habe sie erst einmal in ihre eigene Hand schreiben lassen.«

»Aber das muss man doch von Anfang an gleich richtig zeigen ...« Anna versuchte, ihren Ärger zu unterdrücken, und bat Sybille, ihren Fehler zu korrigieren. Aber Miriam weigerte sich, die Buchstaben in eine andere als ihre eigene Hand zu schreiben. Sie verstand nicht, warum sie von der einmal gelernten Methode abweichen sollte. So blieb Anna auf Sybilles Erklärungen angewiesen. Ein direkter, unmittelbarer Kontakt war ihr nicht möglich. Das selbstverständliche und mühelose Einverständnis durch körperliche Berührung und Nähe, das Miriam mit Ole verband, blieb Anna verwehrt.

Allerdings war auch die Kommunikation zwischen Sybille und Miriam auf ein Minimum beschränkt. Sybille hatte es nicht geschafft, Miriams schnelle Schreibbewegungen zu verfolgen und die unsichtbare Schrift zu lesen. Ihr Versuch, Miriam mit einem Stift auf Papier schreiben zu lassen, scheiterte gründlich. Die Zeilen liefen kreuz und quer über das Blatt, die Buchstaben drängten sich übereinander, ein unverständliches, verworrenes Gekritzel war das unbefriedigende Ergebnis.

Anna hatte die junge Sozialarbeiterin, die ihr von der Pflegedienstleiterin Frau Nitzsche, als Ansprechpartnerin zugeteilt worden war, um Hilfe gebeten. Heike, mit sportlicher Kurzhaarfrisur und offenem Lächeln, war zu ihnen in den großen Saal gekommen, trat zu Miriams Rollstuhl und berührte sie sacht an der Schulter. Miriam drehte sich zu ihr um, ließ ein erkennendes Lächeln aufblitzen und reichte Heike ihre rechte Hand. Diese umfasste Miriams Finger und schrieb mit schnellen Bewegungen auf ihre Oberschenkel: »Sybille möchte dein Fingeralphabet lernen. Zeigst du es ihr? Dann versteht sie dich.«

Miriam lächelte wieder, nickte und formte mit beiden Zeigefingern einen spitzen Winkel, spreizte den rechten Daumen ab, sodass er den Querbalken für den Druckbuchstaben »A« bildete.

Heike erklärte, dass Miriam sich ihr mithilfe dieses Systems mitteilte, anstatt auf einem Tisch die Schreibschrift zu simulieren. Miriam hatte dieses Fingeralphabet als Schülerin genutzt, um lautlos hinter dem Rücken der Lehrer Geheimnisse auszutauschen. Anna kannte dieses System noch aus ihrer eigenen Schulzeit und amüsierte sich, dass es ein halbes Jahrhundert später immer noch in Gebrauch war. Miriam formte mit raschen Bewegungen ihrer schmalen Finger die Buchstaben des Alphabets. Es machte ihr sichtlich Freude, etwas Eigenes zeigen zu können. Heike hatte das Fingeralphabet aufgezeichnet und drückte das DIN-A4-Blatt Sybille in die Hand, die es mit der Zusicherung, sich alles anzusehen und zu merken, in ihren Rucksack packte.

Anna hatte neidvoll den selbstverständlichen Umgang der jungen Sozialarbeiterin mit der gleichaltrigen Miriam beobachtet und sich gefragt, ob es nicht sinnvoll wäre, Heikes Vertrautheit mit Miriam zu nutzen und mit ihr zusammenzuarbeiten. Das würde alles viel leichter machen und hätte den Vorteil, dass eine Mitarbeiterin des Hauses mit der neuen Kommunikationstechnik vertraut war und diese, falls sie sich als brauchbarer erweisen sollte als die bisher genutzten Verfahren, in der Einrichtung bekannt machen konnte.

Anna hatte später darüber mit Sybille gesprochen. Die hatte wehmütig geseufzt und gesagt: »Ich möchte doch so gern helfen und mit Miriam weiterarbeiten.« Anna hatte das hingenommen und wider besseres Wissen akzeptiert.

Heute sollte es nun endlich klappen mit der Kommunikation. Auch Miriam schien hoffnungsvoll auf diesen Moment gewartet zu haben. Kaum hatte sie es sich auf der Matte bequem gemacht, da begann sie mit geschickten, schnellen Bewegungen ihrer schmalen Finger, die Buchstaben zu formen. Sybille schaute, verständnislos, zog ihren Rucksack zu sich heran, holte das DIN-A4-Blatt mit dem Fingeralphabet heraus und versuchte, die Zeichnungen auf der Kopie mit Miriams Bewegungen abzugleichen. Ihre Augen wanderten hin und her, von den Bildern zu Miriams Gesten, und Anna verstand, schluckte und hielt sich nur mühsam zurück. Sybille hatte zu Hause nicht ein einziges Mal auf das Blatt geschaut und war jetzt genau so wenig in der Lage, Miriams Mitteilungen zu verstehen wie zuvor ihre unsichtbare Schrift. Anna verfluchte ihre Nachgiebigkeit und Schwäche. Hätte sie doch nicht Sybilles Bitte nachgegeben, hätte sie doch darauf bestanden, mit Heike weiterzuarbeiten.

Miriams Finger bewegten sich nicht mehr, sie saß aufrecht und gespannt und wartete auf eine Antwort. Was hatte sie so voller Elan erzählt? Sybille hatte nichts verstanden, musste ihr die Antwort schuldig bleiben und sagte zu Anna: »Dann machen wir doch einfach mal mit dem Lormalphabet weiter, schließlich sind wir deswegen hier. Fangen wir mit dem SCH an?« Sybille griff nach der Schere, die Anna zusammen mit den anderen Gegenständen aus ihrer Küche auf dem Tisch ausgebreitet hatte, und streckte sie Miriam hin, so wie sie es in den vorausgegangenen Unterrichtsstunden getan hatte. Miriam wischte Sybilles Hand mit einer wütenden Bewegung weg, schob ihren schwankenden Körper mühsam von der Matte hoch, streckte ihre Arme Hilfe suchend nach vorn und ließ sich von Sybille in den Rollstuhl helfen. Sie wollte auf ihr Zimmer gebracht werden. Sie hatte genug. Wieder war sie nicht verstanden worden, hatte ins Leere gesprochen. Anna wollte sie so nicht gehen lassen, berührte mit Oles Leine ihre Hand, um ihr einen Gang nach draußen vorzuschlagen. Miriam schüttelte den Kopf und ließ sich von Sybille in den Aufzug rollen. Anna packte ihren Kram zusammen und wartete auf Sybille. »Das war's«, dachte sie.

Anna hörte, wie sich die Aufzugtür öffnete, und machte sich bereit für die Heimfahrt. Aber Sybille kam nicht allein. Sie bugsierte Miriams Rollstuhl aus dem Eingangsbereich ins Freie und lächelte mühsam: »Miriam hat sich für den Spaziergang umgezogen. Du weißt ja, dass sie unter gar keinen Umständen in ihrer Jogginghose nach draußen gehen will. Sie ist ja ziemlich eitel.«

Anna meinte: »Das ist auch gut so! Sie lässt sich nicht gehen und es ist ihr nicht egal, wie sie aussieht. Ich weiß nicht, ob ich in ihrer Situation diese Kraft hätte. Ich würde viel dafür geben, wenn ich mich mit ihr wirklich unterhalten könnte. Wie sieht es in ihr aus? Wie hält sie ihr Leben als quasi Gefangene aus?« Anna gab Miriam Oles Leine in die Hand und Ole lief tänzelnd an ihrer Seite. Ab und zu blieben sie stehen und Miriam beugte sich zu Ole hinüber und strich behutsam über seinen nachtschwarzen Kopf.

»Und – wie geht es jetzt weiter?« Anna saß erschöpft und frustriert auf dem Beifahrersitz, wandte sich Sybille zu. »Mit dem Lormen können wir so nicht weitermachen. Miriam sieht nicht ein, wozu das gut sein soll. Und das ist eigentlich auch kein Wunder. Das Lormen wird in dieser Einrichtung niemand lernen, also ist das, was wir hier tun, für die Katz!« Anna sprach nicht weiter, sie hatte kein Recht, Sybille Vorwürfe zu machen. Sie war diejenige, die ihre Grenzen nicht erkannt, ihre Möglichkeiten überschätzt und sich angemaßt hatte, Miriams Kommunikationssituation zu verbessern. Mit geradezu missionarischem Eifer waren sie in Miriams Leben geplatzt. Und was war das Ergebnis? Zwei Monate waren vergangen und sie hatten es immer noch nicht geschafft, Miriams Äußerungen zu verstehen, weder die unsichtbare Schrift noch das Fingeralphabet konnten sie entschlüsseln. Alle Mitarbeiterinnen, die Anna bisher kennengelernt hatte, konnten sich mit Miriam verständigen. Sybille und sie selbst hatten das nicht geschafft. Anna fühlte die Last ihres Versagens. Sie hatten Miriam mit ihren dilettantischen Bemühungen frustriert und waren meilenweit davon entfernt, ihr das Leben ein wenig erträglicher zu machen. Was gab es da noch für sie zu tun?

»Also, das Einzige, was wir noch versuchen könnten, ist die Blindenschrift. Miriam hat früher viel und gern gelesen, und wenn sie es schafft, die Blindenschrift zu ertasten, könnte sie wieder Bücher lesen und den Computer samt der Braillezeile als Hilfsmittel zur Verständigung nutzen.«

Anna zerrte die Matten an die Wand, stellte das Keilkissen in die Mitte auf Miriams Platz und breitete ihre Sachen auf dem Tisch aus: das Punktschriftbuch, ein kiloschwerer Wälzer, zwei Steckleisten, ein Eierkarton gefüllt mit sechs Tischtennisbällen, hölzerne Buchstaben aus der Spielwarenabteilung und ein Arbeitsblatt mit den ersten Punktschriftbuchstaben, die sie Miriam zeigen wollte. Anna rekapitulierte jeden einzelnen Schritt, jetzt durfte sie keine Fehler mehr machen.

Sybille schob Miriams Rollstuhl in den Raum. Ole setzte sich auf, bereit für das Begrüßungsritual. Miriam und Ole genossen ausgiebig ihr Wiedersehen. »Ohne Ole wäre unsere Mission schon jetzt gescheitert und Miriam würde mit uns nichts mehr zu tun haben wollen.« Anna nahm den Punktschriftwälzer vom Tisch und legte ihn vorsichtig auf Miriams Knie. Miriam tastete das Buch ab, begriff, was sie da in Händen hielt, und schlug es auf. Anna legte ihre rechte Hand auf die Überschrift und Miriam strich vorsichtig über die Zeilen, blätterte um und ließ ihre Finger über die Seiten gleiten. Sie schüttelte den Kopf und schaute ratlos.

»Ja, ich sehe dir an, dass du jetzt denkst. Aus diesem Wirrwarr werde ich nie einen Sinn herauslesen können. Das lerne ich nie.« Anna erinnerte sich an ihren täglichen Frust, verkrampfte Finger, eine verspannte Schultermuskulatur und das mühsame Vorwärtstasten von Buchstabe zu Buchstabe. »Wie ein i-Dötzchen habe ich mich gefühlt. Ich würde dir das gern erzählen, Miriam, damit du weißt, dass andere die gleiche Erfahrung gemacht und es schließlich doch geschafft haben, den Punkten ihren Sinn zu entreißen.«

Anna konnte keinerlei Erklärungen abgeben, das bisschen Lormen war kaum eine Hilfe. Sie konnte nur hoffen, dass Miriam sich selbst einen Reim auf das machte, was ihr in die Hand gedrückt wurde. Anna gab Miriam eine Folie in die Hand, auf der das Vollzeichen, alle sechs Punkte, einige Male aufgedruckt war. Miriam tastete und tastete, hob fragend den Kopf: Was sollte das bedeuten? Anna zeigte ihr den Eierkarton, öffnete ihn und ließ es zu, dass Miriam jeden Tischtennisball herausnahm und wieder in das zugehörige Loch steckte. Anna schrieb die Ziffer 6 in Miriams Hand. Und lormte dann »6 Punkte«. Als Nächstes erkundete Miriam die Struktur der Steckleiste. Immer sechs Löcher in einer Wabe. Anna gab ihr sechs Holzstifte und Miriam verstand, bugsierte die Stifte in die Löcher und überprüfte das Ergebnis. Anna führte Miriams Hand wieder auf die Folie mit den Vollzeichen und schrieb in ihre Handinnenfläche »6 Punkte«. Miriam nickte. Anna nahm das A aus der Schachtel mit den hölzernen Buchstaben und gab es Miriam, klar, der Anfang des Alphabets. Anna griff den Eierkarton, nahm alle Tennisbälle heraus, ließ Miriam fühlen und legte dann einen Ball in das obere, linke Loch und zeigte Miriam, dass die anderen Löcher im Eierkarton frei blieben. Der Buchstabe A wurde nun auf der Steckleiste geschrieben. Auf dem vorbereiteten Arbeitsblatt konnte Miriam den Buchstaben A in Originalgröße spüren. Schlag auf Schlag wurden so drei weitere Buchstaben erklärt: B, L, E. Nun konnten Wörter geschrieben und gelesen werden: Ball, alle, Ebbe. Miriam zeigte auf Ole. Anna verstand und steckte den Anfangsbuchstaben von Oles Namen auf der Steckleiste und half ihr bei den letzten beiden Buchstaben seines Namens. Miriam überprüfte: Ole, das stand da wirklich.

Miriam lernte schnell, aber die kleinen, auf der Folie gedruckten Punktschriftzeichen konnte sie nur schwer ertasten. Sie wünschte sich zum Üben größere Punkte. Die gab es nicht auf dem Hilfsmittelmarkt und so sägte Katharina, Annas bastelfreudige Assistentin, viele kleine Rechtecke aus Holz, klebte darauf drei Millimeter große, handelsübliche Haftpunkte und stellte gut tastbare Punktschriftzeichen in ausreichender Menge her, sodass Miriam damit Wörter und Sätze bilden konnte.

Und dann, nach den ersten rasanten Fortschritten stockte der Lernprozess. War es eine gesundheitsbedingte Störung der Konzentration oder war es ein Nachlassen der Motivation? Anna konnte das nicht so recht beurteilen, bemerkte aber eine zunehmende Ungeduld bei Sybille. Sybille fand, dass das alles zu lange dauerte und sie hier viel Zeit verbrachte, eine Zeit, die sie besser auf das neueste Projekt der Stiftung verwenden wollte. Für dieses Projekt reiste sie über Land und hielt Vorträge. Das war ihr jetzt wichtiger. Und der vor wenigen Wochen geäußerte Wunsch – »Ich will doch so gern helfen und bei Miriams Fortschritten dabei sein …« – schien vergessen.

Heike, die Sozialpädagogin, mit der Anna sich eine Zusammenarbeit hatte vorstellen können, war nicht mehr ihre Ansprechpartnerin. Ein Zurück gab es da nicht. Sybille plante andere Vorhaben für den Donnerstag ein: »Das hier ist doch verlorene Zeit für mich.« Anna fand niemanden, der ihr hätte assistieren können. Sie musste ihren Unterricht aufgeben und fühlte sich schuldig.

16

DER KONGRESS

Heftig atmend schob sich Anna hinter Sybille und Lucy durch die Tür des Restaurants, wo Gisela und Vinzenz an dem für sie reservierten Tisch auf sie warteten. Die letzte Strecke waren sie fast gerannt, durch Giselas empörten Anruf aufgeschreckt: »Wo bleibt ihr denn nur?«

Zum ersten Mal während des Wochenendes war Anna entspannt und mit sich selbst im Reinen. Lucy hatte einen anderen Weg von ihrem Hotel zum Restaurant vorgeschlagen. »Nur ein kleiner Umweg, wir haben ja Zeit genug, dass schaffen wir spielend.« Sie hatten einen weiten Bogen geschlagen, vorbei am Gelände des Filmparks Babelsberg. Entzückt und lachend hatten Lucy und Sybille die monumentalen Filmkulissen bestaunt, die sie hinter dem Gitterzaun erspähten. Lucy war losgerannt, hatte mit ihrer Kamera die skurrilen Monstren der Filmkunst geknipst. »Ich muss doch meiner kleinen Laura von meiner Reise erzählen!« Ausgelassen und vergnügt hatte Lucy sich im Kreis gedreht und ihre Arme wie zum Flug ausgebreitet. So hatte Anna die Vernunft und Zuverlässigkeit ausstrahlende Lucy noch nicht erlebt. »Wie von der Leine gelassen«, dachte Anna, die Lucy um ihre Begleitung während des Kongresses gebeten hatte und ihre unaufgeregte Assistenz zu schätzen wusste. Anna hatte Ole an der langen Schleppleine ein wenig mehr Freiheit gegönnt, hatte den Gang durch die menschenleeren Straßen, vorbei an weiten Wiesenflächen genossen. Der

Weg war weiter als gedacht, hatten sie sich verfranzt? Keine Menschenseele weit und breit.

Sie schlenderten einfach in die Richtung weiter, in der Lucy das Restaurant vermutete. Endlich erreichten sie belebtere Straßen und konnten fragen. »Na ja, da haben Sie aber noch ein ganzes Stück zu laufen ...« Annas uraltes Nokia-Handy spielte die Wassermusik von Händel. Gisela meldete sich und klang verstimmt. Sybille wurde sichtlich nervös. Dieses gemeinsame Abendessen mit Gisela und Vinzenz war ihr wichtig, darauf hatte sie sich so sehr gefreut und nun hatten sie sich um fast eine Stunde verspätet und Gisela und Vinzenz warten lassen. Wortreich versuchte sie eine Entschuldigung, während sich Anna und Lucy einigermaßen unbekümmert am Tisch einsortierten.

Vinzenz, Giselas Ehemann und Vorstandsmitglied der Stiftung, dessen schlanke Gestalt im eleganten Maßanzug während des Kongresses überall mit seiner Kamera aufgetaucht war, beschwichtigte: »Nun seid ihr ja hier und wir können gemeinsam den Abschluss und Erfolg des Kongresses feiern. Was wollt ihr trinken? Ihr habt ja bestimmt Durst nach eurem Gewaltmarsch ...«

Gutes Essen und trockener Weißwein beruhigten die Gemüter und Gisela machte sich an das Resümee der von ihr organisierten Großveranstaltung und fand, dass alles nach Plan und gut verlaufen war. Insgesamt ein Erfolg! Anna hielt sich zurück, sie war enttäuscht. In ihren Augen hatte der Kongress vor allem den beiden bundesweit bekannten Einrichtungen eine großartige Möglichkeit der Selbstdarstellung geboten. Die Projekte zur Ausbildung von Taubblindenassistenten wurden kaum erwähnt, dabei hatten diese Projekte das Leben vieler Taubblinder radikal verändert. Die qualifizierten Assistenzkräfte machten Taubblinde unabhängig von der Unterstützung ihrer Angehörigen und den Zufällen ehrenamtlichen Engagements. Anna hütete sich, ihre Kritik zu äußern. Ihre Meinung war nicht gefragt.

Dieser Kongress hatte ihre Entscheidung beschleunigt, war der Tropfen gewesen, der den Krug zum Überlaufen brachte. An den Planungen und der Durchführung war sie nicht beteiligt und vor Ort hatte sie sich so überflüssig gefühlt wie selten. Sie würde sich aus der Stiftungsarbeit zurückziehen und das Feld Jüngeren überlassen.

Anna erinnerte sich voller Zorn und Scham an die Szene vom Vortag. Der Septemberabend war warm und angenehm. An den im Hof aufgebauten Bänken und Tischen hatten die Teilnehmer in entspanntem Gespräch gesessen. Lucy hatte sich mit ihr durch die engen Passagen zwischen den Bänken gequetscht, um sie zu einer jungen, taubblinden Studentin zu bringen, die Anna endlich kennenlernen wollte. Gisela hatte während der vergangenen Tage kaum Notiz von Anna genommen, sie weder mit den anderen Experten oder Referenten noch mit den Organisatoren des Kongresses bekannt gemacht. Jetzt stürzte sie auf Anna zu, legte demonstrativ den Arm um ihre Schultern, zog sie ein paar Schritte mit sich fort und raunte mit ihrer warmen, einschmeichelnden Stimme direkt an ihrem Ohr: »War das nicht heute ein gelungener Tag?« Ebenso unvermittelt, wie sie aufgetaucht war, löste sie die Umarmung und machte sich mit einer kurzen Bemerkung davon: »Ich muss jetzt wieder zu meinen Gästen.« Und Anna hatte orientierungslos im Hof gestanden, ratlos, mit dummem Gesicht, bis Lucy sie entdeckte, sie wieder unter ihre Fittiche nahm und zum Platz der taubblinden Studentin brachte.

»Was war das eigentlich für ein peinlicher Auftritt zum Abschluss? Ein Streit vor aller Öffentlichkeit ausgetragen! Hätte das nicht vermieden werden können?«, fragte Vinzenz. Nachdem das Programm wie geplant abgespult, die Referate gehalten und Diskussionen geführt worden waren, hatten die Organisatoren der Veranstaltung gesprochen und allen ausführlich gedankt. Sebastian hatte als Vertreter der Selbsthilfe das Wort ergriffen, hatte sich an das Rednerpult gestellt und mit weit ausholenden und heftigen Gebärden statt der erwarteten Dankesworte seinem Ärger über eine Assistentin Luft gemacht, die sich von Anfang bis zum Ende des Kongresses nach jedem Vortrag als erste Teilnehmerin zu Wort gemeldet und zu jedem Thema etwas Kluges zu sagen gehabt hatte. Mit schnellen, energischen Gebärden hatte sie sich vorgestellt: »Ich bin schon lange Assistentin, ich habe schon 164 Taubblinde begleitet.«

Anna fragte Lucy, wer das denn sei. Lucy kannte sie nicht, wohl aber den taubblinden Mann, den sie begleitete. »Ach, die Begleitung von Joachim, na, dann ist mir alles klar.« In der Pause erzählte Anna, woher sie diese so sehr von sich eingenommene Assistentin kannte. Vor etwa zehn Jahren war sie als ehrenamtliche Begleiterin in Nordrhein-Westfalen aufgetaucht. Immer wieder hatte es Beschwerden gegeben. »Astrid guckt sich jemanden in führender Position in einer Selbsthilfegruppe aus, begleitet ihn zu Freizeiten und Seminaren, nimmt dabei jede Gelegenheit wahr, um sich selbst in den Vordergrund zu schieben, und geht eine sehr persönliche und intime Beziehung mit dem Taubblinden ein. Sie lässt ihn dann fallen, wenn der Taubblinde an eine feste Beziehung zu glauben beginnt, und wendet sich einer anderen Person zu. Inzwischen ist sie bei Joachim hängen geblieben. Joachims Ehe ist dabei zu Bruch gegangen, seine Frau war monatelang in einer Klinik und ist dann mit ihren beiden Töchtern, 11 und 15 Jahre alt, ausgezogen.«

Das Publikum, das sich, nach den vielen wohlformulierten Abschlussworten, ermüdet und gelangweilt, in Gedanken schon auf die Heimfahrt gemacht hatte, wandte nun seine volle Aufmerksamkeit dem hochgewachsenen Mann und seinen schnellen heftigen Gebärden zu. Der Dolmetscher akzelerierte seine Sprechgeschwindigkeit und versuchte auch mit gesteigerter Lautstärke, Sebastians Erregung hörbar zu machen. »Es ist unmöglich, wie sich Frau Leihfeld hier benommen hat! Solche Assistenten können wir nicht gebrauchen. Sie ist ständig aus ihrer Rolle als Assistentin gefallen. Sie hat den Taubblinden, den sie begleiten und unterstützen sollte, immer wieder allein sitzen lassen. Sie hat sich an den Diskussionen beteiligt. In dieser Zeit hat die taubblinde Person, der sie assistieren sollte, keine Unterstützung gehabt. Das geht nicht!« Der Dolmetscher kam kaum nach, so schnell gebärdete Sebastian in seiner Erregung. »Solch ein Verhalten widerspricht dem Berufsethos der Assistenten. Das können wir nicht dulden!«

Joachim sprang auf, gestikulierte wild und verlangte zu sprechen. Offensichtlich hatte seine Assistentin jetzt ihre Pflicht getan und Joachim gelormt, was Sebastian gebärdet hatte. »Frau Leihfeld ist eine sehr, sehr gute Assistentin. Die beste Assistentin in Deutschland. Ich habe es ihr erlaubt, sich zu Wort zu melden.« Außer sich vor Wut hatte Joachim sich von seinem Platz erhoben und stampfte zum Rednerpult, geführt von seiner Assistentin. Gisela griff ein. Ein Handgemenge in aller Öffentlichkeit, das hatte ihr gerade noch gefehlt!

»Was hat sich da vor versammelter Mannschaft für ein lächerliches Theater abgespielt?«, fragte Vinzenz weiter, als niemand in der kleinen Runde um den Tisch auf seine Frage eingehen wollte. »Ach, diese Hahnenkämpfe. Ihre Rivalitäten sollten die beiden anderswo austragen«, meinte Gisela. Anna schaute Gisela mit spöttisch hochgezogener Augenbraue schweigend an. Sie hoffte, dass Gisela in ihren Augen lesen könnte, was sie dachte. Anna hatte die Teilnehmerliste der Veranstaltung eingesehen, hatte beim Lesen des Namens sofort an Ärger und Störung gedacht. Sie hatte zum Telefonhörer gegriffen und Gisela informiert. »Sieh zu, dass Joachim sich eine andere Assistentin nimmt. Sonst ist der Ärger vorprogrammiert. Sebastian und Joachim liegen seit Langem im Clinch miteinander, nur wegen dieser Frau. Du weißt nicht, wen du dir da ins Haus holst.« Anna hatte die Situation erklärt und auch, dass Astrid seit vielen Jahren immer wieder für Probleme sorgte. Gisela war unbesorgt und wischte Annas Bedenken weg: »Ach was, du übertreibst. Das sind alte Geschichten. Lass gut sein!«

Die gute Stimmung war dahin. Die Runde löste sich auf und Anna war froh, dass sie sich von Gisela, Vinzenz und Sybille verabschieden konnte. Morgen würde sie in aller Frühe mit Lucy zum Bahnhof fahren und diesem unerfreulichen Wochenende endlich entfliehen. Ihr Entschluss stand fest: Bei der nächsten Vorstandssitzung der Stiftung würde sie ihren Rücktritt erklären.

17

EINE KÜNDIGUNG

Den ganzen, langen Donnerstag hatte Anna auf einen Anruf, eine kurze Information über den Ausgang der Sitzung bei der Landesarbeitsgemeinschaft gewartet. Dieses Warten hatte sie schier verrückt gemacht. Nach den sich überstürzenden Ereignissen der letzten 14 Tage, dem unaufhaltsamen Strom von Mails, die alle sofort zu beantworten waren, den zahllosen Telefonaten, die geführt werden mussten, war dieser Tag, an dem sie nichts tun konnte als auf diesen einen Anruf zu warten, kaum zu ertragen. Von Stunde zu Stunde wartete sie, wurde immer ärgerlicher, bis sie schließlich entnervt, wütend und wild entschlossen eine Mail vorbereitete, mit der sie ihr Amt als stellvertretende Vorsitzende der Stiftung aufkündigte. Sie würde damit nun nicht mehr länger warten. Ihr Entschluss stand schon lange fest. Sie würde ihren Platz räumen.

Anna ließ die Ereignisse dieser letzten zwei Wochen Revue passieren. Der Blindenverband hatte bei der Landesarbeitsgemeinschaft um einen Termin nachgesucht, bei dem die Verbände für Sinnesbehinderte an einem runden Tisch über das Konzept für ein Kompetenzzentrum beraten sollten. Das Sozialministerium Nordrhein-Westfalen hatte drei Jahre zuvor eine Studie zur Lebenssituation sinnesbehinderter Menschen in Auftrag gegeben und sich sehr schwergetan, den Empfehlungen dieser Studie Taten folgen zu lassen. Schließlich hatte das Ministerium ein dreijähriges Projekt für ein Kompetenzzentrum für Sinnesbehinderte ausgeschrieben. Die Selbsthilfeorganisationen und Verbände sollten sich Kooperationspartner suchen und ein Konzept erarbeiten. Das überzeugendste Konzept sollte dann den Zuschlag bekommen. Die Projektkonzeptionen sollten bis Anfang Dezember dem Ministerium vorgelegt werden. Und nun, Ende Oktober, hatte sich der Blindenverband an die Landesarbeitsgemeinschaft gewandt und um Unterstützung gebeten. Anna vermutete, dass der Blindenverband keine Kooperationspartner gefunden hatte und dem Ministerium kein fundiertes Konzept vorlegen konnte. Anderen Verbänden war es wohl ähnlich ergangen und so hatten alle sich auf diesen kurzfristig anberaumten Termin verständigt. Anders die Selbsthilfegruppen der Taubblinden. Diese hatten einen Kooperationspartner gefunden und längst ein detailliertes Konzept ausgearbeitet. Ihre Bereitschaft, sich an dem Projekt der Landesarbeitsgemeinschaft und der anderen Verbände zu beteiligen, tendierte gegen Null.

Anna hatte sich bemüht, die Vorsitzenden der Taubblindenvereine davon zu überzeugen, sich nicht selbst auszuschließen und an dieser Sitzung teilzunehmen. Sie war ganz sicher, dass das Ministerium ein gemeinsames Konzept der Landesarbeitsgemeinschaft und der anderen Verbände für Sinnesbehinderte dem Konzept einer kleinen Randgruppe, wie es die Taubblinden nun einmal sind, vorziehen würde. Die Belange der kleinsten Gruppe, der Minderheit unter den Minderheiten, würden wieder unberücksichtigt bleiben. Schließlich hatte sich Lukas als Vertreter der gebärdensprachlich orientierten Taubblinden breitschlagen lassen, zu dieser Versammlung zu erscheinen. Sybille begleitete ihn als seine Assistentin. Sie sollten versuchen, die Projektkonzeption der Taubblinden vorzustellen.

Anna hatte am Mittwochabend, nach dem Ende der Sitzung, auf eine schnelle Information gehofft. Vergeblich! Nun wartete sie den ganzen Tag auf einen Anruf. Das Telefon läutete nicht, nichts geschah! Anna entschied: Sie würde zwei Monate früher als geplant ihre ehrenamtlichen Aktivitäten aufgeben und sich aus allen Ämtern verabschieden. Anna räumte ihren Schreibtisch auf, beantwortete einige dringende Mailanfragen und schrieb ein letztes Mal einen Widerspruch zu einem Bescheid des Sozialamtes. Schließlich bereitete sie einen Antrag auf rechtliche Betreuung vor, den Sybille beim zuständigen Amtsgericht einreichen konnte. Anna schickte die Mail mit der Anlage an Sybille ab, fuhr den PC herunter und legte sich die Aktenordner zurecht, die sie am nächsten Tag entrümpeln wollte. »Den Papierwust der letzten 15 Jahre zu entsorgen, das ist eine Arbeit für jemanden, der Vater und Mutter erschlagen hat. Aber das wird mich in der nächsten Zeit gut beschäftigen, und Beschäftigung werde ich brauchen!«

Gerade als sie ihren Computer heruntergefahren hatte, rief Sybille an. Sie hatte Annas Mail gelesen und bedankte sich für den vorformulierten Antrag. Offensichtlich hatte sie auch jetzt nicht angerufen, um Anna über das Ergebnis der Sitzung in Kenntnis zu setzen, stattdessen fragte sie nach, ob Anna ihr die Tabelle mit den Anträgen auf Assistenz zuschicken könnte. Anna reagierte übel gelaunt: »Lass mich zufrieden mit deinen Tabellen! Ich will endlich wissen, was am Mittwoch passiert ist.«

Sybille staunte: »Hat denn Gisela dich noch nicht angerufen?«

»Nein«, fauchte Anna. »Niemand sagt mir irgendetwas! Nun sag doch endlich, was beschlossen wurde.«

Sybille berichtete, dass die Entscheidungen eigentlich schon im Vorfeld der Sitzung gefällt worden waren und dass die Teilnehmer am Ende der Sitzung sehr nachdrücklich gedrängt wurden, einem gemeinsamen Projekt unter Leitung des Blindenverbandes zuzustimmen. Zum Schluss hatte es nur geheißen: »Machen Sie mit? Ja oder nein?« Der Vertreter der Taubblinden hatte als Einziger abgelehnt, sich jedoch eine Bedenkzeit erbeten. »Aber wir werden da ganz bestimmt nicht mitziehen. Wir werden unser Konzept für ein Kompetenzzentrum so abgeben, wie wir es geplant haben. Das habe ich mit Gisela besprochen«, meinte Sybille selbstzufrieden.

Anna war entsetzt. Ein Alleingang der Taubblinden? Das konnte nicht funktionieren. Mochte das dem Ministerium vorgelegte Konzept der Taubblinden noch so gut ausgefeilt sein – das Ministerium würde einem gemeinsamen Projekt der Landesarbeitsgemeinschaft und aller großen Verbände selbstverständlich den Vorzug geben.

Inzwischen war es spät geworden. Anna rief Ole, legte ihm das Führgeschirr an, zog das Leuchthalsband über seinen Kopf und machte sich trotz der Dunkelheit und des feinen Nieselregens auf. Sie musste ihren Puls normalisieren. So schnell würde sie keinen Schlaf finden.

Am nächsten Morgen, früh um 8:00 Uhr, mailte Anna kurz und bündig: »Gisela, wann können wir heute telefonieren?« Wenig später läutete das Telefon. Anna nahm ab und hörte Giselas melodische, einschmeichelnde Stimme: »Was gibt es denn so Dringendes? Ich sitze gerade mit Vinzenz im Auto. Wir fahren zu einem Begräbnis. Der Mann meiner besten Mitarbeiterin ist verstorben.«

Anna bemühte sich, ein höfliches »Tut mir leid!« zu murmeln, und kam mit kaum unterdrücktem Zorn auf die Sitzung vor zwei Tagen zu sprechen: »Sybille hat mir gesagt, dass ihr euch ganz aus dieser Geschichte heraushalten wollt. Weißt du, was du da tust?«

Gisela reagierte ungehalten: »Ich denke, dass ich das sehr genau weiß. Ich weiß, dass ich nicht die geringste Lust verspüre, mich mit den Vertretern der vielen Verbände herumzustreiten. Da wird kein effektives Arbeiten möglich sein. Unsere Konzeption eines Kompetenzzentrums ist sehr schlüssig und unser Kooperationspartner ist absolut vertrauenswürdig. Ich habe schon ein Feedback bekommen, unser Projekt wird im Ministerium positiv beurteilt.«

»Das mag sein. Aber diese Rückmeldung hast du bekommen, bevor der Blindenverband sich an die Landesarbeitsgemeinschaft gewandt hat. Die Situation ist jetzt eine völlig andere. Das solltest du einsehen.«

Gisela war es nicht gewohnt, dass Anna ihr widersprach. »Ich bin mir ziemlich sicher. Unser Projektvorschlag entspricht genau den Empfehlungen der Studie. Ich werde davon nicht abrücken.«

Ausnahmsweise einmal gab Anna nicht nach. »Sei doch nicht so stur! Deine Konzeption kann exzellent sein, gegen einen noch so vagen Entwurf, der von der Landesarbeitsgemeinschaft und allen anderen Verbänden getragen wird, kannst du nicht anstinken. Das Ministerium wird diesen Entwurf akzeptieren, als den bequemsten Weg. So hofft man, allen Streitigkeiten aus dem Weg zu gehen.«

»Ja, mag sein. Und dann ist das eben so«, meinte Gisela unbeirrt, mit fast kindlichem Trotz. »Auf die 100 000 Euro für eine Stelle für die Beratung Taubblinder in diesem neuen Kompetenzzentrum kann ich verzichten.«

»Hm, hm, darauf würde ich nicht so ohne Weiteres pfeifen. Aber das Geld ist für mich nicht der wichtigste Gesichtspunkt dabei. Wenn sich die Taubblinden bei diesem Projekt vornehm zurückhalten, dann überlassen sie den anderen komplett das Feld. Jede Möglichkeit, auf die Politik einzuwirken, ist damit verspielt. Die Interessen der Taubblinden werden dann ganz unter den Tisch fallen, wieder einmal!«

»Darauf werde ich es dann eben ankommen lassen müssen. Für das Theater mit den Verbänden bin ich mir zu schade.«

Anna wurde laut: »Auf dich und deine Befindlichkeiten kommt es jetzt nicht an! Es geht um die Interessen der Taubblinden!« Vinzenz versuchte, die Wogen zu glätten, und gab zu Bedenken, ob es nicht sinnvoll wäre, noch einmal mit der Vorsitzenden der Landesarbeitsgemeinschaft zu sprechen. Anna wollte gern bei Frau Seebandt erfragen, ob und wann sie bereit sei, mit Gisela zu reden. Anna hatte alles gesagt, was zu sagen war, beendete das Gespräch und schickte ihre am Vortag vorbereitete Rücktrittsmail an die Vorstandsmitglieder der Stiftung.

Eine erste Reaktion kam eine Stunde später von Werner Bergens: »Das geht so einfach nicht, dazu brauchst du von uns allen erst eine Genehmigung und die ist sehr schwer zu erwirken.« Die zweite Rückmeldung kam kurz darauf von Vinzenz: »Rente mit 67 gilt nur für Berufstätige – Privatleben für Ehrenamtler gibt es frühestens mit 87.« Anna las diese Botschaften mit einem Lächeln, dankbar für die freundlichen Worte, antwortete aber nicht. Ihre Entscheidung würde sie nicht rückgängig machen. Sie wartete auf eine Reaktion von Gisela, der Vorsitzenden.

Gisela ließ vier Tage verstreichen, bevor sie etwas von sich hören ließ. Am Dienstagmorgen, früh um acht, rief sie an und erreichte Anna noch vor ihrem täglichen Rundgang. »Entschuldige, dass ich erst jetzt reagiere«, begann sie und wurde von Anna unterbrochen: »Das macht nichts! Geschenkt!«

Gisela fuhr fort: »Ja, und nun müssen wir überlegen, wie du deine Fälle, an denen du bisher gearbeitet hast, möglichst schnell an Sybille abgibst.«

Anna spürte, wie sich ihr Magen absenkte, ein Gefühl wie in einem zu schnell nach oben schießenden Fahrstuhl. Es zog ihr den Boden unter den Füßen weg. »Dumme Gans, blöde Kuh!«, schimpfte sie sich selbst. »Du willst doch schon lange aufhören, nun zeigt dir Gisela, wie schnell das gehen kann.« Anna hörte wieder, was Gisela sagte: »Wie ist das mit Jens Weber? Kann Sybille diesen Fall übernehmen?« Es gelang Anna, einen gleichgültigen Ton anzuschlagen: »Ja, natürlich, kein Problem. Ich schicke Sybille die Unterlagen zu.«

Anna grübelte: »Warum ist Gisela so erpicht darauf, mich möglichst schnell aus der Szene zu entfernen? Gibt es da jemand anderes, den sie an meine Stelle setzen will?« Eins war klar: Gisela war in großer Sorge, dass Anna von ihrem Rücktritt zurücktreten könnte. Sie hatte es tunlichst vermieden, irgendein Bedauern über ihren Rücktritt zu äußern, um ihr nur ja keinen Vorwand zu liefern, ihren Entschluss rückgängig zu machen.

Gegen halb zehn rief Sybille an. Mit einer Frage nach der tabellarischen Auflistung der Antragsverfahren hatte sie in das übliche Tagesgeschäft übergeleitet. Kein Wort über Annas Rückzug! Anna sah Sybille vor sich, wie sie ihre Rücktrittsmail studierte, wie sie verwirrt eine Haarsträhne hinter das rechte Ohr zurückstrich, eine SMS an Gisela schickte und abwartete, wie sie das immer tat. Gisela hatte ihr dann wohl gesagt: »Lass mich das machen! Ich rede mit Anna. Es ist gut, dass sie gehen will, und wir sollten sie auf gar keinen Fall daran hindern.« Und Sybille hielt sich an diese Anweisungen, hatte kein Wort des Bedauerns über das Ende einer jahrelangen, erfolgreichen Zusammenarbeit.

18

ZURÜCK AUF LOS

Und Anna fiel in ein tiefes, schwarzes Loch, tiefer und schwärzer, als sie es je zuvor gekannt hatte. Einsamkeit und Angst schlugen über ihr zusammen. Anna fiel und fiel. Es waren Tage des Verstummens, der Unfähigkeit zu sprechen, Tage der sich endlos dehnenden, leeren Stunden, Tage der Verwirrung und der Angst vor Demenz, Tage der Verlassenheit.

In den frühen Morgenstunden, wenn noch die Dunkelheit der Nacht vor dem Fenster stand, wachte Anna auf, hellwach, mit klopfendem Herzen. Die immer zum gleichen Punkt zurückkehrenden Gedanken, die verzweifelten Fragen nach dem Warum, die ratlosen Überlegungen, die sie am Tag zuvor bedrängt und in den Schlaf begleitet hatten, standen vor ihr auf, mit hämischem Grinsen.

Anna lag da, mit weit offenen Augen, starrte in die Dunkelheit des frühen Novembermorgens und führte lange Gespräche mit Gisela, fragte nach: »Warum war es so wichtig für dich, dass ich mich sofort aus allem zurückziehe? Hattest du Angst, dass ich meines Alters wegen zu einer Belastung werde?« Anna war seit dem Gespräch in der »Guten Stube« sicher, dass Gisela frühe Anzeichen von Altersverwirrtheit bei ihr vermutet hatte: Vergesslichkeit, verlangsamte Reaktionen, Sprach- und Sprechhemmungen, Wortfindungsstörungen. Hatte Anna in vielen Telefonaten nicht deutliche Symptome gezeigt? Ihre Antworten kamen langsam, sozusagen mit Verzögerung. Gisela telefonierte mit Anna stets nur von unterwegs, während ihrer langen Autofahrten. Die Verbindung war oft sehr schlecht und Gisela sprach nicht immer direkt ins Mikro. Anna musste die Bruchstücke wie ein Puzzle zusammensetzen und analysieren, Zusammenhänge erstellen, das Puzzlebild interpretieren. Ihre Antworten kamen zeitverzögert. Eigennamen verstand sie falsch. Missverständnisse waren vorprogrammiert und Gisela, die nichts von ihrer Schwerhörigkeit wusste, fand ihre Erwartung nach jedem Telefonat bestätigt. So glaubte Anna.

Anna führte diese Kopfgespräche auch mit Sybille und sprach aus, was sie vor Monaten hätte sagen sollen und es aus Angst vor ihrer Reaktion nicht gewagt hatte: »Du solltest nicht in diesem Ton mit mir reden. Diese fürsorgliche Betulichkeit! Du machst mich zum Objekt deiner heilpädagogischen Bemühungen anstatt mich, wie bisher, als Kollegin zu behandeln. Das ist mir unerträglich. Wie kommst du dazu? Hältst du mich für alt und tüddelig?«

In einer Endlosschleife tönte Sybilles Bemerkung in ihrem Kopf: »Du kannst gern mitkommen. Lucy und ich nehmen dich gern mit.« In ihrer Stimme dieser besondere Klang, dieser fürsorgliche Ton, den Sybille sich ihr gegenüber angewöhnt hatte und den Anna so herabsetzend fand. Wie war das noch gewesen, als der Blindenverband wieder zu dem deutschlandweiten Beraterseminar einlud, an dem Anna bisher jedes Jahr teilgenommen hatte? In diesem Jahr würde sie nicht fahren, das hatte sie beschlossen. Es war entschieden: Sie würde alle ihre Aktivitäten zurückfahren und sich allmählich auch aus der Gremienarbeit zurückziehen. Sybille hatte sie gefragt: »Fährst du dorthin?«

Anna hatte mit der Antwort kurz gezögert, hatte geglaubt, dass Sybilles Frage als eine Bitte zu verstehen war, Anna möge sie zu dem Seminar begleiten. Sybille hatte in dieses Zögern hineingesprochen: »Du kannst gern mitkommen. Lucy und ich nehmen dich gern mit.«

Anna hatte es nicht gewagt, Sybille darauf hinzuweisen, wie sehr sie diesen Ton hasste, wie verletzend er für sie war. Eine scharfe Antwort hatte ihr auf der Zunge gelegen: »Sprich nicht mit mir in diesem Ton! Noch vor einem Jahr warst du heilfroh, dass ich mitgefahren bin und dich in diesen Kreis eingeführt habe. Allein hättest du dich nicht getraut.« Aber das hatte sie nicht zu sagen gewagt. Sybille, das wusste Anna nur zu genau, war sehr leicht zu verunsichern und so hatte Anna aus Furcht vor ihrer Reaktion ihre Bemerkung hinuntergeschluckt. Vor zwei Jahren war es ihr nur mit Mühe gelungen, Sybille daran zu hindern, alles hinzuwerfen – ihre Arbeit als Gehörlosenberaterin in der Kommune und ihre Zusammenarbeit mit Anna. Sybille hatte die herabsetzenden Bemerkungen, mit denen die Projektleiterin, Swetlana Grün, jeden bedachte, nur schwer ausgehalten.

Anna war in Swetlanas Büro gekommen, als die beiden wieder einmal aneinandergeraten waren. Anna konnte das Bild nicht vergessen, wie Sybille kraftlos, zusammengesunken an den Schrank gelehnt, Swetlanas boshaften Anwürfen nichts entgegenzusetzen hatte. Damals war Sybille einem Zusammenbruch nahe gewesen und Anna wollte mit ihren Vorwürfen jetzt nichts Ähnliches riskieren. Sie schätzte Sybilles Einsatzbereitschaft und wusste nur zu gut, dass niemand da war, der Sybilles Arbeit übernehmen würde. Aber Anna wusste auch, dass sie sich nicht allein aus Sorge vor Sybilles Reaktion zurückgehalten hatte. Sie zweifelte selbst an ihrem Verstand, befürchtete Gedächtnisverlust und Altersverwirrtheit. Von einer Minute zur anderen vergaß sie, was sie zu tun beabsichtigt hatte, suchte vergeblich nach Worten und Begriffen für die alltäglichsten Dinge. Namen und Telefonnummern kamen ihr abhanden. Anna konnte nicht umhin zu denken, dass Sybille und Gisela recht hatten mit ihrer Vermutung.

Anna gab auf, sie würde nicht wieder einschlafen. Sie sprang aus dem Bett, den kreisenden Gedanken und quälenden Kopfgesprächen ein Ende zu machen. In ihrer Wohnung blieb es still. Das Telefon war verstummt. Der Anrufbeantworter hatte keine Nachrichten für sie. Der Posteingang im Outlook meldete »Null Elemente«. Anna war abgekoppelt. So fühlte es sich zumindest an. In den letzten Jahren hatte sie immer wieder private Termine hintenangestellt, ein Treffen mit Freunden verschoben, eine Einladung nicht angenommen. Und so hatte sie, ohne es eigentlich zu wollen, fast unbemerkt ihre privaten Kontakte gekappt. »Freundschaften muss man pflegen«, dachte sie wütend über sich selbst. »Du hast irgendwann kein Interesse mehr gezeigt an den ohnehin wenigen Freunden, die du je hattet. Du warst taub und blind für Menschen in deiner Nähe. Du hast dich in deiner Rolle als Beraterin und Helferin gesuhlt, hast Scheuklappen getragen und alles andere, was nicht in dein Helfersystem passte, abgeblockt. So sieht das aus, jetzt bist du ziemlich allein.«

Anna war so viel und so lange allein, dass sie sich sorgte, sie könne die Fähigkeit zu sprechen, mit anderen zu kommunizieren verlieren. Sie verstolperte sich beim Sprechen, hörte sich beim Reden zu und je mehr sie sich selbst beobachtete, desto schwieriger wurde es für sie, zusammenhängende Sätze zu formulieren. Die Angst trieb sie um.

Anna machte sich daran, die Leere ihrer Tage zu organisieren, die im Überfluss vorhandene Zeit sorgfältig zu verplanen, ihre wenigen Aufgaben auf die einzelnen Tage der Woche gleichmäßig zu verteilen. Frühmorgens um 5:00 Uhr frühstückte sie, zum ersten Mal seit ihrer Kindheit am Tisch sitzend, genoss den ersten Schluck Tee und hörte die Wiederholungen der Sendungen des Vortags im Radio. Sie entdeckte die Sendung »Redezeit«, die sie früher nie hatte hören können. Sie schrieb Titel und Autoren der besprochenen Bücher auf, bekam sie als Hörbücher oder bestellte sie in der Buchhandlung, um sie später mit dem Vorlesescanner zu studieren. Sie hatte sich ein neues Vorlesegerät angeschafft, das ihr auch Bücher in englischer und französischer Sprache vorlesen konnte. British English hatte sie ausgewählt, das konnte sie besser verstehen, als das American English, das Mary, die Frau ihres Neffen, sprach. Wie oft hatte sie sich schon vorgenommen, ihre Englischkenntnisse aufzupolieren, um sich an den Gesprächen in der Familie ihres Neffen beteiligen zu können. Das würde sich nun ändern. Sie würde Bücher in englischer Sprache lesen, sie wollte sehen, was ihr Kopf vielleicht doch noch hergab. Aber sie würde keinen Kurs an der Volkshochschule besuchen, wie sie das vor Jahren getan hatte, um Italienisch zu lernen. Sie wusste, in einem solchen Kurs würde sie sich nicht wohlfühlen und immer nur panisch darauf achten, nicht als senile Alte aufzufallen.

Anna fuhr über ein verlängertes Wochenende an die Ostsee, wollte endlich wieder zu ihrer ersten Liebe, den Büchern, zurückkehren. In Boltenhagen nahm sie am Boltenhagener Bücherfrühling teil, einem Seminar, von dem sie schon viel Gutes gehört hatte und zu dem sie wegen des jährlichen, von ihr geleiteten Taubblindenseminars, bisher nicht hatte fahren können. Würde sie es schaffen, dort aus ihrer Isolation herauszufinden, Kontakte zu knüpfen, Gespräche zu führen?

19

MIT NIKLAS UNTERWEGS

Der Deutsche Wetterdienst gab Unwetterwarnungen für große Teile des Landes heraus, als der Orkan Niklas, ein Sturmtief, am 29. März 2015 in der Nähe von Island entstand. Während er vom 30. März bis 1. April 2015 über Europa zog, verursachte er sowohl in Deutschland als auch Österreich hohe Windgeschwindigkeiten von bis zu 192 Kilometer pro Stunde.

Anna wusste nicht, was sich da über Island zusammengebraut hatte und sich auf den Weg nach Deutschland machte, als sie sich am frühen Morgen des 31. März 2015 mit ihrem Rollkoffer, ihrem Rucksack und ihrem Hund vor der Rezeption des Aura-Hotels in Boltenhagen einfand, um auszuchecken und auf das Taxi nach Grewes Mühlen zu warten. Im Frühstücksraum hatten einige gemunkelt, dass es wohl heute ein wenig stürmisch werden würde. Aber was dann auf sie zukam, das ahnte Anna nicht.

An der Rezeption wartete schon eine andere Teilnehmerin des Boltenhagener Bücherfrühlings mit einem mächtigen Rollkoffer. »Ziemlich groß für einen Aufenthalt von vier Tagen«, dachte Anna amüsiert. Regina Seiler kam aus Baden-Württemberg, wie Anna später auf ihrer gemeinsamen Fahrt nach Hamburg erfuhr. Anna war es recht, ein wenig Begleitung zu haben. Sie sah auf die Uhr, das Taxi war für 9:25 Uhr bestellt, Zeit genug für den Zug nach Lübeck eine Stunde später. Zehn Minuten vergingen, in denen Anna alle zwei Minuten ihr

Handy nach der Uhrzeit befragte. Schließlich bat sie die Mitarbeiterin an der Rezeption, doch einmal nachzufassen, ob das Taxi sie vielleicht vergessen hätte. Und so war es tatsächlich! Aber gleich würde ein Wagen kommen. Die Zeit wurde knapp. Das Taxi fuhr vor. Der Fahrer verstaute die Koffer und brummte vor sich hin, wie er es denn wohl in Grewes Mühlen schaffen sollte, zwei blinde Frauen mitsamt ihrem umfangreichen Gepäck, Treppe runter und Treppe rauf, auf Gleis 2 zu befördern. In Grewes Mühlen gab es keinen Mobilitätsservice und die Taxifahrer aus Boltenhagen übernahmen für gewöhnlich diese Aufgabe.

Anna beruhigte den Fahrer: Er solle sich keinen Kopf machen. Sie würde ihm mit ihrem Koffer und ihrem Hund auf dem Fuß folgen, er brauche sich nur um die Frau mit dem großen Koffer zu kümmern. Anna setzte sich nach vorn und Ole machte sich im Fußraum klein.

Während der Fahrt versuchte Anna ruhig zu bleiben, den Fahrer ihre Nervosität und Unruhe nicht spüren zu lassen, es würde nichts nützen, ihn anzutreiben. Den Traktor vor ihnen würde er auch dann nicht überholen; die Straße war zu schmal und unübersichtlich. Wie sie es hasste, so auf den letzten Pfiff unterwegs zu sein. Anna bereitete sich darauf vor, möglichst schnell aus dem Wagen zu springen, wenn sie denn endlich in Grewes Mühlen angekommen wären. Sie stopfte das Geld für die Fahrt in die Manteltasche, hakte den Führbügel in das Geschirr. Sie war bereit. Ihr Magen verkrampfte sich und sie hoffte inständig, dass sich der Durchfall, der sie am Vortag nach einer Tasse Cappuccino überfallen hatte, nicht wieder meldete. Anna schauderte, der bittere Geschmack des Cappuccinos, der Schweißausbruch kaum eine Viertelstunde später, die überfallartige Übelkeit, die peinvollen Sekunden, bis sie sich endlich in der Toilette erleichtern konnte. An diesem Tag hatte sie sich während der Lesung weit entfernt von der Tür an das Fenster des großen, mit Menschen vollgestopften Tagungsraums gesetzt. Sie brauchte unbedingt frische Luft.

Mit Mühe hatte sie sich von ihrem Platz am Fenster durch die Reihe gequetscht und es gerade eben bis zum Waschbecken in der Toilette geschafft. Und dann der Durchfall in der Nacht. Himmel, so etwas hatte sie noch nicht erlebt. Sie hatte nicht den geringsten Einfluss auf ihren Darm gehabt, hatte Handtücher und Laken verbraucht, gewaschen und zu trocknen versucht. Wäre sie doch nur schon zu Hause!

Inzwischen war Wind aufgekommen, zauste die Zweige der Alleebäume und trieb Blätter sowie kleine, abgebrochene Zweige vor sich her. Aber das war nichts Bedrohliches, nichts Ungewöhnliches in Küstennähe. In Grewes Mühlen empfing sie überraschenderweise ein Mitarbeiter der DB, der ihnen erklärte, dass der Fahrplan ein wenig durcheinandergeraten wäre. Die nächste Bahn nach Lübeck würde aber in Kürze eintreffen. Durcheinandergeraten – das war das Mindeste, was man von dem Fahrplan der Deutschen Bahn an diesem Tag sagen konnte.

Im Zug kamen Regina Seiler und Anna nebeneinander zu sitzen. Regina hatte vor dem verlängerten Wochenende des Boltenhagener Bücherfrühlings eine Woche mit einem Yogakurs gebucht, daher der große Koffer! Sie hatte von ihrem Aufenthalt wenig profitieren können, ein Magen-Darm-Infekt hatte sie heimgesucht und flachgelegt. Wie Anna war sie zum ersten Mal beim Boltenhagener Bücherfrühling dabei gewesen. Anna war sehr angetan von diesem ungewöhnlichen Workshop. Es gefiel ihr, dass die Lesungen am Abend stattfanden und das Porträtgespräch genannte Interview erst am nächsten Vormittag geführt wurde. So konnte man über die gelesenen Texte in Ruhe ein wenig nachdenken und Vermutungen darüber anstellen, wer sich hinter diesen Texten als Urheber verbarg. Jürgen Trinkus, Organisator und Mediator des Workshops, kannte alle wichtigen und auch die unwichtigen Details aus dem Leben der Autoren. Manche waren sehr erstaunt darüber, was er ausgegraben hatte, das was sie selbst längst vergessen glaubten. »Trotzdem fand ich die Fragerei nie indiskret oder übergriffig«, urteilte Anna. »Jürgen Trinkus hat die Autoren sehr geschickt zum Reden gebracht, wie sie zum Schreiben gekommen sind, was sie so alles tun, um überleben zu können. Mir hat der Bericht von Ursula Krechel sehr imponiert, dass sie, anders als viele Autoren, erst das Buch komplett beendet und dann einem Verlag vorlegt, damit ihr niemand in ihre Arbeit hineinredet.«

Regina stimmte ihr zu, meinte aber: »Ich fand das erste Kapitel, das sie uns vorgelesen hat, mit der Beschreibung des Bahnhofs viel zu ausführlich, das war mir zu langatmig.«

»Dann warst du das, der das gestern kritisch angemerkt hat?«, hakte Anna nach und dachte daran, wie unangenehm sie von dieser Krittelei berührt gewesen war. »Unangemessen und anmaßend, ziemlich krass«, hatte sie gedacht, sagte aber: »Ja, aber Ursula Krechel hat da sehr gut reagiert. Mir hat ihre Erklärung durchaus eingeleuchtet, warum sie diese detaillierte Beschreibung des Bahnhofs an den Anfang des Romans gestellt hat.« Die Ankunft in der unzerstörten Stadt Lindau, die majestätische, von allen Geschehen offensichtlich unberührte, zeitlos wirkende Bahnhofshalle, die in einer langen Schlange wartenden Reisenden, die als Kriegsverlierer nach dem Empfinden des aus dem Exil heimgekehrten ihren Kopf erstaunlich hoch trugen. Das war eine eindrucksvolle und präzise Darstellung einer Heimkehr, die so ganz anders verläuft als erwartet.

Eine Weile saßen sie schweigend da. Annas Gedanken führten sie weit zurück. Der Roman von Ursula Krechel hatte alte Fragen wachgerufen. Waren die Richterkollegen ihres Vaters und ihr Vater selbst ebenso sehr dem Naziregime verbunden gewesen, durch die Entnazifizierung rein gewaschen und doch ihren Überzeugungen treu geblieben wie die Kollegen des jüdischen Richters, die dem Heimkehrer mit Misstrauen und Verachtung begegnen? »Anna dachte an ihre Freundin Erika, deren Name glücklich strahlende Bilder aus ihrer Kindheit wachrief, die ihr viele Jahre später erzählte, wie ihr Vater, ein hoher Funktionär im Justizapparat, sieben Jahre nach

Kriegsende aus britischer Gefangenschaft heimkehrte, seine Frau und seine Kinder, vor allem seinen jüngsten Sohn, brutal zusammenschlug und der als Landgerichtsdirektor wiedereingestellt wurde. Anna erinnerte die vielen Fragen nach der Verantwortung und Schuld ihres eigenen Vaters, die Suche nach seinem Gesicht auf Fotos in der Wehrmachtsausstellung, die Suche in den Archiven der Bibliotheken, die nach dem Tod des Vaters gefundenen Papiere, das Bild des Vaters, das sich allmählich verändert hatte, und ihre Trauer darüber.

Der Sturm hatte Fahrt aufgenommen, Zweige peitschten gegen das Fenster, der Zug fuhr vorsichtig, mit stark herabgesetzter Geschwindigkeit. »Wann werden wir denn wohl in Hamburg ankommen? Wenn der Zug weiter so herumklüngelt, verpasse ich meinen Anschluss.«

Regina nahm das locker: »Na, dann nimmst du eben den nächsten. Irgendwie wird das schon klappen. Du wirst sehen, heute Abend sind wir beide zu Hause. Du in deinem schönen Ruhrpott und ich in meinem nicht minder schönen Stuttgart.«

»Dein Wort in Gottes Ohr! Wenn es genügt, daran zu glauben, will ich wohl gläubig sein!«

Die meisten Teilnehmer des Workshops waren aus den neuen Bundesländern angereist und Anna hatte sich während des Seminars in der Gruppe ein wenig wie eine Fremde gefühlt, als gehöre sie nicht dazu. Sie fragte Regina, ob es ihr ähnlich ergangen sei. »Ja, ein bisschen schon. Ich hatte immer wieder den Eindruck, dass wir eine andere Sprache sprechen. Na ja, und an das breite Sächsisch müssen sich meine Ohren auch erst gewöhnen.« Während der Mahlzeiten hatte Anna mit zwei Ehepaaren aus Sachsen-Anhalt am Tisch gesessen. Lag es daran, dass sie in unterschiedlichen Gesellschaftssystemen groß geworden waren, oder einfach nur an Annas Befangenheit, dass keine Vertrautheit zwischen ihr und den Tischgenossen aufkam und selten gemeinsame Gesprächsthemen gefunden wurden. Anna konnte das nicht auseinanderdividieren. Sie hatte nicht, wie gehofft, viele Gespräche führen können. Aber sie hatte viel zugehört und das war gut. Damit konnte sie sich zufriedengeben.

In Hamburg standen zwei Uniformierte mit ihren roten Käppchen auf dem Bahnsteig bereit, zwei Mitarbeiterinnen des Mobilitätsservice, je eine für Regina und Anna. Die beiden Frauen beendeten ihre kurze Bekanntschaft schnell. Regina hakte sich bei ihrem Rotkäppchen unter und rollte eilig davon; ihre Umsteigezeit war sehr kurz bemessen. Anna wurde auf eine Bank gesetzt und wartete ergeben darauf, zum richtigen Zeitpunkt wieder abgeholt zu werden. Ununterbrochen hörte sie die Lautsprecherdurchsagen mit Hinweisen zu ankommenden und abfahrenden Zügen, Verspätungen wurden gemeldet, nicht selten Verspätungen von mehr als einer Stunde. Und dann eine Durchsage, die Anna aufhorchen ließ: »Der ICE nach Stuttgart fällt aus.« Und wenig später: »Der Zugverkehr nach Süddeutschland ist eingestellt.«

»Oh je, das war's für Regina«, dachte Anna. »Heute kommt sie also doch nicht mehr zu Hause an.« Annas Mobilitätshelferin kam angelaufen. »Kommen Sie schnell, der verspätete ICE von Kopenhagen nach Köln wird auf Gleis 7 bereitgestellt. Das ist zwar nicht der Zug, in dem Sie Plätze reserviert haben, aber ob der überhaupt noch fährt, dass weiß man nicht. Heute müssen Sie nehmen, was kommt!« Anna packte schnell ihren Daisy-Player weg und sprang auf.

Vor den geschlossenen Türen des ICE hatten sich kleine Grüppchen versammelt, ratlos blickende Reisende, die auf Annas uniformierte Begleitung losstürzten und sie mit der Frage bestürmten, wohin denn dieser Zug fuhr. Es hatte unterschiedlichste Lautsprecherdurchsagen gegeben, die Anzeigetafel war leer geblieben. Annas Mobilitätshelferin wusste das auch nicht sicher, zückte ihr Handy, konnte keinen Kontakt herstellen, lief am Zug entlang, suchte nach dem Zugpersonal. Vergeblich! Niemand da! »Warten Sie hier auf mich, ich erkundige mich, ob dieser Zug nach Münster fährt!« Ein knackendes Geräusch, die Türsperren wurden gelöst. Eine Lautsprecherdurchsage: »Achtung, Achtung! Der auf Gleis 7 bereitgestellte ICE von Kopenhagen nach Köln hält nicht in Münster, der Zug wird über Dortmund umgeleitet.« Anna war das egal. Dortmund war sogar noch näher an ihrem endgültigen Reiseziel. Dortmund, auch gut! Das war die richtige Richtung. Anna zögerte, ob sie auf die Dame vom Mobilitätsservice warten sollte, ließ sich dann aber bereitwillig von freundlichen Reisenden ihren Koffer in den Zug heben, stieg mit Ole ein und suchte einen freien Platz. Die Servicemitarbeiterin fand sie dort und bestätigte, dass der Zug in die für sie richtige Richtung fahren würde, wünschte eine gute Reise und Anna bedankte sich. Eine gute Fee, die sie jetzt in ihr gemütliches, ruhiges Zuhause und vor allem in ihr Bett beamen würde, die wäre ihr gerade recht.

Dreimal wurden die Reisenden darauf hingewiesen, dass der Zug nicht fahrplangemäß in Münster halten, sondern über Dortmund umgeleitet würde. Eine halbe Stunde nach ihrem Einstieg stand der Zug immer noch auf dem Gleis. Was hatte das zu bedeuten? War die Strecke nicht frei? »Wenn der Zug nicht bald fährt, kommen wir vor Mitternacht nicht in Dortmund an.« Endlich, nach einer gefühlten Ewigkeit, setzte sich der Zug in Bewegung, langsam, sehr langsam, so als ob die Weiterfahrt des Zuges nicht unbedenklich sei.

Anna richtete sich auf ihrem Platz ein, kramte den Daisy-Player aus ihrem Rucksack, legte eine andere CD ein und hoffte, dass der neueste Krimi von Nicki French sie von ihrer Umgebung ablenken könnte. Sie hatte immer noch leichte Magenkrämpfe und wusste nicht, ob das die dem Cappuccino geschuldete Magenverstimmung oder der Hunger war – sie hatte am Morgen nur Zwieback gefrühstückt und es seither nicht gewagt, etwas zu essen. Was war das da für ein Geräusch, außen am Zug? Ein ständiges Klappern, welches an- und abschwoll. Sie erwischte die Zugbegleiterin, die versprach, der Sache nachzugehen. Anna konnte sich nun nicht mehr auf ihr Hörbuch konzentrieren. Sie versuchte, den Kopf von allen Gedanken freizumachen, alle Außenreize zu ignorieren, sich ganz in sich selbst zurückzuziehen. Eine Weile gelang es ihr, den Kopf leer zu machen, nichts zu denken. Ein Ruck, Bremsen quietschten, der Zug stand. Stille. Warten. Dann die Durchsage: »Vor uns auf der Strecke ist ein Baum auf die Oberleitung gefallen. Es wird versucht, die Störung zu beseitigen.« Im Großraumwagen war leises Gemurmel zu hören, Vermutungen über die Dauer der Störung, das Ausmaß des Schadens. Eine nicht gemessene Zeit später – Anna hatte bewusst vermieden, auf das Verstreichen der Zeit zu achten – kam die nächste Durchsage: »Die Weiterfahrt des Zuges ist wegen der Oberleitungsstörung nicht möglich. Es werden Ersatzbusse angefordert, um die Fahrt fortzusetzen. Wie lange das in Anspruch nimmt, kann zum jetzigen Zeitpunkt nicht angegeben werden. Wir bitten um Ihr Verständnis.« Ersatzbusse, wo sollten die herkommen, wenn überall auf den Landstraßen umgestürzte Bäume herumlagen? Wie sollten Busse an den Zug heranfahren? Anna hatte nicht den Eindruck, dass der Zug gerade in bewohnter Gegend zum Stehen gekommen war. »Sehen Sie hier eine Straße in der Nähe?«, fragte sie den Reisenden auf dem Einzelsitz im Gang gegenüber. »In Sichtweite ist hier nichts«, meinte der. »Aber irgendwie werden wir hier schon wegkommen.«

Wieder das Warten. Das langsame Vergehen der Zeit. Der Versuch, alle Gedanken auszuschalten. Dann hörte Anna das Geräusch der hochfahrenden Motoren. Der Zug machte sich zur Weiterfahrt bereit, fuhr an, ganz langsam, vorsichtig. Dann die Durchsage: »Der Zug fährt weiter nach Hannover. Dort endet dieser Zug. Bitte informieren Sie sich beim Service Point über die Möglichkeiten der Weiterreise.«

»Verdammt«, dachte Anna, »was mache ich denn jetzt? Für den Bahnhof von Münster habe ich einen Umsteigeservice bestellt. In Hannover weiß niemand, dass ich Hilfe brauche.« Das Bild der wild durcheinander wuselnden Menschen, jeder so aufgeregt und hilflos wie sie selbst, der ihr völlig unbekannte Bahnhof, die Ungewissheit über das, was da auf sie zukam,

Panik machte sich breit. Die Zugbegleiterin hatte den Großraumwagen betreten und beantwortete so gut es irgend ging, die Fragen der Reisenden. Anna machte sich lautstark bemerkbar: »Bitte helfen Sie mir! Bitte, können Sie dafür sorgen, dass sich in Hannover der Mobilitätsservice um mich kümmert? Ich weiß nicht, was ich sonst machen soll! Ich kenne mich auf dem Bahnhof nicht aus.«

In Hannover drängten sich die Reisenden aus dem Zug, besorgt und aufgeregt, aber auch froh darüber, auf dem Hauptbahnhof von Hannover gelandet und nicht irgendwo im Niemandsland gestrandet zu sein. Die Zugbegleiterin hielt Ausschau nach der Unterstützung für Anna, entdeckte eine rote Kappe und verhandelte, wer sich denn weiter um Anna kümmern solle. Mitten in diese Verhandlungen platzte die Durchsage: »Achtung, Achtung! Der Zugverkehr in Norddeutschland wird ab sofort eingestellt. Ich wiederhole: Der Zugverkehr in Norddeutschland ist eingestellt.« Diese Durchsage hallte in regelmäßigen Abständen im Bahnhof wider, durchkreuzte alle Pläne und Hoffnungen. »Und was jetzt?«

»Ich bringe Sie erst einmal zur Information«, sagte die Zugbegleiterin, deren Los es war, sich um Anna zu kümmern. Lange Schlangen am Service Point, das konnte Stunden dauern. Anna erinnerte sich an die Berichte von den Zuständen an den Bahnhöfen des Ruhrgebiets, als der Sturm Elias den Verkehr lahmlegte und der Run auf die Taxen begann. »Bitte bringen Sie mich schnell zu einem Taxistand, hoffentlich steht da noch eines!« Anna empfand große Erleichterung. Zwei Taxen waren noch da und warteten. Bereitwillig öffnete der erste Fahrer den Kofferraum, hatte nichts gegen die Mitnahme eines Hundes einzuwenden. Anna stieg ein und bedankte sich bei der Zugbegleiterin.

»Bitte, bringen Sie mich zu einem Hotel in der Nähe. Heute komme ich hier nicht weg.«

»Die Hotels in Bahnhofsnähe sind ganz bestimmt alle voll belegt, wohin müssen Sie denn?«

»Ich wohne im Ruhrgebiet, das ist nicht gerade die Tür nebenan.«

»Na ja, wenn Sie wollen, ich fahre Sie auch direkt nach Hause. Wenn Sie bedenken, ich kurve mit Ihnen durch die Gegend und suche nach einem Hotelzimmer, das wird nicht einfach sein. Außerdem, das ist Ihnen doch wohl klar, fahren Sie morgen auch nicht nach Hause. Morgen fährt bestimmt noch kein Zug irgendwohin.« Anna musste dem Fahrer da recht geben. Es würde mindestens zwei Tage dauern, bis der Bahnverkehr wieder einigermaßen normal lief. Sie würde zwei Tage lang in einem Hotelzimmer, mehr oder minder untätig, verbringen müssen, wenn sie denn überhaupt ein Hotel fand, welches sie mit Hund aufnahm. Und sie hatte keine frische Wäsche mehr. Der Cappuccino und seine Folgen hatten alle Reserven verbraucht. Das Hundefutter war auch längst gefressen, hatte sie doch gerade so viel eingepackt, wie sie für drei Tage brauchte. Nein, sie hatte wahrhaftig keine Lust, zwei Tage hier herumzuhängen. Sie wollte nach Hause, so viel war sicher. »Wie ist denn der Verkehr auf der Autobahn? Gibt es da vielleicht Sperrungen oder Staus durch Unfälle? Und – ist das jetzt nicht viel zu gefährlich bei dem Sturm?«

Der Fahrer gab ihre Adresse in sein Navi ein. Das Navi zeigte freie Fahrt auf den Autobahnen ins Ruhrgebiet an. »Na ja, der Sturm, Sie haben vielleicht gemerkt, dass der Wind nachgelassen hat. Schon seit einiger Zeit. Das ist jetzt nicht mehr so gefährlich, so viel können Sie mir glauben!«

Und der Fahrer hatte recht. Der Sturm hatte seine Kraft verloren. Hin und wieder versuchte eine Windbö, den Wagen zur Seite abzudrängen. Anna warf dem Fahrer einen besorgten Blick zu. Der grinste: »Keine Angst, meinen Wagen habe ich im Griff. Ich bin gut durchtrainiert.« Und der Fahrer erzählte von seinem vormals wilden Leben. Anna ließ sich von dem jungen Mann, sie schätzte ihn auf Mitte zwanzig, in die ganz besondere Welt des Kampfsports einführen. Eine eigene Welt, die es ihm, dem nicht Bio-Deutschen, ermöglichte, Zurücksetzungen und Anfeindungen zu kanalisieren. Der junge Mann schaute manchmal kurz zu Anna herüber, prüfend, wie denn seine Erzählungen bei dieser merkwürdigen, blinden Frau ankamen. Anna grinste zurück, sie war interessiert, aber nicht eingeschüchtert von so viel aggressiver Männlichkeit. Wenn es früher Sportstudios und Kampfsport auch für Frauen gegeben hätte, vielleicht hätte sie dann ihre Wut und ihren Zorn abarbeiten können, anstatt alles im Stillen mit sich selbst abzumachen. Das erklärte sie dem jungen Mann, der ihre volle Sympathie hatte und dessen frühere wilde Wut sie gut nachempfinden konnte. Auch Anna hatte erfahren, was Zurücksetzung und an den Rand gedrängt werden auslösen können: »Ich kenne diese hilflose Wut, wenn einem Wege versperrt werden, nur weil man der Norm in einem Punkt nicht entspricht.« Sie erzählte, wie sie als junge Frau halb angekleidet beim Amtsarzt stundenlang auf das für ihr Studium notwendige Attest warten musste, welches ihr verweigert wurde, obwohl sie völlig gesund war und bis auf ihr Sehvermögen allen Anforderungen entsprach. Anna erzählte von den Steinen, die ihr nach dem Aufenthalt in Frankreich bei ihrer Rückkehr in den Beruf in Deutschland in den Weg geworfen wurden, die befristeten Anstellungsverträge, in ihrer Häufung gesetzwidrig, die zahlreichen Revisionen, mehr, als andere Kollegen in ihrem gesamten Berufsleben hinnehmen mussten. Der junge Mann und Anna wechselten einen Blick des Einverständnisses.

Irgendwann begann Anna, die bisher längste Taxifahrt ihres Lebens zu genießen. Trotz ihrer Müdigkeit, ihres Hungers und der Erschöpfung nach einem langen Tag des Wartens. Sie genoss das Gespräch mit dem jungen Mann, stellte amüsiert fest, dass sie in den vier Stunden dieser Taxifahrt mehr geredet hatte als in den vier Tagen ihres Aufenthalts in Boltenhagen.

Als der Wagen rechts einbog und über das Pflaster der Parkstraße rumpelte, setzte sich der Hund, der lange nahezu regungslos im Fußraum gelegen hatte, erwartungsvoll auf. Geschafft! Anna musste noch Geld aus der Wohnung holen, den Hund an den Straßenrand bringen, damit er die Lasten eines ganzen Tages loswerden konnte, bevor sie ihre Wohnung wieder in Beschlag nahm. Sie tat das, was sie immer zuerst machte, wenn sie von einer Reise nach Hause kam: Sie öffnete Fenster und Türen. Die Balkontür des Wohnzimmers widerstand ihr, der Schlüssel des Sicherheitsschlosses ließ sich nicht herumdrehen. »Verflixt, ist das Schloss jetzt doch endlich kaputtgegangen? Blöde Idee, in der ersten Etage die Balkontür mit einem Sicherheitsschloss zu verriegeln, nur weil im Erdgeschoss darunter eingebrochen worden war. Wer soll denn da hochklettern? Jetzt kann ich zusehen, wie ich das Schloss wieder repariert kriege.« Anna verschob ihre Versuche, die Balkontür zu öffnen, auf den nächsten Tag und sah zu, dass sie ihr Bett wiederfand. Sie streckte sich dankbar. Endlich zu Hause! Endlich in Sicherheit!

Am späten Vormittag, nach einem Waldspaziergang, bei dem Ole den Frust des Vortages mit seinem besten Kumpel Ben, einem Golden Retriever im gleichen Alter, aus sich austoben konnte, versuchte Anna erneut, die Balkontür im Wohnzimmer zu entriegeln. Nichts zu machen! Durch die Tür des Arbeitszimmers ging Anna auf den Balkon, besah sich die Sache von außen und verstand. Die Tür war einen Spaltbreit geöffnet, tiefe Kerben waren von oben bis unten auf beiden Seiten in den Rahmen geschlagen. Jemand hatte sich Zutritt verschaffen wollen. Wie gut, dass sie das erst jetzt und nicht schon gestern Abend bemerkt hatte. Aus wäre es gewesen mit dem Gefühl, zu Hause und in Sicherheit zu sein!

Anna benachrichtigte den Schreiner, der die Tür schnell reparieren würde, die Versicherung und die Polizei, die mit vier Beamten den Schaden in Augenschein nahm. »So viel zum Personalmangel bei der Polizei!«, amüsierte sich Anna stillvergnügt, beobachtete die vier Männer, wie sie fachmännisch die Tür untersuchten und ihre Expertisen darüber abgaben, wie viel Kraft nötig gewesen war, um so tiefe Kerben in das Holz zu schlagen, wie sie sich über die Balkonbrüstung beugten, um den Weg der Fast-Einbrecher nachzuvollziehen. Da war ein Fußabdruck im Blumenkübel auf der Terrasse des Nachbarn, der gleichzeitig mit Anna Urlaub gemacht hatte, und von da aus war es ein Kinderspiel. Einer der Polizisten deutete auf das Haus gegenüber, das mit zahlreichen Fenstern auf Annas Balkon schaute. »Das niemand das gesehen hat!«

»Hm«, überlegte Anna, »vielleicht hat ein Nachbar den Krach gehört, hinausgeschaut und die Jungs vertrieben.« Vielleicht hat einer der Nachbarn aber auch unser Haus im Blick und weiß, wer wann Urlaub macht und wie lang. Einige Wochen später erhielt Anna die Mitteilung von der Polizei, dass die Ermittlungen eingestellt wären.

20

AUSGELÖSCHT

Anna schloss die doppelt verriegelte Wohnungstür auf, schob den kleinen Rollkoffer und den Hund in die Diele, sog den vertrauten, nach fünf Tagen Abwesenheit ein wenig abgestandenen Geruch nach Holz und Pflanzen mit einem tiefen, zufriedenen Atemzug ein, nahm Ole das Führgeschirr ab, füllte seinen Wassernapf, sperrte die Balkontüren weit auf und drückte auf den Wiedergabeknopf des Anrufbeantworters. »Guten Tag, Frau Durant«, wisperte die heisere, alterszittrige Stimme von Maria Weber, eine Stimme, die neben der Zerbrechlichkeit und körperlichen Schwäche der Frau in Annas Alter auch ihre durchdringende Intelligenz und ihren unbeugsamen Willen offenbarte. »Ich wollte einmal nachhören, wie es Ihnen geht. Ich versuche es später noch einmal.«

Der Klang dieser Stimme wirbelte Erinnerungsbilder auf, leuchtende Bilder aus dem betörend duftenden Garten, der seine Existenz allein Maria Webers zielstrebiger Beharrlichkeit verdankte. Eine andere, beschämende Erinnerung drängte sich vor diese Bilder, das Gespräch in der »Guten Stube«, eine Erinnerung, die Anna gern auf immer aus ihrem Gedächtnis gelöscht hätte. Anna glaubte zu wissen, was Maria Weber, die seit Monaten nichts von sich hatte hören lassen, zu dieser Aufsprache veranlasst hatte. Am vergangenen Wochenende hatte in der Einrichtung des evangelischen Taubblindendienstes eine Fachtagung zum betreuten Wohnen für Taubblinde stattgefunden, zu der Maria Weber seit fünf Jahren Experten aus ganz Deutschland einlud. Auch Anna hatte eine Einladung erhalten, ihre Teilnahme mit dem Hinweis auf ihren Rückzug von allen Aktivitäten jedoch abgesagt. Gisela Breidenbach war, so vermutete Anna, wie in den vergangenen Jahren auch, zu der Fachtagung erschienen. Anna sah sie vor sich, die beiden so unterschiedlichen Frauen: die eine, weltoffen und bekennende Atheistin, eine energiegeladene, attraktive Endfünfzigerin; die andere eine in ihrem Glauben fest verankerte Christin, alt, schwach und krank, nur durch die Kraft ihres zähen Willens wie mit einem dünnen Faden mit dem Leben verbunden. In ihrem Ehrgeiz und ihrer Zielstrebigkeit waren sich beide Frauen gleich. Bei der Fachtagung hatten sie Zeit gefunden für ein Gespräch, ihre klugen Köpfe zusammengesteckt und über sie, Anna und ihren Rückzug, gesprochen: »Die arme Anna, das Gedächtnis lässt sie im Stich und ihr Kopf schafft es nicht mehr«, so mochte Gisela Annas Rückzug erklärt haben. Beschämt und mit schlechtem Gewissen hatten beide, unabhängig voneinander, beschlossen, sich um Anna zu kümmern. Anna war sicher, dass auch Gisela sich bald melden würde. Gisela hatte es immer abgelehnt, auf den Anrufbeantworter zu sprechen. Sie würde es so lange versuchen, bis sie Anna direkt erreichte.

Anna schüttelte die tristen Gedanken ab, räumte den Koffer aus und richtete sich wieder ein in ihrem Refugium. Zwei Monate nach ihrem Ausflug an die Ostsee mit der abenteuerlichen Rückfahrt in Begleitung des Sturmtiefs Niklas hatte Anna sich wieder aufgemacht und war nach Sachsen zu einer vom Blindenverein organisierten Wanderwoche gereist. Dort hatte sie, anders als an der Ostsee, viel geredet und viel zugehört. Wieder war sie fremd gewesen, hatte sich aber nicht ausgegrenzt gefühlt. Sie hatte von Biografien mit ihren typischen Brüchen erfahren, die Lebensgeschichte des wegen seiner Behinderung früh verrenteten Mannes, der im September ’89 sein Abiturzeugnis nach Westberlin geschmuggelt hatte, um dort studieren zu können, und der nach einem Studium der Betriebswirtschaft arbeitslos geblieben war. Anna hatte ihre Sprache wiedergefunden und war sich nun fast sicher, dass sie von einer Altersdemenz noch weit genug entfernt war. Wegen des Lokführerstreiks war sie zwei Tage früher abgereist, bedauerlich, aber, so kurz die Woche auch gewesen war, Anna hatte wieder zu sich selbst gefunden.

Zwei Tage nach ihrer Rückkehr kam, wie erwartet, der Anruf von Gisela. Sie führten ein belangloses Gespräch. Sie hatten einander nichts zu sagen und Anna war froh, dass sie in den wenigen Tagen in Sachsen ihre Sprachfähigkeit zurückgewonnen hatte. Am nächsten Vormittag rief Maria Weber an, wie sie es auf dem Anrufbeantworter versprochen hatte. Maria nutzte diese Telefongespräche gern, um von sich selbst und ihren Erfolgen zu erzählen. Anna fügte sich geduldig in die Rolle der Zuhörerin und hörte interessiert zu, wenn Maria Weber von dem neuen Gewächshaus für ihre Kamelien, von den Spenden, die sie für das Haus eingesammelt hatte, in dem die Taubblinden selbstständig in eigener Wohnung leben konnten, berichtete. So war es auch jetzt.

Eine kurze Frage nach Annas Befinden und dann erzählte Maria Weber von sich: »Ich bin ziemlich schwach und ich muss mit meinen Kräften sehr haushalten. Ich habe bei der Fachtagung nur wenige Stunden anwesend sein können. Das schaffe ich nicht mehr. Aber mein Kopf ist noch klar, auf den kann ich mich verlassen. Ihre Telefonnummer, Frau Durant, weiß ich immer noch auswendig. Mein Gedächtnis ist in Ordnung!« Dieser Hinweis war neu, einen Hinweis auf ein gutes Gedächtnis und einen klaren Kopf, hatte es früher nicht gegeben. Und Anna verstand. Und war wütend, ließ Maria Weber reden, hörte nicht mehr zu und dachte: »Da fährt Gisela in der Welt herum und erzählt überall, dass mit mir nicht mehr viel los ist, dass mit mir nicht mehr gerechnet werden kann, dass ich abgedriftet bin in die Welt der kopflosen Alten. Mich gibt es nicht mehr. Weggewischt und ausgelöscht.«

Und Anna beschloss, endlich das zu tun, was sie sich seit Langem vorgenommen hatte: Sie würde ihre Erfahrungen und Erlebnisse aufschreiben und die Bilder in ihrem Kopf für andere sichtbar machen. Sie hatte noch etwas mitzuteilen. Sie war noch da.

21

SCHREIBEN, SCHREIBEN, SCHREIBEN

Lisa, die blutjunge Leiterin des Workshops »Kreatives Schreiben«, hatte mit ihrer weichen, melodischen Stimme den Teilnehmerinnen, ausnahmslos über 60 Jahre alt, die Aufgabe gestellt, ein Gefühl mithilfe der unterschiedlichen Schreibtechniken für den Leser eindeutig erkennbar darzustellen, ohne es im Text explizit zu benennen. Anna hatte sofort gewusst, welches Gefühl sie beschreiben wollte. Nie zuvor und nie wieder danach war sie von einer solch heißen Wut überschwemmt worden wie damals, als Vera den Kurs »Taktile Gebärde« während des jährlichen Taubblindenseminars sabotiert und die Seminarteilnehmer gegeneinander aufgehetzt hatte.

Anna hatte ihre Hausaufgabe gemacht und Lisa gebeten, ihren Text vorzulesen. Lisa las wie eine geschulte Sprecherin, ohne sich in Annas langen, weit verzweigten Sätzen zu verfangen. Anna hörte zu, wie immer mit klopfendem Herzen, versuchte ihre Worte mit kritischer Distanz aufzunehmen, so als hörte sie diese Sätze zum ersten Mal. Eine Woche lang hatte Anna an ihrem Computer gesessen und an diesem Text gefeilt, hatte sich damit abgemüht, die sekundenschnell wechselnden Gedanken und Erinnerungsbilder einzufangen, zu entwirren und in wohlgeordneten Sätzen aufmarschieren zu lassen. War es ihr gelungen, die verschiedenen, teilweise längst zurückliegenden Ereignisse nachzuzeichnen, hatte sie die angespannte Stimmung dieses Nachmittags spürbar gemacht?

Veras kategorisches Nein zu taktilen Gebärden, Annas Entscheidung, trotz Veras ausdrücklichem Verbot einen Kurs »Taktile Gebärden« in das Programm der Seminarwoche aufzunehmen und Ludwig aus dem äußersten Norden des Landes anreisen zu lassen, die dicht gedrängte und wild gestikulierende Menge, die in den Seminarraum geströmt war und Ludwig daran hinderte, seinen Kurs zu halten, Vera, die Annas Aufmerksamkeit geschickt von dem Kursraum abgelenkt hatte, und schließlich Veras mit Unschuldsmiene beim Abendessen verkündete Bemerkung: »Du glaubst doch nicht etwa, dass ich die Leute in den Kurs geschickt habe?«

Anna hatte all ihre Kraft gebraucht, um an sich zu halten und mit fester Stimme zu erklären: »Ich finde euer Verhalten sehr unfair. Ludwig ist 150 Kilometer gefahren, um euch zu zeigen, wie er die Gebärden mit den Händen ertastet. Ihr habt ihn daran gehindert, seinen Kurs zu halten. Ein solches Verhalten dulde ich nicht! Nach dem Abendessen wird Ludwig seine taktilen Gebärden erklären. Nur die fünf Personen, die sich zum Kurs angemeldet haben, dürfen mit ihren Begleitern den Seminarraum betreten.« Anna war mit Twinkle in den Wald gestürmt und hatte ihre Wut hinausgeschrien, bis ihre Stimme nachgab.

Lisa schaute auf, strich ihre langen, schwarz glänzenden Haare zurück, nun war es an den Zuhörerinnen, ihre Kommentare abzugeben. »Das Gefühl, welches dich in den Wald getrieben hat, die Wut, die dich innerlich zu zerreißen droht, dass hast du sehr eindrucksvoll beschrieben. Aber ich habe nicht ganz begriffen, was dich so wütend gemacht hat an Veras Verhalten ...« Und Anna erklärte, wie sehr sie sich in der Vergangenheit bemüht hatte, die von Missverständnissen und Unkenntnis geprägte Kluft zwischen den beiden großen Gruppen der Taubblinden zu überwinden. Auf der einen Seite die gehörlos Geborenen, mit ihrer engen Verbundenheit zur Gemeinschaft und Kultur der Gehörlosen, mit ihrem tief verwurzelten Misstrauen gegenüber Hörenden, ihren Schwierigkeiten, sich in der Sprache der Hörenden auszudrücken und die Lormschrift anzuwenden, auf der anderen Seite die Gruppe der Taubblinden, die als Hörende aufwuchsen, sich in Wort und Schrift heimisch fühlten. Anna hatte es nie verstanden, warum Vera die Gebärdensprache und das taktile Erfassen der Gebärden so sehr ablehnte und in ihrer Taubblindengruppe verbieten wollte. Für Taubblinde gab es so viele Einschränkungen und so viel Verzicht. Warum sollten sie auf ihre gewohnte Sprache, die Gebärdensprache, verzichten, wenn es doch möglich war, die Gebärden nicht nur visuell, sondern auch taktil erfassbar zu machen? Warum die Taubblinden auf die Lormschrift allein festlegen?

Anna hatte die Mitglieder der Usher-Gehörlosen zu den Treffen der Fachgruppe eingeladen, war selbst zu den Veranstaltungen der anderen Gruppe gegangen und hatte den Austausch zwischen beiden Gruppen gefördert. Und nun hatte Vera mit einem Schlag alle ihre Bemühungen zunichtegemacht. Sie hatte die Teilnehmer, die sich nicht für den Kurs »Taktile Gebärden« eingeschrieben hatten, aufgefordert, den Seminarraum zu besetzen und den Dozenten an seinem Vortrag zu hindern. Und während die Teilnehmer in den Seminarraum strömten, war es Vera gelungen, Anna an das andere Ende des Gebäudes zu locken. Eine Begleiterin hatte Anna vor dem Abendessen zur Seite genommen und ihr gesagt, was sich dort abgespielt hatte.

Anna war dankbar für den Hinweis und würde diese Passagen in ihrem Text ändern. Sie freute sich wieder einmal, sich für diesen Workshop angemeldet zu haben. Nach ihrer Fahrt nach Boltenhagen hatte sie angefangen, ihre Erlebnisse und Erfahrungen aufzuschreiben, die Bilder in ihrem Kopf auch für andere sichtbar zu machen, so wie sie es oft vergeblich versucht hatte, wenn sie bei den verschiedensten Stiftungen um Geld bettelte oder Sozialdezernenten davon überzeugen wollte, eine taubblinde Person mit ausreichend Assistenzstunden zu versorgen. Anna hatte viel erlebt und war daran gescheitert, diese Erlebnisse weiterzugeben. Niemand wollte das so genau wissen, niemand wollte sich die Zeit nehmen, um zuzuhören. Und so hatte sie beschlossen, die Bilder, die sie immer wieder bestürmten und nicht zur Ruhe kommen ließen, aufzuschreiben. Anna musste feststellen, dass sich ihre Sprache auf die formelhafte Sprache der Bürokratie reduziert hatte. Anträge und Widersprüche konnte sie schreiben und formulieren, aber Gefühle und Eindrücke für andere Personen nachvollziehbar wiedergeben, das konnte sie nicht.

Im Programm der Volkshochschule hatte sie diesen Workshop »Kreatives Schreiben« entdeckt und den Versuch gemacht. Und das war das Beste gewesen, was sie seit ihrer Kündigung von der Stiftung getan hatte. Anna hörte aufmerksam zu, wenn die anderen Teilnehmerinnen ihre Texte vorlasen, nahm dankbar die Anregungen der Kursleiterin auf, fand allmählich das Vertrauen in ihre sprachlichen Fähigkeiten zurück und empfand das Schreibenkönnen als großes Glück.

***

Ein Jahr lang ließ sie so die Stationen ihrer früheren Aktivitäten Revue passieren und durchlebte noch einmal die prägenden Ereignisse dieser Zeit. Sie durchforstete ihren Computer, ein unschätzbares Reservoir an Daten und Fakten. Zum Glück waren die im Computer verwahrten Ordner nicht ihrer Aufräumwut zum Opfer gefallen, so wie die Papiere und Unterlagen, die sich in 15 Jahren in hässlich grauen Aktenordnern angesammelt hatten. Anna hatte die vollgestopften Ungetüme aus dem wuchtigen, reich verzierten Bücherschrank, einem Familienerbstück, einen nach dem anderen herausgezerrt, in wochenlanger Mühsal Blatt für Blatt aus den Schutzhüllen gezogen und den Rundordner damit gefüttert. Der Computer hatte alles verwahrt. In den gelöschten und gesendeten Objekten ihres Outlook-Programms fanden sich längst vergessene Mails.

Anna schrieb und schrieb, ohne Punkt und Komma, gab sich dem Fluss der Bilder hin, fand die Gefühle von Glück, Verzweiflung und sehr viel Wut und Zorn wieder. Morgens wachte sie noch immer sehr früh auf, trank eine Kanne schwarzen Tee und machte sich daran, das am vergangenen Tag in Eile Geschriebene zu korrigieren, suchte nach Wörtern, strich und ergänzte und gab sich nicht eher zufrieden, bis der Text ganz genau das widerspiegelte, was sie vor Jahren erlebt hatte.

Das Schreiben wurde für sie genauso wichtig wie ihre Aktivitäten zuvor, füllte sie aus, gab ihren Tagen Sinn und Struktur.

22

MIT DEM MOBILITÄTSSERVICE UNTERWEGS

Anna hatte ihre Assistentin Alina gebeten, die Umgebung des Relexa Hotels in Bad Salzdetfurth, wo zum ersten Mal das Seminar für die Führhundehalter aus Niedersachsen stattfinden sollte, in Google Earth zu erkunden. Am Tag zuvor hatte sie den Mobilitätsservice der Deutschen Bahn angerufen und so für eine Umsteigehilfe für die Bahnhöfe Bochum, Hannover und Hildesheim gesorgt. Mit der Buchungsbestätigung kam per Mail auch ein Fragebogen, mit dem die DB die Zufriedenheit ihrer Kunden erforschen wollte. Zusammen mit Alina hatte Anna dieses Formular bearbeitet und gemeint: »Ich kann dem Mobilitätsservice nur gute oder sehr gute Noten geben. Dieser Service ist so ziemlich das Einzige, was bei der Deutschen Bahn reibungslos funktioniert.« Ihr einziger Kritikpunkt war der Fragebogen selbst: »Der ist nicht barrierefrei. Mit meinem Screenreader ist er ohne Hilfe nicht zu bearbeiten.«

Das Taxi hatte Anna pünktlich abgeholt und sie, trotz des dichten Verkehrs, rechtzeitig, sehr rechtzeitig am Bahnhof abgesetzt. Anna hatte noch fast eine halbe Stunde Zeit bis zur Abfahrt der Abellio-Bahn. Die Zeit verging und längst hätte die Bahn auf Gleis 25 einfahren sollen. Für den Umstieg in den ICE nach Hannover waren nur zehn Minuten eingeplant, das war deutlich weniger als sonst. Anna hatte geglaubt, dieses Risiko eingehen zu können, da sie mit der Abellio-Bahn bisher immer nur pünktlich unterwegs gewesen war. Sie wurde zunehmend nervös, fragte eine neben ihr stehende junge Frau und erfuhr, dass die Bahn in der Hauptverkehrszeit wegen der Massen, die sich vor den Einstiegen drängten, immer einige Minuten verspätet abfuhr. Jetzt allerdings waren die Berufspendler längst bei der Arbeit, die Bahnsteige leer. Endlich fuhr die Bahn ein. Anna stieg in den ersten Wagen, ließ sich den Koffer von der freundlichen Mitfahrerin nachreichen und einen Platz in dem fast leeren Wagen zeigen. Mit drei Minuten Verspätung machte sich die Bahn auf den Weg via Bochum. Anna verfluchte ihren Leichtsinn. Warum hatte sie nicht eine frühere Bahn genommen? An der nächsten Station gab es eine weitere Verzögerung: Eine Tür im hinteren Zugteil ließ sich nicht öffnen. Der Zugführer verließ seine Kabine, eilte nach hinten und versuchte die Störung zu beheben. Zweimal lief er so hin und her. Annas Nervosität wuchs. Wenn sie den ICE nach Hannover nicht erwischte, würde sie den Seminarbeginn verpassen. Sie kannte sich dort nicht aus. Wie würde sie zurechtkommen?

Die junge Frau nahm Anna gegenüber Platz und hatte, ganz im Gegensatz zu Anna, offensichtlich Gesprächsbedarf. Anna gab sich Mühe, ihre Nervosität und schlechte Laune zu bezwingen, und beantwortete brav alle Fragen nach dem Alter ihres Hundes, nach der Art der Ausbildung und den Aufgaben eines Führhundes. Alles das waren Fragen, die ihr sehr häufig gestellt wurden und die sie meist auch gern beantwortete, war sie doch gewöhnlich mehr als bereit, über ihren Hund zu sprechen. Es gab kein anderes Thema, das sie so leicht aus der Reserve locken konnte. Jetzt aber war sie angespannt und völlig verkrampft, dachte nur an die knappe Umsteigezeit und die Verspätung der Abellio-Bahn. Die junge Frau offenbarte sich als Hundeliebhaberin: »Ich würde furchtbar gern einen Hund haben. Aber ich bin berufstätig und acht Stunden von zu Hause weg. Ich müsste den Hund den ganzen Tag allein lassen. Das kann und mag ich einem Hund nicht zumuten.«

Anna war sich ihres Privilegs, den Hund überallhin mitnehmen zu dürfen, sehr wohl bewusst: »Ja, da habe ich es besser. Mein Hund muss nur sehr selten allein zu Hause bleiben. Ehrlich gesagt, kann ich mir ein Leben ohne Hund gar nicht mehr vorstellen.«

»Darf ich ihren Hund streicheln?«

Anna hörte die Sehnsucht in der Stimme der jungen Frau und verkniff sich ihren Spruch: »Der Hund ist im Dienst und sollte nicht abgelenkt werden.« Und außerdem – Ole genoss jede Streicheleinheit, die er einheimsen konnte. Sie flüsterte Ole zu: »Sag mal: ›Guten Tag‹!« Ole nahm diese Anweisung freudig auf, lief zu der jungen Frau hinüber und ließ sich knuddeln.

Anna stieg als Erste aus, erwartete, von einem Mitarbeiter der Bahn empfangen und mit Namen angesprochen zu werden, und machte sich bereit, schnellstens auf Gleis 5 zu wechseln. Es waren noch vier Minuten bis zur fahrplanmäßigen Abfahrt des Intercitys nach Berlin. Der Bahnsteig war leer. Niemand zu sehen! Anna fragte die junge Frau, die nach ihr ausgestiegen war: »Sehen Sie jemanden von der Bahn, jemanden mit roter Mütze?«

»Nein, da ist niemand.«

Anna überlegte. Sollte sie warten? Warten, dass der ICE ohne sie abfuhr? Kurz entschlossen machte sie sich auf den Weg, fragte die junge Frau, ob sie unten an der Treppe rechts oder links abbiegen musste.

»Zu welchem Gleis müssen Sie? Ich bringe Sie hin!« Auf Gleis 5 war der ICE 847 nach Berlin-Gesundbrunnen mit fünf Minuten Verspätung angezeigt. »Endlich einmal eine Verspätung, die mir etwas nützt!« Anna fragte ihre Begleiterin, ob irgendwo auf dem Bahnsteig eine Aufsichtsperson zu sehen sei. Niemand da! Personalmangel auch am Hauptbahnhof Bochum. Anna wusste, der ICE war unglaublich lang, auf jeden Fall viel zu lang, um nach dem Einsteigen den richtigen Wagen mit den für sie reservierten Plätzen aufzufinden. »Kennen Sie sich mit dem Wagenstandanzeiger aus?«, erkundigte sich Anna bei der jungen Frau. Glücklicherweise schien sie an eine professionelle Bahnfahrerin geraten zu sein. Ihre Begleiterin nickte und machte sich auf den Weg. Sie kam mit einem Mitarbeiter der Bahn zurück. Anna empfing ihn erleichtert, konnte aber ihren Vorwurf, dass man sie im Stich gelassen hatte, nicht unterdrücken: »Bitte sagen Sie Ihren Kollegen in Hannover Bescheid. Irgendetwas ist heute wohl schiefgelaufen. In Hannover habe ich 20 Minuten Zeit zum Umsteigen. Das sollte reichen. Aber allein, ohne Hilfe des Mobilitätsservices bin ich aufgeschmissen. Dazu ist das ein zu großer Bahnhof.« Der rot Bemützte entschuldigte sich, sagte, dass er kein Fax erhalten habe, und versprach, seine Kollegen in Hannover zu informieren.

Der Aufsichtsbeamte brachte Anna zu Wagen 27, öffnete ihr die Tür und mit gewohnter Eleganz und Leichtigkeit sprang Ole hinein, Anna kletterte mühsam hinterher, ließ sich den kleinen Rollkoffer nachreichen, bog nach rechts in den Großraumwagen ein und bat den ersten Mitreisenden, ihr die Plätze 53 und 55 zu zeigen. Ole, der es sich in den dicht besetzten Regionalbahnen im Ruhrgebiet angewöhnt hatte, nach zwei nebeneinanderliegenden unbesetzten Plätzen Ausschau zu halten und sich schnellstens in den Fußraum davor zu quetschen, steuerte jetzt ohne zu zögern zwei freie Plätze an. »Na, ihr Hund kann ja lesen!«, lachte der hilfsbereite Reisende. Anna nahm die beiden für sie reservierten Plätze in Beschlag. Ole legte sich entspannt auf die Seite, nachdem Anna ihm den Führbügel und die Leine abgenommen hatte. Anna sank erschöpft auf den Sitz. Geschafft! In den nächsten zwei Stunden schaltete Anna sich ab, fuhr das System herunter. Sie schloss die Augen und rührte sich nicht, als der Zugbegleiter die Fahrkarte von den neu eingestiegenen Passagieren sehen wollte. Sie war jetzt für niemanden zu sprechen. »Lasst mich doch alle mal in Ruhe!«

In Hannover fuhr der ICE fast fahrplanmäßig ein. Zwei rot Bemützte packten Anna rechts und links an den Händen, sodass sie der ungewohnten Hilfestellung wegen mehr aus dem Zug fiel als stieg, eine dritte Person griff nach ihrem Rollkoffer. »Na, ein solches Empfangskomitee hatte ich noch nie.« Mit dreifachem Geleit wurde Anna nach Gleis 7 eskortiert, wo sie in den ersten Wagen der Regionalbahn nach Hildesheim einstieg. Ole entdeckte sofort seinen Kollegen und zog Anna zu dem schwarzen Labrador im weißen Führgeschirr. »Wollen Sie auch zu dem Führhundehalterseminar in Bad Salzdetfurth?«

Zwanzig Minuten später hatte Anna erfahren, dass Auren aus Lüneburg Erstführhundehalterin war, sechs Jahre mit der Krankenkasse um ihren Blindenführhund gekämpft hatte, eigentlich nie einen schwarzen Hund und keinesfalls einen Labrador haben wollte – ein weißer Schäferhund war immer ihr Traum gewesen. Nun saß sie da im Zug mit Tommy, Tommy mit »y«, einem schwarzen Labradorrüden, und war zufrieden und glücklich.

In Hildesheim stand ein ziemlich ratloser Bahnmitarbeiter vor ihnen auf dem Bahnsteig. »Wie soll ich Sie beide denn zum nächsten Gleis bringen? Auf meinem Zettel stand für diesen Zug nur eine Person.«

»Kein Problem. Auren, du hakst dich bei unserem freundlichen Helfer ein und Ole und ich folgen euch beiden auf dem Fuß.« Auf Gleis 6 angekommen, stellte sie der Servicemitarbeiter ab: »Bitte rühren Sie sich nicht vom Fleck. Ich muss jetzt noch einen anderen Hundehalter vom S-Bahn-Gleis abholen.« Und so machten Auren und Anna Bekanntschaft mit Manfred, der mit zwei großen, weißen Schäferhunden, einem riesigen Koffer – »Da sind nur Hundesachen drin!« – und einem kleinen Rucksack unterwegs war. Anna staunte. Mit zwei so großen Hunden und so viel Gepäck! Das hätte sie sich nie getraut. Nun zu dritt, mussten sie wieder warten. »Ich hole noch eine Führhundehalterin aus Berlin ab, dann geht es für sie alle weiter. Sie bleiben hier auf dem Bahnsteig stehen. Wir haben die Regionalbahn nach Bad Salzdetfurth auf dieses Gleis umgeleitet, damit die Dame aus Berlin, deren Intercity auf diesem Gleis ankommt und die nur sehr wenig Zeit zum Umsteigen hat, nicht auf ein anderes Gleis wechseln muss.«

Anna überlegte, welche Gesamtnote sie dem Mobilitätsservice für den heutigen Tag geben könnte.

23

SO EINFACH IST DAS!

Im August besteht die Stiftung seit zehn Jahren, das werden wir groß feiern. Wir laden alle unsere Sponsoren, die wichtigsten Vertreter der Taubblindenszene, Professoren und Politiker dazu ein. Hast du nicht auch Lust, dabei zu sein? Schließlich warst du Gründungsmitglied der Stiftung.« Anna schaute auf ihr Gegenüber, dachte an das Telefongespräch nach ihrem Rücktritt von dem Posten der Stellvertreterin vor nunmehr fast fünf Jahren, dachte daran, wie es Gisela während des Kongresses sorgfältig vermieden hatte, sie den geladenen Honoratioren vorzustellen, und wie sie beim Abendessen sich ihren Platz irgendwo unter dem Fußvolk hatte suchen müssen. Anna dachte daran, wie Gisela versucht hatte, Annas Rückzug aus der aktiven Arbeit mit ihrer beginnenden Demenz zu erklären und sie als unzurechnungsfähig hinzustellen. Nein, Anna würde ganz gewiss nicht zu einer Jubiläumsfeier kommen. Sie hatte sich mit ihrer Projektidee an Gisela gewandt, weil die Stiftung das nötige Geld bereitstellen konnte und – das vor allem – weil Gisela zu dem Sozialreferenten des Deutschen Blinden- und Sehbehindertenverbands gute Kontakte aufgebaut hatte. Sie würde den Referenten davon überzeugen können, den Projektteilnehmern ein Zertifikat auszustellen, mit dem sie sich von den verschiedenen Kostenträgern ihre Leistung adäquat honorieren lassen konnten. Damit wären taubblinde Menschen endlich nicht mehr nur auf die Zufälligkeiten ehrenamtlichen

Engagements angewiesen. Sehr widerwillig und nur um der Sache willen hatte Anna ihr Projekt in Gisela Breidenbachs Hände gelegt. Mehr wollte sie auf gar keinen Fall mit Gisela und der Stiftung zu tun haben. Anna hoffte, dass ihre Gedanken nicht allzu deutlich in ihren Augen zu lesen waren. »Schaunwermal!«, sagte sie lächelnd.

»Wie lange haben wir uns nicht mehr gesehen? Warst du nicht auch bei dem Treffen in Hilders dabei?«, fragte Werner Bergens, der nun an ihrer Stelle den Posten des stellvertretenden Vorsitzenden in der Stiftung innehatte. Anna verneinte, sie hatte nach ihrer Kündigung keine offiziellen Tagungen und Seminare besucht. Damit war der freundliche Small Talk beendet.

Anna war erleichtert, die Begrüßung am Bahnhof, die erste Begegnung nach fünf Jahren, war dank Ole ohne allzu große Verlegenheit über die Bühne gegangen. Ole war auf Gisela und Sybille losgestürmt, hatte sich schweifwedelnd an sie gedrängt und Anna hatte das zugelassen, froh darüber, dass sie so den zwangsläufigen Umarmungen entging. Nichts lag ihr ferner, als alte Kontakte neu zu beleben, sie wollte nur endlich ein Projekt realisieren, das sie schon vor zehn Jahren gern angeleiert hätte, ein Projekt, das Trainer für die taubblindenspezifischen Kommunikationstechniken qualifizieren sollte. Mit dem Fortschreiten der Seh- und Höreinschränkungen waren die Betroffenen zunehmend darauf angewiesen, das taktile Gebärden, die Lormschrift und Braille zu erlernen. Gute Kenntnisse der Blindenschrift waren erforderlich, um Computer und Handy nutzen zu können. Im vergangenen Jahr war sie nach längerer Zeit wieder einmal gebeten worden, Unterricht in Blindenschrift zu übernehmen. Das reizte Anna und sie war dazu gern bereit. Christian Kluge, der zukünftige Punktschriftschüler, hatte sich schon vor zehn Jahren von ihr in die Anfänge der Blindenschrift einweihen lassen, assistiert von seiner zehnjährigen Tochter, die Christians Gebärden für Anna übersetzte und Annas Anweisungen für ihren Vater gebärdete. Anna erinnerte sich gern daran, wie der

Vater und seine Tochter, ein zierliches, hellwaches Kind mit schulterlangen, blonden Haaren, an ihrem Esstisch saßen, wie zärtlich mitfühlend und geduldig das Kind ihrer Rolle als Dolmetscherin gerecht zu werden versuchte. Christian hatte nach ein paar Wochen aufgegeben, sein Sehvermögen reichte gerade noch aus, um Schwarzschrift zu entziffern. Außerdem war er mit seinem Job als Bankangestellter und seinem Amt als Vorsitzender des Selbsthilfevereins reichlich ausgelastet. Auch jetzt brauchte Anna Kommunikationsassistenz. Die Tochter studierte und konnte diese Aufgabe nun nicht mehr übernehmen. Anna fand eine Lösung: Praktikanten aus dem 9. Lehrgang des Projekts »Taubblindenassistenz« waren bereit, ihr zu assistieren. Der Unterricht hatte Spaß gemacht, aber Anna fand, dass es keine Lösung für Taubblinde sein konnte, immer nur auf ehrenamtliche Unterstützung angewiesen zu sein. Neben dem Training in Orientierung und Mobilität, das inzwischen durch den Einsatz von Gebärdensprachdolmetschern taubblinden Menschen zugänglich gemacht worden war, sollte es auch ein besonderes Kommunikationstraining geben. Wie das Mobilitätstraining sollte dieses Kommunikationstraining von den Krankenkassen bezahlt werden. Ohne ein solches Training blieben taubblinde Menschen isoliert, ohne eine Möglichkeit, mit der Außenwelt zu kommunizieren. Anna hatte Taubblinde erlebt, die mit ihren Angehörigen über die Basisinformationen hinaus, wie »Essen ist fertig« und »Schlafen gehen«, keinerlei Kommunikation hatten.

Anna erarbeitete ein Konzept, suchte und fand Dozenten für das Modul »Braille« und das Modul für mündliche Kommunikation. Sie hatte all ihre Überzeugungskraft aufbieten müssen, gebettelt und geschmeichelt, und schließlich hatte sie es geschafft. Aber es war ganz und gar nicht einfach gewesen, Jan Jenning als Dozenten für dieses Projekt zu gewinnen. Er war mit seinem Posten als Professor an der Hochschule für Gebärdensprache und seiner Tätigkeit als selbstständiger Gebärdensprachdolmetscher voll ausgelastet.

Anna schaute sich um. Das Büro, mit reichlich Platz für zwei Schreibtische und einen langen Besprechungstisch, war nach den finsteren und verwinkelten Fluren, in denen sie sich nie ohne fremde Hilfe würde orientieren können, eine angenehme Überraschung. Anna teilte Kopien aus, die Gliederung ihres Projektentwurfs konnten ihre Gesprächspartner darin nachlesen. Gisela vermisste inhaltliche Angaben, aber Anna hatte nicht vor, ihr das fertige Konzept vorzulegen, bevor eindeutig geklärt war, dass sie die Projektleitung übernehmen würde. »Ich lasse mir dieses Projekt nicht aus der Hand nehmen. Niemand soll daran herumfummeln. Ich will die Teilnehmer aussuchen können und auch bestimmen, wer die Dozenten sind«, hatte Anna sich vorgenommen. Sie würde dieses Projekt hätscheln und pflegen, sie würde für die Unterrichtsmaterialien der zukünftigen Reha-Lehrer sorgen, ein Lesebuch mit Texten in einfacher Sprache herausgeben. Dies würde ihr letztes Projekt sein und es sollte ein Erfolg werden.

Der erste Schritt war getan. Anna stellte befriedigt fest, dass sie Gisela Breidenbach gelassen gegenübertreten und mit ihr auf Augenhöhe verhandeln konnte. »So einfach ist das!«, dachte Anna und wusste nicht, dass sie kaum ein halbes Jahr später jegliche Zusammenarbeit mit Gisela Breidenbach ablehnen und die Leitung ihres geliebten Projekts abgeben würde.

24

WAS IST DENN HIER LOS?

Montag, 16. September, 20:00 Uhr, Alina, Annas Assistentin, liest überrascht die SMS: »Kannst du schnell vorbeikommen und Korrektur lesen?« Gestern noch war sie, wie immer am Sonntagvormittag, zwei Stunden lang bei Anna, hatte die vertrockneten Blüten des Sommerflieders auf dem Balkon abgeknipst, die tatsächliche Frische der frisch gewaschenen Blusen und Pullover überprüft, die Etiketten aus den neuen Unterhemden wegen Annas empfindlicher, schnell irritierter Haut herausgeschnitten und die Neuerscheinungen der Westdeutschen Blindenhörbücherei aus dem Internet gefischt. Anna kann nun ihre Hörbuchbestellungen losschicken, immer 60 auf einmal. Ein Leben ohne Bücher ist ebenso wenig lebenswert wie ein Leben ohne Hund.

Alina sitzt nun auf der Liege in Annas Arbeitszimmer, liest aufmerksam das Schreiben an Arbeits- und Sozialminister Karl Josef Laumann durch. »Hier im ersten Absatz, 8. Zeile, scheint die Schrift kleiner zu sein: ›... Ich bin der Ansicht, dass Hilfen und Unterstützungsangebote für taubblinde und hörsehbehinderte Menschen entwickelt und aufgebaut werden müssen. Denn schließlich geht es um die Teilhabe von Menschen, die von einer besonders schweren Behinderung betroffen sind.‹« Anna markiert diese Zeilen und vergrößert die Schrift mit dem Tastaturbefehl Steuerung + Umschalt + P von Punkt 12 auf Punkt 14. Alina stellt fest: »Das sieht immer noch nicht richtig aus.«

»Ach ja, das ist auch eine andere Schriftart. Ich habe diese Stellen aus der Rede von Minister Laumann kopiert, die er im Juni 2007 auf einer Fachtagung gehalten hat.« Anna ändert die Schriftart mit dem Tastaturbefehl Steuerung + Umschalt + A in die von ihr verwendete Schriftart Arial.

»Ach hier, das musst du auch ändern. Zwei Zeilen weiter hast du noch einmal etwas aus dieser Rede kopiert: ›Verlässlichkeit ist für mich ein Schlüsselbegriff in der Behindertenpolitik. Das bedeutet: Angebote, Strukturen und gesetzliche Ansprüche müssen dauerhaft verlässlich sein. Alles andere führt zu Unsicherheiten und verhindert Lebensplanungen.‹« Anna korrigiert im Computer und hofft, dass sich Minister Laumann an seine Worte gebunden fühlt, seine schützende Hand auch weiterhin über das Projekt hält und seiner Fachabteilung Beine macht.

Am Tag zuvor war Werner mit seiner Hiobsbotschaft in Annas abendliche Sonntagsruhe geplatzt: »Weißt du schon, dass das Assistenzprojekt gekillt ist?«, war seine telefonische Hiobsbotschaft.

»Wie meinst du das? Mach jetzt bitte keine blöden Witze!«

Werner berichtete: »Vorgestern war doch die feierliche Zertifikatsübergabe des 9. Lehrgangs. Na ja, feierlich war das eigentlich nicht. Ganz trübe Stimmung. Vom Ministerium war niemand da, der Fachbereichsleiter und sein Kofferträger hatten kurzfristig abgesagt. Genauso die Landesbehindertenbeauftragte. Kurz und knapp, ohne Begründung.«

Anna unterbricht ungläubig: »Wieso das denn? Im letzten Jahr zum zehnjährigen Jubiläum des Projekts war doch sogar noch unser Arbeits- und Sozialminister da, hat uns beglückwünscht und versprochen, dass er dieses wunderbare Projekt weiterhin unterstützen wird …«

»Ja, niemand versteht das. Der Antrag für den 10. Lehrgang ist längst gestellt. Alle haben erwartet, dass bei der Zertifikatsübergabe grünes Licht für den 10. Lehrgang gegeben wird.«

»Ja, ja, so ist das immer abgelaufen.«

Zwei Stunden lang hatte Anna mit Werner diskutiert und die Situation aus allen Blickwinkeln betrachtet. Waren die Bestrebungen aus Bayern, Assistenten für Hörsehbehinderte in einer Minimalausbildung zu qualifizieren und auch entsprechend gering zu honorieren, der Grund für den Bewilligungsstopp?

In aller Frühe hatte Anna am Montagmorgen im Büro des Zentrums für Inklusion und Kommunikation angerufen. Petra, die gewissenhafte Verwalterin von Daten und Fakten, eine Frühaufsteherin wie sie selbst, wusste vielleicht mehr. Petra erzählte, Zorn und Verzweiflung in der Stimme: »Am 1. November sollte der 10. Lehrgang starten, aber der Antrag ist bis heute nicht bewilligt. Wir haben telefoniert und nachgefragt. Immer wieder! Da hieß es erst: ›Der Antrag konnte noch nicht durchgelesen werden, wegen Urlaub.‹ Dann hieß es: ›Das Gutachten der Uni Köln müssen wir abwarten.‹ Und dann: ›Wir müssen das Gutachten erst lesen. Wir haben wenig Zeit.‹«

Anna ärgerte sich: »Meine Güte, diese Anträge stellt das Zentrum seit zehn Jahren und seit zehn Jahren werden diese Anträge gelesen und ohne großen Firlefanz genehmigt. Warum jetzt dieses Zögern, warum diese Ausreden? Da ist doch etwas faul!«

Und Anna fragt nach, was denn bei der Abschlussfeier des 9. Lehrgangs los gewesen sei. Petra bestätigt, dass bis auf lokale Politiker keine politischen Ehrengäste anwesend waren. Die eingeladenen Ministerialbeamten hatten ihre Zusage zurückgenommen und abgesagt. »Walter, unser Vorsitzender, hat zweimal an Minister Laumann geschrieben, auf eine Antwort warten wir noch ...«

Anna hatte noch eine Frage: »Was ist das für ein Gutachten? Ich kenne nur das Gutachten aus dem Jahr 2011, das von der Universität zu Köln erstellt wurde.«

»Das ist ein neues Gutachten. Was drin steht, wissen wir nicht. Das Ministerium hat es noch nicht freigegeben. Walter hat Professor Kaul gefragt, ob er in seinem Gutachten empfohlen hat, das Projekt zu stoppen. Ich lese dir mal die Antwort von Professor Kaul vor: ›Heute Morgen habe ich im Ministerium angerufen und ich habe gefragt, warum das Projekt ›Taubblindenassistenz‹ gestoppt worden ist. Das Projekt ›Taubblindenassistenz‹ soll verbessert werden. Darum soll noch einmal darüber diskutiert werden, wie es verbessert werden kann.‹«

Anna ist bestürzt und völlig verwirrt. »Ruf doch mal Robert an«, schlägt Petra vor. »Der weiß vielleicht mehr!«

Anna tut es und erreicht Robert am Frühstückstisch. »Ja, das ist eine ganz vertrackte Sache. Niemand versteht, warum der Antrag des Zentrums blockiert wird. Und es war eine ziemlich trübsinnige Stimmung bei der Abschlussfeier des 9. Lehrgangs. Das Zentrum hat den nächsten Lehrgang längst vorbereitet, die Termine für die Wochenendseminare festgesetzt, die Dozenten und Gebärdensprachdolmetscher gebucht. Und was jetzt? Alles ist in der Schwebe, das Projekt hängt in der Luft. Die Fachabteilung des Ministeriums hält sich bedeckt, Minister Laumann antwortet nicht. Niemand weiß, was da los ist!«

Anna muss etwas unternehmen. Dieses Projekt ist so wichtig, ohne Assistenten geht nichts! Anna setzt einen Hilferuf ab, schreibt eine Mail an Gisela Breidenbach. Wenn nichts anderes mehr geht, dann sind Giselas Charme und Intelligenz gefragt. Gisela hat es immer verstanden, mit Politikern und anderen Entscheidungsträgern zu verhandeln, sie zu umschmeicheln und ihr Handeln und Tun in die gewünschten Bahnen zu lenken. Ganz im Vertrauen darauf, dass Gisela es schon richten wird, schreibt Anna: »Heute habe ich erfahren, dass das Taubblindenassistenz-Projekt vom Ministerium auf Eis gelegt wird. Was ist der Hintergrund? Die Verunsicherung und die Ängste der Taubblinden in Nordrhein-Westfalen mag ich mir nicht ausmalen. Was ist zu tun?« Kaum zwei Stunden später signalisiert der PC die Ankunft einer neuen Mail:

»… das kam bereits bei mir an und ich habe einige Telefonate auf der Liste. Ich denke, die immensen Stundenlöhne haben Herrn Laumann persönlich frustriert, gedacht hatte er die Fortbildung fürs Ehrenamt. Wir müssen hier vernünftige Systeme vorschlagen.«

Erst allmählich dringt der Text in Annas Bewusstsein. Gisela hat schon längst mit dem Minister gesprochen, längst sind die Weichen gestellt. Das Projekt, das zehn Jahre lang erfolgreich die Taubblinden mit Assistenten versorgt hat, steht auf der Abschussliste. »Wir müssen hier vernünftige Systeme vorschlagen.« Sind »vernünftige Systeme« in Giselas Augen solche, die Assistenten zum Mindestlohn oder wieder, wie früher, ehrenamtlich beschäftigen? Anna weiß nicht, was Gisela plant. Wie kommt Gisela dazu, die Arbeit von 15 Jahren kaputt zu machen? Mit ein paar Telefonaten das ganze, gut funktionierende System zu zerstören? Annas Gedanken laufen Amok, sie greift sich ihren Hund und stürmt in den Wald. Sie läuft zu schnell, vom Sonnenlicht geblendet stolpert sie über eine Wurzel, steht auf und schaut nach: Die Jeans haben ein Loch, Knie und Handballen tun höllisch weh. Gut so! Das senkt Annas Adrenalinspiegel. Anna humpelt nach Hause und schreibt einen Brief an Minister Laumann. Stundenlang grübelt sie über den Formulierungen, jedes Wort muss stimmen, Minister Laumann muss überzeugt werden. Was nur hat Gisela ihm eingeflüstert?

Alina liest sorgfältig Korrektur, das Schreiben wird ausgedruckt, unterschrieben, gefaltet und in den Briefumschlag gesteckt. »Bitte kleb den Umschlag nicht zu! Ich lese mir morgen Früh das Schreiben noch mal durch, eine Nacht drüber schlafen …« Alina macht das Päckchen fertig, Anna schickt mit dem Brief auch ein Exemplar ihres Buchs, ein Lesezeichen in dem Kapitel über die Fachtagung, bei der Minister Laumann, mit Augenbinde und Ohrstöpseln ausgestattet, durch einen Hindernisparcours gelaufen ist und eine anrührende Rede gehalten hat.

Am Dienstagmorgen findet Anna den Brief immer noch richtig und überzeugend, klebt den Briefumschlag zu und bringt das Paket zur Post. Und dann führt Anna ein langes Telefongespräch. »Hallo, Robert, ich schon wieder. Ich lese dir mal die Mail vor, die ich gestern von Gisela als Antwort auf meinen Hilferuf bekommen habe. Du wirst mir sagen, ob du zwischen den Zeilen das liest, was ich auch gelesen habe.«

Robert hört gut zu und lässt sich die Mail zweimal vorlesen. »Hm, klar ist, dass Gisela Breidenbach mit Laumann gesprochen hat, klar ist auch, dass sie die Ausbildung für Assistenten ändern will«

»Ja, aber wie kommt sie dazu? Hat sie etwa einen besseren Vorschlag? Diese Qualifizierung ist gut durchdacht, wird immer aufs Neue korrigiert und evaluiert. Warum versucht sie das Projekt zu kippen?«

»Na ja, das Zentrum war ihr immer schon ein Dorn im Auge. Ein kleiner Verein, der ein großes und über Nordrhein-Westfalen hinaus bekanntes Projekt durchführt. Und das über Jahre. Ein kleiner Verein, der sich ihrer Kontrolle entzieht.« Robert und Anna kennen beide Giselas Ehrgeiz und ihr ausgeprägtes Streben nach Kontrolle und Macht. »Tja«, brummt Robert, »ein Taubblindenkonzern und sie an der Spitze, das schwebt ihr wohl so vor.«

»In der freien Wirtschaft würde das Kartellamt einschreiten«, lästert Anna. »Ich verstehe trotzdem nicht. Wie kann man so verantwortungslos handeln? Ein bestehendes, gut funktionierendes System zerstören, ohne etwas anderes anzubieten? Und was soll das heißen: immense Stundenlöhne? Weiß sie nicht, dass es nur dann genügend Assistenten gibt, wenn sie finanziell abgesichert sind?«

Robert erzählt von seinem Gespräch mit Sybille Landau anlässlich der Zertifikatsübergabe. Sybille ist der Überzeugung, dass man zwischen schwierigen und einfachen Einsätzen unterscheiden muss und dass auch die Bezahlung unterschiedlich sein sollte. »Ich zitiere wörtlich: Manche Assistenten sitzen nur rum und trinken Sekt.«

Tage vergehen, Wochen verstreichen. Annas Brief bleibt nicht der einzige, der seinen Weg ins Ministerium macht. Kommen alle diese Briefe an? Erreichen die flehenden Bitten den Minister? Niemand weiß es, eine Antwort gibt es nicht.

25

WIR SCHAFFEN DAS!

Das Warten bringt Anna schier um den Verstand. Ole profitiert – mehrmals täglich geht es in den Wald. Und mehrmals täglich telefoniert Anna mit Petra, fragt nach, ob es Neuigkeiten gibt. »Am 1. November sollte der 10. Lehrgang starten. Und jetzt ist es September, Ende September. Und wir haben immer noch nichts Schriftliches aus dem Ministerium. Nur ganz vage Andeutungen am Telefon, erklärt Petra zum x-ten Mal.

»Und wann habt ihr den Antrag für den 10. Lehrgang gestellt?« Anna fragt nach, obwohl sie die Antwort kennt. Es will ihr nicht in den Kopf, dass die Minis, wie Anna die Ministerialbeamten für sich nennt, sich eine solche Ignoranz erlauben dürfen. Das Ministerium duckt sich weg und schweigt.

»Im Juni hat das Zentrum für Inklusion und Kommunikation schriftlich den Antrag gestellt, zur Sicherheit per Mail und per Post.« Petra liest ihr am Telefon die wichtigsten Sätze aus dem zweiten Schreiben des Zentrums an Minister Laumann vor: »... von Ihrer Fachabteilung erfuhren wir in einem Telefongespräch, dass aufgrund einer Studie der UNI zu Köln neu über die Ausbildung zum Taubblindenassistenten beraten werden muss und sich die Entscheidung zur Bewilligung eines 10. Ausbildungsganges auf unbestimmte Zeit verzögern wird ... Durch die Initiative des Zentrums für Inklusion und Kommunikation und mithilfe des Landes Nordrhein-Westfalen konnte viel für Menschen mit Taubblindheit und deren Teilhabe erreicht werden. Assistenz macht das möglich. … Muss man, weil es Verzögerungen bei Entscheidungsfindung im politischen Raum gibt, den Fortbestand unserer Arbeit gefährden?« Auch dieser Brief bleibt unbeantwortet.

Mittwochabend klingelt bei Anna das Telefon. »Werner, du bist das? Was ist denn los? Das ist doch gar nicht deine Zeit!«

»Na, Anna, du rätst nicht, wo ich gestern war …« Anna braucht nicht zu raten, aus Werner platzen die Informationen nur so heraus: »Gestern war ich auf dem Jubiläum der Gesellschaft Hilfe und Inklusion für Taubblinde, die hat ihr fünfjähriges gefeiert.«

Anna unterbricht: »Wieso fünfjähriges Jubiläum? Jetzt haben wir September 2019. Im September 2014 befand sich diese Gesellschaft nicht einmal im Embryonal-Stadium. Da bin ich sicher.«

Anna erinnert sich genau: Spätsommer 2014, ein strahlender, sonnig warmer Septembertag. Anna hatte sich mit ihrer alten Freundin Bettina, die sie lange vernachlässigt hatte, zu einem Hundespaziergang verabredet, als eine Mail von Gisela ihre Pläne durchkreuzte. »Da ist mir ein Formfehler bei dem Formular unterlaufen. Du darfst nicht als ›2. Vorsitzende‹ unterschreiben, es muss ›stellvertretende Vorsitzende‹ heißen. Ich habe die entsprechende Zeile abgeändert. Du musst deine Unterschrift an dieser Stelle noch einmal einfügen. Ich habe dir das veränderte Formular per Mail zu geschickt. Druck es bitte aus, setz noch mal deine Unterschrift darunter und schick es per Eilbrief ab.« Als stellvertretende Vorsitzende der Stiftung musste Anna ihre Unterschrift unter den Antrag setzen, mit dem die Stiftung »Taubblinde in unserer Mitte« sich aus dem Stifterverbund des Paritätischen lösen und sich als selbstständige Stiftung etablieren konnte. Gisela wollte eine Gesellschaft gründen, um eigene Projekte zu realisieren. Und Anna, die ihren Rücktritt aus ihren Ämtern vorbereitete und sich endlich ihr privates Leben zurückholen wollte, hatte Bettina abgesagt, um den Eilbrief so schnell wie möglich in die Post zu geben.

Werner will ihre Erklärungen gar nicht hören, will nur endlich loswerden, was er da gestern erlebt hat. Handverlesene Gäste waren zugegen auf dieser Feier, zu der nicht öffentlich eingeladen worden war: ein Professor von der Universität zu Köln und der Leiter des Referats für sinnesbehinderte Menschen im Arbeits- und Sozialministerium Nordrhein-Westfalen.

»So, so«, denkt Anna, »bei der feierlichen Übergabe der Zertifikate vor zehn Tagen, da war es dem guten Herrn Ministerialrat unmöglich zu erscheinen. Obwohl vor Wochen schriftlich und herzlich eingeladen.«

Werner informiert munter weiter: »Du kannst dir gar nicht vorstellen, was da los war. Giselas Tochter, übrigens sehr hübsch und sehr jung, wie meine Assistentin mir sagte, hat unentwegt fotografiert. Giselas Mann, auch sehr attraktiv und elegant im Maßanzug, begrüßte die Gäste, machte Small Talk und bot frisch gekühlten Sekt an. Formvollendet das Ganze! Einfach super! Na, und dann haben die Projektleiter ihre Projekte vorgestellt. Eine tolle Präsentation! Wirklich eine gut inszenierte Leistungsshow!«

»Und mein Projekt?«, unterbricht ihn Anna.

»Dein Projekt wurde von Gisela vorgestellt.«

Anna kocht. »Gisela hat bei mir im August nachgefragt und einen Zwischenbericht angefordert. Zwei Monate, bevor das Projekt überhaupt anlaufen sollte. Jetzt weiß ich, warum!«

Werner spottet: »Sie hat dein Projekt wirklich gut dargestellt. Besser hättest du es nicht selbst machen können! Dein Name ist in diesem Zusammenhang allerdings nicht gefallen.«

Anna fühlt sich gedemütigt und missbraucht. Sie durchschaut Giselas wohldurchdachte Strategie. Die Arbeit der Stiftung und der von ihr gegründeten Gesellschaft wird eindrucksvoll und im Detail vorgeführt, unterstützt durch den Hinweis auf die sehr auskömmliche Finanzsituation der Stiftung. So viele hervorragende Mitarbeiter in der Gesellschaft, so viele Projekte und Ideen und eine so wunderbare Familie. So viel Erfolg und so viel Glanz! Verständlich, dass ein Beamter mit seinem grauen, wenig glamourösen Alltag nur zu gern dazugehören möchte.

Immer noch werden Briefe an Herrn Minister Laumann auf den Weg gebracht. Ein Landtagsabgeordneter schreibt gut informiert und überzeugend über die bisherige Leistung des Projekts. Eine Angehörige bittet flehentlich um die Weiterführung desselbigen: »Meinen beiden taubblinden Geschwistern musste über Jahrzehnte hinweg jede Teilhabe am gesellschaftlichen Leben durch die Unterstützung von uns als Familienangehörige tagtäglich oft unter schwierigsten Rahmenbedingungen und zulasten der eigenen Kräfte und Gesundheit ermöglicht werden. Erst seit der Einführung der hauptamtlichen Taubblindenassistenz hat meine Familie die Option, Unterstützung zu erhalten und einen Teil der Hilfeleistungen abzugeben. Auch ich kann mich endlich mal zurücknehmen ... Deshalb meine ganz persönliche Bitte, ermöglichen Sie auch weiterhin den taubblinden Menschen die Teilnahme am gesellschaftlichen Leben, indem Sie die qualifizierte Ausbildung in Recklinghausen mit dem Ziel des eigenständigen Berufsbildes des Taubblindenassistenten fortführen.«

Die Leiterin der Fachgruppe für Taubblinde der Blinden- und Sehbehindertenverbände in Nordrhein-Westfalen schreibt: »Wir sind sehr enttäuscht darüber, dass der 10. Lehrgang für Taubblindenassistenten nicht wie geplant im November stattfinden kann. Das verstehen wir nicht. Wir brauchen dringend noch viel mehr gut ausgebildete Assistenten, damit wir so leben können, wie wir uns das wünschen.« Alle diese Schreiben bleiben unbeantwortet. Haben sie es wirklich bis auf den Schreibtisch von Karl Josef Laumann geschafft oder wurden sie vorher fürsorglich herausgefiltert?

Der Oktober schreitet voran und immer noch gibt das Ministerium keinen Mucks von sich. Am 23. Oktober schreibt der Vorsitzende des Zentrums eine Mail und erbittet einen Gesprächstermin mit der Fachbereichsleitung: »... Bis heute habe ich keine offizielle Meldung vom Ministerium bekommen, sondern nur mündliche Information über den Stopp des Projekts erhalten ... Ich überlege, wie ich mit der Finanzierung des Hauses klarkommen soll, es ist für das Projekt TBA vorgesehen. Die laufenden Kosten ersticken mich ...

Wie soll ich mit den Mitarbeiterinnen umgehen? Soll ich sie entlassen? Ich bitte Sie dringend, einen Gesprächstermin mit uns in unseren Räumen zu vereinbaren. Bei diesem Gespräch können Sie mir dann erklären, wie es mit der Qualifizierung weitergehen kann und soll.«

Zum ersten Mal seit Monaten gibt es eine schriftliche Antwort aus dem Ministerium, und das schon am folgenden Tag: »Sehr gerne können wir uns in Ihrem Hause treffen, um alle Punkte in Ruhe zu besprechen. Ich schlage dafür Montag, den 4.11. um 14.30 Uhr vor.«

Endlich eine Antwort und sogar schriftlich. Doch Erleichterung will sich nicht einstellen. Was bedeutet diese schnelle Antwort? Was bedeutet die Terminierung des Gesprächs auf den 4. November. wenn das Projekt eigentlich schon am 1. November starten sollte? Anna schwant nichts Gutes. Sie fragt bei Petra nach, wie die Stimmungslage so ist.

»Hm«, macht Petra, »ich finde diese Antwort äußerst beunruhigend. Das hört sich für mich so an, als wolle der Fachbereichsleiter das Projekt abwickeln. ›Sehr gerne können wir uns treffen, um alle Punkte in Ruhe zu besprechen.‹ Ich lese das so: Unser Ministerialrat will Punkt für Punkt die Fragen aus der Mail des Vorsitzenden abhaken und so das Projekt beenden. Und dann wird er noch vage andeuten, dass wir das Projekt später irgendwann wieder aufnehmen könnten.«

»Ja, und eine Wiederaufnahme des Projekts wird nie und nimmer stattfinden. Das ist dann das Ende!« Anna stöhnt auf und Petra schlägt beschwichtigend vor: »Frag doch mal Robert, vielleicht hat er eine Idee, was wir jetzt noch tun könnten.«

Anna wählt sofort Roberts Nummer. Er ist wie immer auf dem Laufenden. »Ja, ich habe auch keine großen Hoffnungen mehr, dass wir das Projekt noch retten könnten. Wir sollten aber unbedingt den Gesprächstermin wahrnehmen und versuchen, das Beste daraus zu machen. Leider kann ich an diesem Termin nicht kommen. Ich bin da weit weg in Hamburg.«

Anna stöhnt. »Können wir denn nichts anderes tun? Der zuständige Minirat kommt am Montag, meines Erachtens mit dem festen Vorsatz, das Projekt sang- und klanglos zu beenden. Dann ist alles zu spät. Ich finde, wir sollten unbedingt einen Gesprächstermin mit Laumann durchsetzen und den Herrn Minister an seine Versprechungen erinnern.«

»Frag doch mal Lydia, wie sie die Situation einschätzt. Sie hat ja fünf Jahre lang das Projekt geleitet, sie kennt die Leute im Ministerium zur Genüge.«

Hin und her geht es am Telefon. Robert und Lydia sind der Meinung, dass ein Gespräch mit Minister Laumann in so kurzer Zeit nicht zu erreichen ist und außerdem ein solches Gespräch wenig Erfolg versprechend scheint, schließlich hat er auf keinen der zahlreichen Briefe beantwortet.

Anna ist verzweifelt und so wütend, dass sie es innerlich zerreißt. Jahrelang hat das Projekt ausgezeichnet funktioniert, fast 100 Assistenten qualifiziert und ganz viel Lebensqualität ermöglicht. Dazu die feste Zusage von Minister Laumann bei den Feierlichkeiten zum 10-jährigen Bestehen des Projekts. Eine einmalige Intervention von Gisela Breidenbach reicht dann aus, um das alles hinfällig werden zu lassen. Drei Tage lang überlegt Anna, sucht verzweifelt nach einem Ausweg, setzt sich am Samstag in der Frühe an ihren Computer, schreibt einen zweiten Brief an Minister Karl Josef Laumann, erinnert ihn an sein Versprechen.

In der Betreffzeile steht im Fettdruck: »Was ist das Wort eines Ministers wert?« Und dann heißt es weiter: Gisela Breidenbach von der Stiftung ›Taubblinde in unserer Mitte‹ machte Ihnen Vorschläge für ein preisgünstigeres und angeblich effektiveres System, die Sie dankend annahmen. Sie ließen das Projekt ›Taubblindenassistenz‹ bedenkenlos fallen.« Anna zählt die Fakten auf: »Durch die gemeinsame Unterrichtung von hörenden und gehörlosen Teilnehmern entspricht dieses Modell den Forderungen nach Inklusion. Allerdings – die Inklusion hat ihren Preis. Die Kosten für Gebärdensprachdolmetscher haben einen hohen Anteil an den Gesamtkosten des Projekts.« Und noch einmal bringt sie Gisela ins Spiel: »Frau Breidenbach berichtete Ihnen von den ihrer Meinung nach völlig überzogenen Honorarforderungen der Taubblindenassistenten.« Und Anna setzt dagegen: »Das Honorar für Taubblindenassistenz muss existenzsichernd sein. Es gilt auch hier: Inklusion hat ihren Preis!« Anna beendet ihren Brief: »Es ist unverantwortlich, ein gut funktionierendes System zu zerstören, ohne eine Alternative anzubieten – und das zu einem Zeitpunkt, da durch die weitere Änderung des Bundesteilhabegesetzes deutlich mehr Betroffene einen Zugang zu Taubblindenassistenz über die Eingliederungshilfe haben werden.«

Anna ruft Alina an: »Bitte, kannst du schnell kommen und einen wichtigen Text korrigieren?« Alina kommt, korrigiert, beschriftet den Briefumschlag, faltet das Schreiben und steckt es hinein. »Soll ich den Briefumschlag noch geöffnet lassen, damit du dir das Schreiben noch einmal in Ruhe durch den Kopf gehen lassen kannst, so wie bei deinem ersten Brief an den Minister?«, fragt Alina.

»Nein, jetzt darfst du den Umschlag zukleben. Briefmarke drauf und fertig ist die Post. Gleich gehe ich zum Postamt und stecke den Brief dort ein. Dann geht er vielleicht schneller raus.«

Am Dienstag der letzten Oktoberwoche ruft ein Vertreter des Paritätischen in der Fachabteilung des Ministeriums an und bekommt die Information, Herr Minister Laumann habe seine Entscheidung noch nicht getroffen, diese Entscheidung werde aber in dieser Woche fallen. Am gleichen Tag wird Anna eine Mail von Sybille, die inzwischen die Geschäftsführerin der

Gesellschaft »Hilfe und Inklusion für Taubblinde« geworden ist, an die Mitarbeiter zugesteckt: »Morgen findet ein wichtiger, kurzfristig mitgeteilter Termin in Düsseldorf statt, bei dem ich dabei sein muss.«

Am folgenden Samstag, dem ersten Samstag im November, findet turnusgemäß der Taubblindenstammtisch statt. Anna ist mit Alina und deren Freund ins evangelische Gemeindehaus gefahren, hat den Saal zusammen mit ihnen vorbereitet, die Tische gerückt, die Stühle aufgestellt, Kaffeetassen, Servietten, Gläser, Milch und Zucker auf den Tischen verteilt, die riesigen Töpfe mit dem Erbseneintopf und die Kuchen bezahlt und ist dann mit der Straßenbahn nach Hause gefahren. Schnell, darauf bedacht, noch vor den taubblinden Freunden zu verschwinden. Sie hätte die vielen Fragen nach dem Projekt nicht ertragen können. Alina sollte sie entschuldigen, ihr ginge es nicht gut. In gewisser Weise stimmte das ja auch.

Am Nachmittag macht Anna sich daran, einige Mails zu beantworten, und findet eine Weiterleitung von Walter. Ein Schreiben von Gisela Breidenbach an den Vorsitzenden des Zentrums adressiert.

Anna liest: »Am Mittwoch habe ich erfahren, dass am Montag ein Termin im Zentrum für Inklusion und Kommunikation stattfindet. Thema ist das Projekt Taubblindenassistenz. Die Stiftung ›Taubblinde in unserer Mitte‹ setzt sich für die Fortführung der Ausbildung in Recklinghausen ein. Dies haben wir auch dem Ministerium mitgeteilt. Wir hoffen sehr, dass es bald weitergeht.«

»So, so«, Anna ist fast amüsiert. »So ganz freiwillig hast du diese deine Zustimmung zum Projekt wohl nicht gegeben, liebe Gisela, als du mit Sybille ins Ministerium zitiert wurdest. Anscheinend hat mein Brief den Herrn Minister noch gerade rechtzeitig erreicht!« Anna quält sich durch bis zum Schluss von Giselas Schreiben: »... wir sehen auch, dass Sie sehr gute Arbeit geleistet haben, und unterstützen deshalb ausdrücklich die Fortführung des Projekts.«

»Das ist der blanke Hohn«, denkt Anna. »Wenn Gisela wirklich die Fortführung des Projekts wollte, warum hat sie dann nicht ihre guten Beziehungen zum Ressortleiter und die direkte Verbindung zu Minister Laumann genutzt? Hätte sie nicht, den Empfehlungen des Gutachtens der Universität Köln folgend, die Qualifizierung gemeinsam mit den Mitarbeitern des Projekts evaluieren können, um dann die gemeinschaftlich erarbeiteten Lösungen dem Minister vorzustellen? Eine solche Unterstützung hat Anna sich erhofft, als sie am 16. September Gisela per Mail um Hilfe gebeten hat.

Am Montag nimmt Anna den Schnellbus, geht in Gedanken die wichtigsten Punkte durch, die sie bei dem Gespräch mit dem Ressortleiter nicht vergessen darf. Um die Bewilligung des Projektantrags macht sie sich jetzt keine ernsthaften Sorgen mehr, diese Zusage werden sie heute bekommen. Da ist sie ganz sicher! Aber welche Bedingungen werden daran geknüpft sein? Werden sie verpflichtet, mit Gisela Breidenbach zusammenzuarbeiten? Das kann sich Anna nicht vorstellen. Auf dem Weg zum Zentrum trifft sie Lydia.

Vor sieben Jahren hatte Lydia auf Annas Vorschlag die Projektleitung übernommen. Lydia hatte das Projekt fünf Jahre lang mit großem Erfolg geleitet, zusammen mit Professor Andrea Wanka aus Baden-Württemberg das Curriculum weiterentwickelt und ein Lehrbuch für die Qualifizierung von Taubblindenassistenten herausgegeben. Sie hatte vor zwei Jahren die Leitung abgegeben, sich als Taubblindenassistentin selbstständig gemacht. Lydia und Anna sprechen sich ab, wichtige Details, an denen nicht gerüttelt werden darf: Durchführung des 10. Ausbildungsgangs nach dem bisherigen Lehrplan, ein gemeinsames Treffen der Qualifizierungsinstitute im Verlauf des nächsten Jahres, Änderungen des Curriculums in gemeinsamer Absprache. Anna wird in dem Gespräch den Fokus auf die Zielsetzung der Qualifizierungsmaßnahme richten: hauptberuflich tätige Assistenten mit weit gefächerten Qualifikationen. Während des Gesprächs werden die beiden sich die Bälle zuspielen.

Anna hat Robert versprochen, ihn über die Ergebnisse dieses so wichtigen Gesprächs zu informieren. Nach ihrer Rückkehr setzt sie sich sofort an den Computer und schreibt eine Zusammenfassung:

»Unser geschätzter Fachbereichsleiter kam pünktlich, schien gut gelaunt und entschuldigte seinen Kofferträger. Niemand hat diesen selbstbewussten und ehrgeizigen jungen Mann vermisst. Ein Quertreiber und Korinthenkacker weniger! Das Gespräch wurde mit der guten Nachricht eröffnet: Minister Laumann hat die Fortführung des Projekts zugesagt. Die schriftliche Bewilligung folgt. Allerdings – das alles wird dauern und das Projekt wird statt im November erst im Dezember starten können. Das bedeutet einen Monat Verdienstausfall für Petra. Hier sollte das Zentrum einspringen. Kannst du das bitte dem Vorstand verklickern? Im Übrigen wird das Projekt nach dem bisherigen Ausbildungsplan laufen. Im Februar wird es dann im Ministerium ein Gespräch über das neue Curriculum geben.

Nach der Studie der Universität Köln gefragt, meinte unser Minirat: ›Das ist im eigentlichen Sinn keine Studie, sondern nur die Zusammenfassung von Arbeitsergebnissen eines Projekts. Dieses Projekt hat keine neueren Erkenntnisse gebracht bis auf den Wunsch einiger Taubblinder nach mehr Kenntnissen in der Gebärdensprache bei den Assistenten.‹

Wenn das so ist, dann frage ich mich: Woher kommt die Notwendigkeit, das Curriculum des Projekts ›Taubblindenassistenz‹ in Nordrhein-Westfalen zu verändern? Warum sollte das Projekt ausgesetzt werden, bis ein neues Curriculum entwickelt wurde? Danach hätte ich bei der Sitzung gern gefragt, habe mir das aber verkniffen. Wohlweislich!

Unser Minirat war recht leutselig, anscheinend froh darüber, eine frohe Botschaft verkündigen zu können. Er ließ sich auch nicht provozieren, als die Sprache auf die doch sehr lange Wartezeit bis zu einer Entscheidung zur Sprache kam. Er freut sich über seinen baldigen Ruhestand im Mai. Ob er ihn verdient hat, weiß ich nicht. Ich weiß aber, dass ich ihn nicht vermissen werde. Er war ein lausiger Ersatz für seinen von mir sehr geschätzten Vorgänger im Amt.

Und jetzt müssen wir schnellstens eine neue Projektleitung finden. Aus welchen Rippen wir uns die schneiden sollen, das weiß ich nicht! Ich schätze, dass unsere Probleme jetzt erst anfangen. Wie sollen wir das alles nur hinkriegen?«

Robert hat auf die Mail offensichtlich gewartet. Die Antwort kommt prompt: »Wir schaffen das!«

26

AM SEIDENEN FADEN

Woche um Woche verging, in denen sich Anna täglich fragte, ob sich Roberts hoffnungsvolle Prophezeiung erfüllen würde. Noch nie, so schien es ihr, war das Projekt gefährdeter gewesen als jetzt. Die freudige Erleichterung nach dem Gespräch mit der Zusage des Ministeriums wich einer nervösen Anspannung und sorgenvollen Überlegungen, die sie nachts aufschreckten und die Gedanken kreisen ließen, bis sie aufstand, sich an den Computer setzte, um die Planungen für den kommenden Tag zu überdenken.

Die erste und größte Sorge galt der Suche nach einer Projektleitung. Schon im Juni hatte das Zentrum für Inklusion und Kommunikation eine Stellenausschreibung in den Taubenschlag und andere Plattformen gestellt. Geeignete Bewerberinnen hatten sich gemeldet und nachdem sie monatelang keine Einladung zu einem Bewerbungsgespräch bekommen und die Gerüchte sich verbreitet hatten, dass dieses Projekt nicht weitergeführt werden würde, hatten sich die Besten unter ihnen anderweitig umgesehen und ihren Platz gefunden. Es blieben Bewerberinnen, die wenig geeignet schienen und nach einem Gespräch bei aller Not und Bedürftigkeit doch nicht angenommen werden konnten oder von sich aus zugaben, dass sie dieser Aufgabe nicht gewachsen waren. Die Stelle wurde neu ausgeschrieben und weitere Bewerbungsgespräche geführt. Die frustrierende Erkenntnis: Die Bewerberinnen mit den für das Projekt erforderlichen Qualifikationen und Kompetenzen fanden das Projekt interessant und waren bereit, sich den Herausforderungen zu stellen, baten um Bedenkzeit nach dem Gespräch und lehnten schließlich mit Bedauern ab. Als Sozialarbeiterinnen waren sie jahrelang in Projekten eingesetzt gewesen und suchten nun eine unbefristete Anstellung. Sie wollten endlich ein wenig Sicherheit. Und die Zusicherung, dass dieses Projekt schon zehnJahre lang existierte und die schriftliche Zusage des Ministers für weitere Jahre vorlag, genügte ihnen nicht. Sie wollten eine Festanstellung und die konnte das Zentrum ihnen nicht geben. Und da war ja auch die monatelange Blockade des Ministeriums, die bei den Bewerbungsgesprächen nicht verheimlicht werden konnte.

Im Januar stand das Einführungswochenende an. Wie in den vergangenen Jahren sollten sich die Teilnehmer miteinander und mit dem Thema »Taubblindheit« vertraut machen, Ursachen und Erscheinungsformen kennenlernen, etwas über Gehörlosenkultur und das Leben blinder Menschen erfahren, den Berichten taubblinder Menschen zuhören und sich über die organisatorischen Einzelheiten dieser Fortbildung informieren. Im Unterschied zu den folgenden Seminarwochenenden, in denen die Dozenten für die verschiedenen Fachbereiche den Unterricht selbstverantwortlich übernehmen konnten, war die Präsenz der Projektleitung an diesem ersten Wochenende unentbehrlich. Aber diese Projektleitung gab es noch nicht. Erneut war die Stelle ausgeschrieben worden und nun hieß es wieder einmal: abwarten, hoffen, die Geduld nicht verlieren und – ganz wichtig – improvisieren!

Wieder einmal hatten sich der Vorstand des Zentrums, die ehemaligen Aktiven und die Mitarbeiterinnen zu einer Krisensitzung versammelt. »Die wievielte Krisensitzung war das nun eigentlich?« Anna schaute sich um in dem trostlos ungemütlichen Mehrzweckraum. Die Tische, die Stühle, die heruntergelassenen Rollläden, alles grau in grau, grau auch die Stimmung. Was tun? Das Seminarwochenende verschieben, bis eine

Projektleitung gefunden ist? Nicht möglich. Die Bewilligung des Ministeriums legt den zeitlichen Rahmen für den Ablauf des Projekts fest. Daran war nicht zu rütteln. Das Projekt musste planmäßig laufen, Fehler durften jetzt nicht gemacht werden. Olaf, Roberts Nachfolger als Geschäftsführer, schlug vor, das Projekt zu beenden: »Lieber ein Ende mit Schrecken als ein Schrecken ohne Ende.« Anna dachte an das »Wir schaffen das« in der Mail von Robert und verzog das Gesicht. Robert fragte: »Was ist los? Woran denkst du?«

»Weißt du noch, was du in deiner Mail vom 4. November geschrieben hast als Antwort auf meinen Bericht von dem Gesprächstermin mit dem Ressortleiter aus dem Ministerium?«

Robert lächelte und sagte: »Na klar, wir schaffen das. Jetzt erst recht. Wir geben nicht so schnell auf! Wer von uns kann die Leitung dieses Einführungswochenendes übernehmen?«

Anna hatte längst vorgesorgt, hatte Simone, eine Assistentin der ersten Stunde, gefragt, ob sie bereit wäre, dieses Wochenende zusammen mit ihr zu moderieren. Anna räusperte sich: »Also, ich mach das! Simone hat zugesagt, wir beide können dieses erste Seminarwochenende gemeinsam leiten. Ich denke, das wird gehen. Simone und ich haben schon viele Vorträge und Seminare zusammen gemanagt. Das könnte klappen.« Und so wurde es gemacht. Und es klappte! Besser als gedacht, dank Simones Spontaneität und Organisationstalent.

Die erste Hürde war genommen. Der nächste Wochenendtermin war in Hamburg geplant. Das Institut zur Rehabilitation Sehbeschädigter würde die Schulung durchführen wie schon in den vorangegangenen Lehrgängen. Erfahrene Mobilitätstrainer würden zusammen mit Gebärdensprachdolmetschern die Lehrgangsteilnehmer in die nötigen Führtechniken einweisen, Ein- und Ausstieg in Bus und Bahn üben. Jeder Lehrgangsteilnehmer würde mit Simulationsbrille und Ohrstöpseln versehen, Treppen steigen, einen Sitzplatz im Bus einnehmen und so erfahren, wie es sich anfühlt, ohne Hören und Sehen unterwegs zu sein. Dieses Seminar konnte ohne die Präsenz einer Projektleiterin durchgeführt werden. Und später würde man sehen ...

Vielleicht gab es dann ja endlich die ersehnte Projektleitung.

Für Mitte März waren fünf Bewerbungsgespräche angesetzt, vielversprechende Bewerberinnen und ein einzelner männlicher Bewerber waren dabei. Die Durststrecke wäre dann hoffentlich beendet. Eine Bewerberin konnte ihren Termin wegen einer Urlaubsreise nicht wahrnehmen und das Bewerbungsgespräch wurde auf Montag, den 9. März, vorgezogen. Anna nahm den Schnellbus nach Recklinghausen. Es war ihr nicht wohl dabei. Sie hoffte, dass der Bus am späten Vormittag wenig besetzt war. Würde sie zwei Meter Abstand zum nächsten Mitfahrenden halten können? Sie wählte den Vierersitz vorn auf der rechten Seite, die Sitzgruppe auf der anderen Seite blieb unbesetzt. Das beruhigte Anna. Es war reichlich Platz und viruslastige Tröpfchen konnten sie nicht erreichen.

Am Mittwoch der vergangenen Woche war Dieter Bonin für seine langjährige ehrenamtliche Tätigkeit für den Blindenverein mit dem Bundesverdienstkreuz am Bande geehrt worden. In der großzügigen Eingangshalle des Schlosses war Anna auf die wartenden Grüppchen der Eingeladenen gestoßen, hatte leicht erstaunt festgestellt, dass die Worte der Kanzlerin auf fruchtbaren Boden gefallen waren. »Unsere Bundeskanzlerin hat uns geraten, Distanz zu halten und uns nicht mehr mit Handschlag zu begrüßen«, kam es kühl von Annette Bonin, als Anna ihr die Hand zur Begrüßung entgegenstreckte. »1,50 Meter Abstand sollen wir halten«, hatte Annette präzisiert. »Besser noch 2 Meter!«, hatte Anna besserwisserisch zurückgegeben und die Bemerkung unterdrückt: »Ist diese Angst vor dem Corona-Virus nicht ein bisschen übertrieben? Muss das wirklich sein? Am Samstag ist der Taubblinden-Stammtisch im Gemeindehaus. Ein Taubblindentreffen mit 2 Metern Abstand, wie soll das gehen? Eine absurde Vorstellung!« In den drei folgenden Tagen häuften sich alarmierende Meldungen. Der Stammtisch war gut besucht, 50 Besucher, einer von ihnen aus dem Kreis Heinsberg. Alle hatten unbekümmert miteinander geplaudert, hatten gelormt, taktil gebärdet und einander bei der Begrüßung und beim Abschied herzlich und lang andauernd umarmt. Anna hatte versucht, sich ein wenig aus dem Trubel herauszuhalten, konnte aber nicht umhin, den großen Horst innig und lange zu umarmen. Horst, der vor 14 Tagen erst seine Frau begraben hatte, war seit Langem zum ersten Mal wieder beim Stammtisch und hatte Trost in der Gemeinschaft gesucht.

Gleich am nächsten Tag, am Sonntagnachmittag, hatte sich Anna erneut in einer dicht gedrängten Menschenansammlung wiedergefunden. Der große Saal des Zentrums war bis auf den letzten Platz besetzt. Heute sollten sich die Teilnehmer des neuen Lehrgangs ihren späteren Klienten vorstellen. Und diese Klienten waren zahlreich mit ihren Assistenten gekommen, um den Nachwuchs zu begutachten und Praktikumstermine zu vereinbaren. Simone hatte sich bereit erklärt, diesen Kennenlern-Nachmittag zu moderieren. Sie kannte die im Raum versammelten Taubblinden seit Jahren, war bestens informiert über die ganz besonderen Wünsche eines jeden, wusste, welche Kommunikationstechnik bevorzugt wurde, und hatte beim Einführungswochenende die Lehrgangsteilnehmer kennengelernt. Sie war in ihrem Element, drängte sich durch die Reihen, lief hin und her und strahlte, wenn es ihr gelungen war, ein Praktikumspaar zusammenzubringen.

An der Haltestelle Schlossstraße drängten überraschend viele neue Fahrgäste in den Bus. »Mist«, dachte Anna. »Die Rentner sind aufgewacht.« Anna hieß den gehorsamen Ole, sich so hinzusetzen, dass niemand es wagte, sich in ihre Sitzgruppe zu quetschen. Von der Sitzgruppe auf der anderen Seite des Gangs hörte sie ein bellendes Husten. »Verdammt, das sind jetzt keine 2 Meter Abstand, wahrscheinlich noch nicht einmal 1,50 Meter.« Anna überlegte, ob ein Platzwechsel möglich und sinnvoll wäre, aber es waren sehr viele Fahrgäste auf dem Weg nach hinten an ihrem Platz vorbeigekommen, der Bus schien jetzt gut besetzt. Anna blieb sitzen und hörte 20 Minuten lang dem trockenen Husten ihres Gegenüber zu und schwor sich, dass sie auf der Rückfahrt ein Taxi nehmen würde.

Drei Stunden später sank Anna erschöpft von der Anspannung des intensiven Zuhörens auf den Beifahrersitz des Taxis und ließ das Gespräch mit der Bewerberin Revue passieren. Sarah Gawlitza hatte sich vorab gut informiert, wusste beispielsweise, wann das Merkzeichen für Taubblindheit, TBL, eingeführt worden war, brachte die erforderlichen Qualifikationen mit und fühlte sich durchaus den vielfältigen Aufgaben des Projekts gewachsen. Allerdings hatte sie noch nie mit Gehörlosen oder taubblinden Menschen zu tun gehabt und beherrschte nicht die Deutsche Gebärdensprache. Sie war gern bereit, das fehlende Wissen nachzuholen und sich in die ihr unbekannte Welt einzustimmen. Sie hatte noch ein weiteres Bewerbungsgespräch nach ihrem Urlaub eingeplant, danach würde sie sich entscheiden. Auch der Vorsitzende des Zentrums wollte die Bewerbungsgespräche der kommenden Woche noch abwarten und behielt sich seine Entscheidung vor, erklärte der Bewerberin aber, dass er einen sehr positiven Eindruck gewonnen hatte, und bat sie eindringlich, ihm ihre Entscheidung nach ihrem zweiten Bewerbungsgespräch am 27. März unverzüglich mitzuteilen. Nichts war entschieden und Anna war sich nicht sicher, welchen Eindruck das Zentrum als möglicher Arbeitgeber bei Sarah Gawlitza hinterlassen hatte. »Ich sehe noch nicht, dass diese junge Frau sich für uns entscheidet. Das wäre zu schön, um wahr zu sein.«

Anna schreckte aus ihren Gedanken auf. Der Fahrer schniefte, sog geräuschvoll schlurfend den Schleim in die Nase zurück und Anna drückte sich in den Sessel, rückte so nahe wie möglich ans Fenster und würgte an ihrem Ekel. Dieses schmatzende Geräusch begleitete sie, bis sie ausstieg. Anna schwor sich: »Das war meine letzte Fahrt mit einem Taxi.« Sie würde in der kommenden Woche nicht nach Recklinghausen fahren. Bewerbungsgespräche hin, Bewerbungsgespräche her.

Fürs Erste würde sie sich nur noch ihren Füßen anvertrauen. »Soweit die Füße tragen«, fiel ihr der Titel eines Bestsellers aus den Fünfzigerjahren ein. War sie jetzt schon so weit, dass sie sich in die Vergangenheit flüchtete, weil ihr die Gegenwart nichts zu bieten hatte und auch von der Zukunft nichts zu erwarten war?

Nichts war entschieden und das Projekt, so schien es Anna, hing an einem seidenen Faden, wieder einmal!

27

HERUNTERGEDIMMT

Anna trat aus der Haustür, bog nach rechts in die Parkstraße ein, hielt nach wenigen Schritten an und horchte angestrengt. Ole blickte zu ihr auf, erstaunt über den plötzlichen Halt. Still war es, vollkommen still, keine Motorengeräusche, keine Schritte zu hören, die Straßen leer und aufgeräumt. Niemand schien unterwegs zu sein, nur sie und ihr Hund. Anna lauschte in die Stille. So still war es noch nicht einmal am Neujahrsmorgen, früh um acht, wenn hin und wieder ein verspäteter Böller die morgendliche Ruhe durchbrach. Jetzt lastete diese Stille auf ihr und Anna fand sich gefangen in einer Realität, unwirklich und fremd, anders als alles, was sie bisher gekannt hatte.

Die Ereignisse der vergangenen Tage überwältigten sie. Nach ihrer Fahrt mit Bus und Taxi zu dem vorgezogenen Bewerbungstermin hatte Anna mit sich gekämpft. Sollte sie sich zu den weiteren fünf Bewerbungsgesprächen auf den Weg machen, trotz ihres Unbehagens? Am Montag war sie nach einer in endlosen Grübeleien vertanen Nacht erschöpft und zerschlagen aufgewacht, war unruhig und unzufrieden mit sich selbst und hatte beschlossen, zu Hause zu bleiben. Am späten Vormittag rief Petra an: »Der Bewerber Arslan hat für heute abgesagt. Und ich werde gleich die anderen Bewerberinnen anrufen, um ihnen zu sagen, dass wir alle Termine auf später verschieben müssen.«

Und dann ging es Schlag auf Schlag: Geschäfte, Gaststätten und Kneipen, Friseursalons und Fitnessstudios, Kitas, Schulen, Universitäten und andere Bildungsstätten sollten geschlossen bleiben. Nur Apotheken, Drogerien und Lebensmittelgeschäfte durften öffnen, um die Grundversorgung zu sichern. Auch Bibliotheken und Buchhandlungen mussten schließen und Anna wunderte sich: Waren Bücher nicht ebenso lebensnotwendig wie Brot und Käse und Wein? Sie fragte sich besorgt, ob sie ihr wichtigstes Lebensmittel auch weiterhin bekommen würde: Würden die Blindenhörbüchereien in Münster und Leipzig weiterarbeiten dürfen und sie mit Stoff versorgen können? Es hatte geheißen, dass alle Arbeitnehmer möglichst zu Hause bleiben sollten, Homeoffice war das Stichwort. Nur die Personen in systemrelevanten Berufen sollten auf den Straßen unterwegs sein. War der Arbeitsplatz in einer Blindenhörbücherei systemrelevant? Anna hoffte es. Nicht nur die Bewegungsfreiheit, auch die Zahl der Kontakte wurden auf ein Minimum reduziert. Personen, die wegen ihres Alters oder wegen einer Vorerkrankung einen besonders schweren Verlauf der Erkrankung riskierten, sollten möglichst zu Hause bleiben, das Einkaufen anderen überlassen und sich aus der Welt zurückziehen.

Anna, die sich sonst nicht so leicht ins Bockshorn jagen ließ, den Tierarzt deutlich häufiger beanspruchte als den Hausarzt und bei medizinischen Problemen nach dem Motto verfuhr: »Was von selbst kommt, das geht auch von selbst!«, hatte alle Berichte aufmerksam verfolgt. Sie sah sich durch das Virus in Gefahr, empfand ihre Verletzbarkeit, kappte rigoros ihre wenigen, persönlichen Kontakte und bat Alina, Einkäufe und Besorgungen für sie zu erledigen.

Ausgebremst, so fühlte sie sich, wieder einmal! Vor fünf Jahren, nach ihrem Rückzug von allen Aktivitäten hatte sie sich ganz allmählich wieder ein eigenes, privates Leben aufgebaut, hatte mit Schreiben ihren Tagen einen neuen Sinn gegeben, hatte ihren Bedarf an Sozialkontakten durch Gruppenwanderungen, Führhundehalterseminare und Literaturworkshops gedeckt und traf sich alle vier Wochen mit drei Teilnehmerinnen aus dem Kurs für kreatives Schreiben. Die politisch engagierte Rita, deren Texte Anna besonders beeindruckt hatten, war nach dem letzten Kurs auf Anna zugekommen: »Hast du nicht Lust, dich mit Maria und Andrea bei mir zu Hause zu treffen? Wir können uns dann weiter unsere Texte vorlesen. Ich habe einen großen Tisch im Wohnzimmer, da haben wir alle Platz.« Und so hatten sie sich in regelmäßigen Abständen um den großen, von Rita liebevoll gedeckten Tisch versammelt, bei Kaffee, Tee und Kuchen die aktuelle Politik kontrovers diskutiert, das beliebte Seniorenthema »Krankheiten im Alter« sorgfältig meidend. Sie hatten einander ihre neuen Texte vorgelesen, vorsichtige Kritik übend oder uneingeschränktes Lob verteilend. Diese Treffen waren für Anna ein Highlight gewesen in ihrem ruhigen, unaufgeregten Alltag.

Im vergangenen Jahr hatte Anna ein neues, ihr vorerst letztes Projekt angeleiert, war unversehens von den Turbulenzen um das Taubblindenassistenzprojekt ins aktive Leben zurückgeholt worden und hatte um den Neustart des Projekts gekämpft. Jetzt, von einem Tag auf den anderen, wurden alle Aktivitäten heruntergefahren. Alles stand still.

Anna schüttelte die nutzlosen Gedanken ab und nahm den Führbügel auf. Der Wald wartete. Er umfing sie mit seinen vertrauten Geräuschen.

Die Tage schleppten sich dahin. Anna versuchte das bisschen Leben, das dieses Virus ihr gnädig überließ, mit Alinas Hilfe zu organisieren. Alina war seit einem halben Jahr von ihrer Ausbildung zur Ergotherapeutin so sehr beansprucht, dass sie Anna nur am Wochenende assistieren konnte. Nun aber stellte das Institut den Präsenzunterricht ein und Alina hatte Zeit für Anna, die lange Einkaufslisten mit ihrem Computer schrieb, ausdruckte und hoffte, dass die Druckerpatrone sich nicht vorzeitig leerte. Anna hatte es versäumt, ganz im Gegensatz zu ihren sonstigen Gewohnheiten, sich eine Reservepatrone in die Schublade zu legen. Saturn war geschlossen, wie alle anderen

Geschäfte auch. Alina erledigte alle Besorgungen gewissenhaft und brachte Ole zur Hundefriseuse in den Nachbarort. Anna war dankbar für ihre Hilfe und ärgerte sich doch, dass sie nun einen weiteren Bereich ihrer Selbstständigkeit aufgeben musste. Ihr fehlten die Gespräche mit der Hundefriseuse, einer mitteilsamen Mittfünfzigerin, selbst stolze Besitzerin einer weißen, bezopften Großpudelhündin, die sie für Ausstellungen in mehrstündigen Prozeduren präparierte, von Ausstellung zu Ausstellung zog und, nachdem die Hündin zu alt für diese Schönheitswettbewerbe geworden war, ein Grundstück in einer Kleingartenanlage pachtete und Anna begeistert von ihrem Gärtnerinnenleben erzählte. Anna genoss die detailgenauen Berichte über die nachbarschaftlichen Kleinkriege und pflanzte die großzügigen Samengeschenke in die Kübel auf ihrem Balkon ein, in der Hoffnung auf prächtig weiß und rotblühende Stockrosen. Anna vermisste die Gespräche mit der Taxifahrerin, die sie bei der Hundefriseuse abholte, auch sie eine begeisterte Hundejule, Besitzerin zweier russischer Windhunde, vermisste die Berichte von Windhunderennen und von einem Klubleben, das sich mit seinen Eifersuchtsdramen und Machtrangeleien wenig von dem unterschied, was Anna in den Selbsthilfegruppen erlebt hatte. Sie fragte sich, wie ihre Taxifahrten in Zukunft aussehen würden. Würde sie jemals wieder vorn einsteigen können, mit ihrem Hund im Fußraum? Würde sie je wieder den Monologen der Fahrer zuhören, in ihr fremde Gedankenwelten eintauchen, wie damals, als ein Taxifahrer ihr aufs Genaueste beschrieb, wie die US-Regierung selbst durch vorab installierte Sprengladungen das World Trade Center zum Einsturz gebracht hatte. Ein Buch könnte sie schreiben, angefüllt mit den Lebensberichten der Taxifahrer. Anna vermisste die Leichtigkeit und Selbstverständlichkeit, mit der sie sich trotz ihrer Einschränkungen ihre Bewegungsfreiheit erhalten hatte.

Dieses Virus, das angeblich kein Killervirus war, löschte alle Lebendigkeit aus ihrem Alltag, ließ Anna erstarren und lähmte sie. Sie hatte gehofft, sich die Ruhe des Lockdowns nutzbar zu machen und die letzten Kapitel ihres Buchs nun endlich fertigstellen zu können. In den letzten Monaten hatten die Angst und Sorge um das Projekt Annas Gedanken absorbiert, jetzt war erst einmal Schluss damit. Das Projekt wurde genauso heruntergefahren wie alles andere auch und Anna wurde nun nicht mehr gebraucht. Sie hätte sich auf ihr Buch konzentrieren können, stattdessen starrte sie wie gebannt auf die Entwicklung des Virus, schlief schlecht und stellte das Radio an, mitten in der Nacht, trank schwarzen Tee und hörte Nachrichten aus den fernen Rändern der Republik, die Verkehrsmeldungen von den Autobahnen im Osten Deutschlands mit den immer wiederkehrenden Infos von toten Rehen auf dem linken oder rechten Fahrbahnrand. Ihr Lieblingssender wiederholte in der Nacht nicht mehr eine Auswahl aus den Sendungen des Tagesprogramms, sendete nun am laufenden Band Informationen aus anderen Bundesländern und kam damit Annas suchtverdächtigem Informationsbedürfnis nach.

Anna saugte die Informationen über dieses neue Virus auf, hörte die Podcasts auf der App ARD-Audiothek, versuchte zu verstehen und verstand, dass es nicht genügend Schutzkleidung und Schutzmasken gab, nicht einmal für Ärzte und Pflegekräfte. Einziger Schutz blieb das Abstandhalten und nach heftigen Diskussionen über ihre Effizienz die sogenannten Alltagsmasken. Anna hatte das Ergebnis dieser Diskussionen vorausgeahnt und aus der Seemannskiste im Keller ihren ererbten Schatz an leinenen Bettlaken und Damast-Tischdecken gehoben und zur Herstellung von Stoffmasken weitergegeben.

Mitte Mai ploppte eine Rundmail des Blinden- und Sehbehindertenvereins in Annas Outlook-Programm auf: »Grundsätzlich sollten FFP2-Masken Mitarbeitenden in medizinischen Berufen vorbehalten sein. Es kann dennoch gute Gründe geben, sie zu benutzen.« Anna war elektrisiert. Gute Gründe zur Nutzung einer Maske, die sie selbst und nicht nur andere schützt, hat sie durchaus. Sie zählt sich zur Risikogruppe und kann den Mindestabstand vor und in Geschäften nicht einhalten. Sie sieht die Abstandsmarkierungen nicht und ihr Blindenführhund hat diese Abstandsregelungen in seiner sonst sehr gründlichen Ausbildung nicht kennengelernt. Passanten ignorieren häufig ihre Einschränkungen, auf die der schwarze Großpudel mit seinem weißen Führgeschirr doch eindeutig hinweist.

»Die FFP2-Masken sind wieder in Apotheken in haushaltsüblichen Mengen verfügbar und kosten etwa 6–10 Euro.« Endlich! Nun würde sich Anna selbst schützen können, jetzt, da der von ihr nicht sonderlich geschätzte Landesvater sich und alle seine Landeskinder locker machen möchte und es anscheinend nicht mehr um Leben und Tod ging. Das Virus ist nicht weg und Anna möchte sich schützen können. Sie möchte ihren Bewegungsradius erweitern. In den letzten acht Wochen war sie nur so weit gekommen, wie ihre Füße sie trugen.

Vor ein paar Tagen hatte sie sich dabei ertappt, wie sie der Straßenbahn 301 sehnsüchtig nachschaute, als sie sich am Rathaus quietschend und ächzend um die Ecke schlängelte. Nie hätte Anna sich träumen lassen, dass der Anblick einer Straßenbahn nostalgische Gefühle in ihr wachrufen könnte.

Nun sah Anna Licht am Ende des Tunnels. Mit einer FFP2-Maske würde sie den Mut haben, zum Friseur zu gehen, einen Termin bei der Fußpflege zu machen und ihre Hörgeräte neu einstellen zu lassen. »Hygienestandards und -handhabung unbedingt in der Apotheke des Vertrauens erfragen, das sind die Fachleute. Achtung: Diese FFP2-Masken dürfen nicht gewaschen, gebügelt oder im Backofen desinfiziert werden.« So stand es in der Rundmail des Blindenvereins. Anna erstand 20 FFP2-Masken in der Sonnenapotheke und fragte den jungen Apotheker nach Tipps für die richtige Handhabung. »Sie können die Maske im Backofen bei 80 Grad desinfizieren«, bekam sie zur Antwort und Anna amüsierte sich. Wie heißt es so treffend in der Werbung: »Fragen Sie Ihren Arzt oder Apotheker …« Anna besorgte sich noch weitere Masken in einer anderen Apotheke. Sie möchte gerüstet sein für die nächsten Monate und ein wenig mehr Bewegungsfreiheit. »Schau doch mal, ob du irgendwo auf den Verpackungen einen Aufdruck mit dem CE-Siegel findest«, bat sie Alina bei ihrem nächsten Besuch. Alina schaute und schaute, nein, auf keiner Maske war ein solcher Aufdruck zu finden. Anna wusste nicht, was sie davon halten sollte. Konnte sie sich auf die Qualität der Masken verlassen? Anna hatte geglaubt, in einer Apotheke nur geprüfte Masken zu bekommen. Aber warum sollte es ihr anders ergehen als dem Bundesgesundheitsminister? Der hatte nicht alle Rechnungen für die gelieferten medizinische Schutzkleidung und Masken bezahlen wollen, da diese nicht voll den Qualitätsansprüchen genügten.

Anna wird sich nun doch nicht mehr Bewegungsfreiheiten gönnen. Sie wird nicht mit öffentlichen Verkehrsmitteln oder Taxen fahren, wenn sie es irgend vermeiden kann. Sie wird sich weiterhin nicht lange in Ladenlokalen aufhalten, wird weiterhin ihre mit dem Computer gedruckten Einkaufszettel im Bio-Supermarkt vorn abgeben, in einem Umschlag mit Geld, und die freundlichen Angestellten bitten, ihr den Einkauf in den Zwiebelporsche zu packen. Sie wird nicht wie vor Corona mit der Mitarbeiterin durch den Supermarkt schlendern und sich beraten lassen. Sie wird sich vor die Tür stellen und dort im Freien auf ihren Einkauf warten. Es wird nun immer diese neue Zeitrechnung geben: vor Corona. Wird es auch eine Zeit nach Corona für sie geben?

Anna bleibt im Sicherheitsmodus, ihr Leben bleibt heruntergedimmt, trotz Sommer, Sonne und Reiselust.

28

UND WAS JETZT?

Ein schmaler Ring aus graugelbem Licht schiebt sich über die Felder und den nahen Wald. Die Bäume am Wegrand durchschneiden mit ihren dunklen Stämmen und dem filigranen Astwerk das fahle Leuchten. Die Sonne kündigt ihr Kommen an, ein neuer Tag beginnt und ein neues Jahr dazu. Was bringt dieser Tag und was dieses neue Jahr?

Verstörende Erinnerungen bedrängen Anna, die Ereignisse der beiden zurückliegenden Jahre wirbeln durcheinander: Der verheißungsvolle Start in das Jahr 2019 mit einem neuen Projekt, die politische Intrige, mit der Gisela Breidenbach die Arbeit der letzten 15 Jahre zunichtezumachen drohte, die gefühlt Tausend Krisensitzungen im Zentrum, die Rettung des Assistenzprojekts in letzter Minute, der mühsame Neustart und die Suche nach einer Projektleitung, und dann das Aus, die lähmende Stille des ersten Lockdowns, das trügerische sommerliche Zwischenspiel, die alarmierenden Zahlen des Robert Koch Instituts am 11. Dezember: 30 000 Neuinfektionen und 598 Tote innerhalb eines Tages, das Erwachen des Landesvaters. »Wir können nicht mehr warten, ein bundesweiter Lockdown muss schnellstmöglich kommen. So schnell und so einheitlich wie möglich.«

»Guten Tag und ein gutes neues Jahr.« Ole richtet sich auf, schlägt einen Bogen und schreitet steifbeinig mit größtmöglichem Abstand an dem freundlichen Rufer mit seinem riesigen, schwarz-weiß gemusterten Begleiter vorbei. »Danke, das wünsche ich Ihnen auch. Ein frohes neues Jahr, ein besseres sollte es werden«, antwortet Anna, aus ihren verlorenen Gedanken gerissen.

»Ach, das neue Jahr fängt doch schon gut an. Es regnet nicht und unsere beiden Hunde sind sich distanziert und gelassen aus dem Weg gegangen.«

Anna lacht: »Stimmt, und heute Morgen liegen keine Böller und Raketenreste auf dem Bürgersteig. Ich hatte freie Bahn.«

»Na, sehen Sie. Die freie Bahn, die wünsche ich Ihnen auch weiterhin!«

Anna denkt: »Der gute Mann hat ja recht. Du solltest die Ruhe und den Frieden dieses Neujahrsmorgens genießen! Stell das Sorgenkarussell in deinem Kopf endlich ab! Und außerdem – es gibt Licht am Ende des Tunnels, die Impftruppen stehen parat. Und, wenn du ehrlich bist, so hatte dieses Corona-Jahr auch ein paar lichte Momente.« Da war Alina, die ihr in der Zeit des ersten Lockdowns half, ihren Alltag zu organisieren, da waren die ermunternden Zurufe und freundlichen Nachfragen der Waldgänger auf ihren täglichen Runden und, das vor allem, die guten Nachrichten aus dem Zentrum. Der 10. Lehrgang des Assistenzprojekts hatte am letzten Wochenende vor dem Lockdown mit den Prüfungen abgeschlossen. Das war knapp gewesen, sehr knapp, kurz vor dem Aus, wie schon so oft! Es würde keine öffentlichkeitswirksame Feier im vollbesetzten großen Saal des Zentrums geben, kein Minister würde die Zertifikate überreichen, mit wohlklingenden Worten und verheißungsvollen Versprechungen, wie vor zwei Jahren. Aber das war nicht wichtig, wichtig war nur eins: 15 Personen hatten sich für die Begleitung taubblinder Menschen qualifiziert und den vorhandenen Pool erweitert. Ein Erfolg, mit dem kaum jemand zu rechnen gewagt hatte! Noch nie hatte ein Lehrgang mit so viel Gegenwind, so vielen Widerständen kämpfen müssen. Da waren die Widersacher aus den eigenen Reihen, da war die fahrlässige Ignoranz des Ministeriums, die verzweifelte Suche nach einer Projektleitung und dann der Stillstand der Pandemie. Und doch hatten sie gerade dieser Pandemie die neue Projektleiterin zu verdanken. Sarah Gawlitza, zu deren Bewerbungsgespräch Anna Anfang März zum letzten Mal mit öffentlichen Verkehrsmitteln unterwegs gewesen war, hatte sich Ende April gemeldet. Sie war aus ihrem Urlaub in dem Fernen Osten durch die Rückholaktion der Bundesregierung mit einiger Verspätung in die Heimat zurückgebracht worden und hatte das Bewerbungsgespräch bei einem anderen Arbeitgeber verpasst. Sarah hatte sich mit Elan in ihren Aufgabenbereich eingearbeitet, in einem Intensivkurs die Gebärdensprache gelernt, das Vertrauen der durch die vielen Provisorien verunsicherten Teilnehmer gewonnen, in unzähligen Telefonaten und Mails mit den Dozenten die Termine hin- und hergeschoben und so den durcheinandergewürfelten Projektfahrplan zurechtgeflickt. Schließlich hatte sie den Antrag für den nächsten Lehrgang beim Ministerium eingereicht. Es würde weitergehen.

Anna streckt sich bei diesen Gedanken, atmet tief ein, spürt in ihren Körper hinein, fühlt sich wohl darin, gesund und sehr lebendig. Sollte sie nicht glücklicher sein? Sollte sie nicht mutiger sein und der Frage nach dem, was jetzt auf sie zukommt, mit mehr Zuversicht entgegensehen?

Ole, der in Jagdhundmanier mit der Nase am Boden vor ihr den Weg kreuzt, hält unvermittelt an, der schmale Körper angespannt die Schwanzspitze sanft hin- und herschwingend. »Wir sind's!«, tönt es von weit her. Ole stürzt los und entschwindet aus Annas Blickfeld. Sekunden später ist er zurück, an seiner Seite die vor Lebensfreude und Übermut kläffende Lotta, eine junge Pudelhündin im Kleinformat. Lotta springt an Anna hoch. Das darf sie nicht und weiß das auch, aber sie tut es trotzdem. Anna beugt sich hinunter, um die Hündin zu streicheln, die aber hat schon wieder kehrtgemacht und saust zu ihrem Frauchen zurück. Ole läuft mit. Von ihrer Lebensfreude angesteckt vergisst er sein Alter und dass er eigentlich nicht mehr spielt und tobt. Inzwischen ist Marion, zusammen mit beiden Hunden, auf Sprechweite herangekommen. Anna freut sich über die Begegnung. Wie immer, wenn sie sich morgens zufällig treffen, gehen sie ein Stück zusammen und reden miteinander. Anna schätzt die energiegeladene Endfünfzigerin, die nach überstandener Krebserkrankung jeden Tag ihres Lebens genießt und jede Minute bewusst nutzt.

»Na, wie war denn eure Nacht?«, erkundigt sich Anna und erzählt: »In meiner Straße war es ziemlich ruhig, ich bin nur einmal gegen Mitternacht kurz aufgewacht und habe mich dann ins neue Jahr hineingeträumt.«

»Bei uns war es ganz schrecklich laut. Unser Nachbar hat bis spät in die Nacht immer wieder Böller gezündet, jedes Mal ein Knall wie bei einer Explosion.«

»Ja, das sind die Polen-Böller. Im vergangenen Jahr habe ich im Park so einen Böller erlebt. Ich bin ganz fürchterlich zusammengezuckt und habe wohl sehr erschrocken ausgesehen, so sehr, dass ein Passant mir zugerufen hat: ›Das ist kein Sprengstoffattentat, nur ein Polen-Böller!‹ »Lotta hat wohl auch Todesangst gehabt, sie hat die ganze Zeit gezittert und gejankt und hat sich nicht trösten lassen.«

»Deine Nachbarn hatten offensichtlich sehr viele böse Geister zu vertreiben. Hoffen wir mal, dass das was genutzt hat und das kommende Jahr nicht so viele Wünsche offenlässt wie das vergangene.«

»Was wünschst du dir denn von diesem neuen Jahr?«, erkundigt sich Marion interessiert.

»Nun, was mich jetzt so sehr belastet, das ist die allgegenwärtige Sorge vor einer Ansteckung, die fehlende Unbeschwertheit, ein Bewegungsradius, der mich auf das beschränkt, was ich zu Fuß erreichen kann. Was ich mir zurückwünsche, das ist die Leichtigkeit und Selbstverständlichkeit im Alltag. Ich möchte mich mit Menschen spontan unterhalten können, andere Menschen treffen, ohne großartige Vorsichtsmaßnahmen ergreifen zu müssen. Und du, wie malst du dir in deinen Träumen die Zukunft aus?«

Marion, die wegen ihrer Immunschwäche ein ebenso hohes Risiko trägt wie Anna und auf viel mehr verzichten muss als sie, schweigt lange. »Du fragst, was ich von der Zeit erhoffe, in der wir das wiederhaben, was uns jetzt so sehr fehlt? Wenn ich an die Zukunft denke, wird mir klar, wie gut es mir ergangen und was alles so selbstverständlich gewesen ist. Das wird mir jetzt erst richtig bewusst. Du fragst, wovon ich träume? Ich möchte meine großen Kinder endlich mal wieder alle um meinen Tisch versammeln. Ich möchte meine Kinder einfach mal wieder in den Arm nehmen. Ein Familienfest im Garten, davon träume ich.«

Schweigend und nachdenklich gehen die beiden Frauen gemeinsam weiter, schauen den Hunden zu, die einträchtig nebeneinander herlaufen, sich einen Blick zuwerfen und in gegenseitigem Einvernehmen zielstrebig im schnellen Lauf im Gebüsch verschwinden. Anna beneidet die Hunde um ihre sorglose Unbefangenheit und wärmt sich an ihrer Lebensfreude, die sie selbst immer seltener empfindet. Sie wird die sorgenvollen Gedanken nicht los und nicht die bohrende Frage: »Was kommt jetzt?«

INHALT

DANK

Mein Dank gilt allen, die mich bei der Realisierung meines Buchprojekts unterstützt haben. Ganz besonderen Dank schulde ich Rita Schröder, die mir mit ihrer Schreibwerkstatt das dringend benötigte Feedback gab und die das fertige Manuskript auf alle nur denkbaren Fehler hin durchforstete. Ich danke Katharina Köninger für die Nachkorrektur und Formatierung des Manuskripts und Katharina und Anika Hofschen für den Entwurf des Covers.

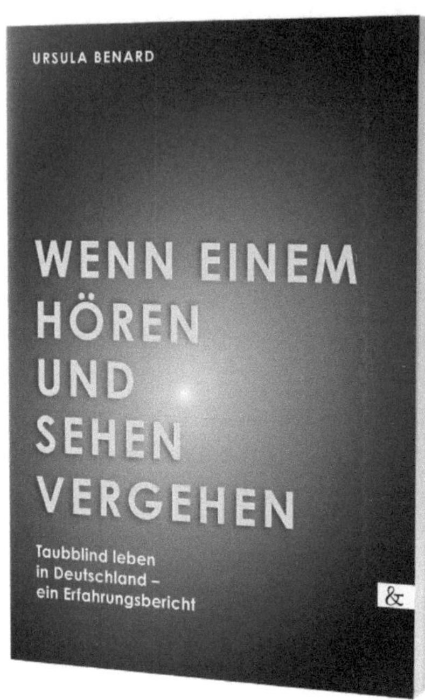

Wenn einem Hören und Sehen vergehen

von Ursula Benard

In diesem Erfahrungsbericht über taubblindes Leben in Deutschland erfährt der Leser, wie die blinde Protagonistin Anna Berührungsängste überwindet, wie sie lernt und arbeitet, was ihre Tätigkeiten sind. Stück für Stück entdeckt der Leser zusammen mit Anna die Faszination einer Sprache mit Gebärden statt mit Worten, die elementare Bedeutung der Kommunikation, erlebt eine Gemeinschaft, die von Vertrauen und gegenseitigem Verständnis geprägt ist. Zusammen mit Anna dringt der Leser tiefer in diese ihm unbekannte Lebenswelt ein, erkennt, dass diese nicht nur Tragik und Verzicht bedeutet, sondern auch voller Lachen und Lebensfreude sein kann. Der Leser begegnet Menschen, die sich den Herausforderungen ihrer Behinderung stellen und Meister ihres schwierigen Lebens werden.

196 S., Paperback, ISBN 978-3-95780-075-6